# Marginalité, sexualité, contrôle dans le cinéma français contemporain

***Collection Images plurielles***
*dirigée par Olivier Barlet*

Face à la menace de standardisation occidentale, la collection *Images plurielles* se donne pour but de favoriser la recherche, la confrontation et l'échange sur les scènes et écrans œuvrant de par le monde, dans les marges géographiques aussi bien que dans la marginalité par rapport aux normes dominantes, à une pluralité de l'image. Elle est ouverte aux champs de l'écriture, de l'esthétique, de la thématique et de l'économie pour le cinéma, l'audiovisuel et le théâtre. Elle privilégie, hors de toute chapelle de pensée, la lisibilité du texte, la liberté des idées et la valeur documentaire.

**Déjà parus**

Bernadette PLOT, *Un manifeste pour le cinéma : les normes culturelles dans la première* Revue du cinéma, 1997 (prix Simone Genevois).
Sada NIANG (Sous la direction de), *Littérature et cinéma en Afrique francophone : Assia Djebar et Ousmane Sembène*, 1997.
Koffi KWAHULÉ, *Pour une critique du théâtre ivoirien contemporain*, 1997.
Antoine COPPOLA, *Le cinéma sud-coréen*, 1997.
Olivier BARLET, *Les cinémas d'Afrique noire : le regard en question*, 1997.
Yves THORAVAL, *Les cinémas de l'Inde*, 1998.
Sylvie CHALAYE, *Du Noir au nègre : l'image du Noir au théâtre (1550-1960)*, 1998.
Jean-Thobie OKALA, *Les télévisions africaines sous tutelle*, 1999.
Paulo Antonio PARANAGUÀ, *Le cinéma en Amérique latine : le miroir éclaté*, 2000.


ISBN : 2-7475-0051-9

Martine Beugnet

# Marginalité, sexualité, contrôle

## dans le cinéma français contemporain



**L'Harmattan**
5-7, rue de l'École-Polytechnique
75005 Paris
France

**L'Harmattan Inc.**
55, rue Saint-Jacques
Montréal (Qc) CANADA
H2Y 1K9

**L'Harmattan Hongrie**
Hargita u. 3
1026 Budapest
HONGRIE

**L'Harmattan Italia**
Via Bava, 37
10214 Torino
ITALIE

Couverture : *J'ai pas sommeil*, Claire Denis.
Théo et Camille : arrestation de Camille.

# Avant propos

Pour les cinéastes comme pour les théoriciens du film, sexualité et marginalité sont des sujets en vogue. C'est que l'étude de la sexualité et du déviant, qui est centrale dans la mise en question de la norme, est devenue un élément clef des *cultural studies* et de la pensée contemporaine - théories féministes, théories de l'art, philosophie politique.

" Le modernisme, la modernité et la " modernisation du sexe " sont particulièrement liés à l'émergence d'une société bourgeoise, capitaliste et industrielle qui reste préoccupée par la catégorisation, la documentation et le contrôle de la sexualité. "[1]

La problématique est d'autant plus fondamentale dans le cas du cinéma que d'une part, l'appréhension et la représentation du réel par ce médium est d'une efficacité et d'une intensité particulières, alors que d'autre part, cette représentation implique une hiérarchie par laquelle l'image cinématique privilégie certains éléments, tandis que d'autres sont relégués aux marges du récit, à la périphérie du sens, dans le hors champ. En outre, dans le cas des stratégies de représentation, comme dans celui de leur analyse, on se heurte désormais au problème d'un sujet qui élude, qui résiste à la conceptualisation simple. Comme le remarque Vincent Dieutre, dans un article sur " le social au cinéma ", la sociologie elle-même :

> " ... semble se débattre pour sauvegarder son objet d'étude traditionnel de plus en plus insaisissable, de plus en plus réfractaire à toute conceptualisation, à tout système, traversé de phénomènes multiples, simultanés et contradictoires. "

---

1. Arthur C. Danto, *Playing with the Edge : the Photographic Achievement of Robert Mapplethorpe*, London : University of California Press, 1996.

Dieutre dénonce la tentation qui existe, dans le domaine du cinéma, de contourner la difficulté en s'adonnant à la présentation de "l'exclusion comme thématique de mode", ou aux réalisations "les plus manichéennes ou les plus outrageusement à côté de la plaque".[2]

Considérer conjointement les représentations de la marginalité et de la sexualité permet dans une certaine mesure d'éviter un système d'analyse qui, en se concentrant sur une catégorie ou un concept artificiellement isolé, favorise le dualisme et les oppositions binaires. Ainsi, dans son article sur le cinéma et le féminisme africains, Sheila Petty souligne-t-elle les limitations inhérentes à l'adoption d'un point de vue qui, "dans la corrélation entre texte, spectateur et différence, présente la différence sexuelle de manière isolée, comme le seul et unique facteur", et, par conséquent, "résulte dans l'exclusion des autres différences". Petty recommande donc que, dans le domaine des *feminist film studies*, soient établis :

> " ...des modèles critiques et théoriques, permettant que les représentations des femmes au cinéma puissent être considérées comme des construits historiques, sociaux et culturels. " [3]

Traiter chaque cas, chaque type de représentation, en prenant en compte le discours socio-économique et culturel sur lequel cette représentation se base, mais aussi l'approche thématique et esthétique adoptée par le réalisateur, permet d'exposer les tendances au nivellement - les tendances à la standardisation des représentations où " l'autre " en particulier est non seulement relégué à la projection, vidée d'un sens propre, d'un engouement pour l'exotique et le sensationnel, mais surtout où cet 'autre' devient une présence indistincte, un élément non spécifique, mis en scène principalement parce que, par contraste, il renforce la norme. D'un autre côté, l'abandon de catégories simples et précises et la démultiplication des points de vue aboutit également à une perte de sens et instaure une situation d'indifférenciation où le travail critique devient

---

2. Vincent Dieutre, " *l'Horreur sociologique* ", dans *Lettre du Cinéma*, n°5, printemps 1998, p. 45.

3. Sheila Petty, " *Miseria : Towards an African Framework of Analysis* ", *IRIS*, n°18, printemps 1995, p. 137-138.

impossible. L'importance de l'analyse approfondie du film comme texte devient ainsi cruciale parce qu'elle permet, tout en gardant un ensemble de catégories thématiques et de points de vue qui ne soient pas fixes, de construire une grille précise de critères d'étude (structure narrative, type de plans, rôle du montage, arrangement de la bande son, composition de l'image...), qui est appliquée à l'analyse de chaque film, et permet ainsi d'identifier en profondeur les points communs et les différences marquant les stratégies de représentation qui sont mises en oeuvre.

La présente étude s'ouvre avec un aperçu du cinéma français récent, ses stratégies de représentation de 'l'autre' - celui qui échappe à la norme dominante -, et le rôle qui lui est imparti. Le second chapitre définit les termes et les méthodes d'analyse associées aux thèmes qui nous préoccupent, et les chapitres suivants sont consacrés à l'étude d'un échantillon de films. Ce sont ces analyses de détail qui permettront de prendre en compte, s'il y a lieu, les nuances introduites par le réalisateur ou suggérées par le sujet, en évitant de se plier à un système de catégorisation conventionnel avec le risque de favoriser ou de renforcer les clichés et les représentations par archétypes dont on ferait ainsi des outils d'étude privilégiés. Il s'agira de repérer les stratégies de contrôle ou de normalisation qui sont intégrées au texte même du film, s'exprimant subrepticement à travers l'approche esthétique et le choix des points de vue, et se développant ainsi en parallèle avec les stratégies de contrôle qui, en Occident, font souvent partie intime du tissu social même et de son *apparatus* médiatique.

# 1 - État des lieux : le cinéma français entre réaction et renouveau

Les films dont l'étude compose la seconde partie de ce livre sont très différents du point de vue stylistique, mais leur analyse souligne l'existence de deux tendances contrastées en ce qui concerne les stratégies de représentation - tendances qui témoignent de tensions et de changements dans les préoccupations esthétiques et thématiques des cinéastes français.

Comme le souligne Phil Powrie[4], le cinéma français des années 80 est marqué par son caractère nostalgique, - nostalgie d'une masculinité dont le statut était clair et sans émule, mais aussi d'une identité nationale unitaire et dominante. Le cinéma 'de qualité', avec ses productions historiques prestigieuses, est particulièrement représentatif de cette tendance, et le film de Régis Wargnier, *Indochine* (1991), est un remarquable exemple de mise en scène à la fois de la tension entre l'affirmation de l'identité nationale en présence de " l'autre " - dans ce cas, la confrontation entre colonisateur et colonisé - et de la nostalgie d'une résolution qui renforcerait et légitimerait l'identité suprématiste. La critique d'un passé colonial est désamorcée par certains éléments du scénario et par le traitement nostalgique et idéalisé dont le réalisateur le pare. La photographie, toute en profondeur de champ, panoramiques et plans larges, capture et souligne la beauté et le mystère de paysages superbes ; dans la plantation de caoutchouc que dirigent les colons français, la silhouette fatiguée de l'ancien

---

4. Phil Powrie, *French Cinema in the 1980's : Nostalgia and the Crisis of Masculinity*, Oxford : Clarendon Press, 1997.

exploitant, un homme vieillissant en qui s'incarne la fin d'un monde, se découpe sous la voûte brumeuse des arbres comme dans la nef d'une cathédrale. Le scénario du film repose sur la décision d'un personnage pris entre deux cultures. Le jeune homme, né de mère annamite et de père français, choisit de rester fidèle à la culture de l'ancienne métropole - culture française des classes aisées, incarnée, sous les traits de l'emblématique Catherine Deneuve, par sa grand-mère adoptive. La structure " métanarrative " est claire, qui présente les rapports entre colonie et métropole comme un mythique conflit de famille, où le pays colonisé est réduit à l'image d'un enfant adoptif qui se révolte contre l'emprise quelque peu tyrannique mais, au bout du compte, aimante et constructive, d'un pays colonisateur exportateur de la culture sociale et économique de ses classes dominantes.

Quoique se démarquant du cinéma " de qualité ", le film de Jean-Jacques Beineix, *37°2 le matin*, participe également d'une tradition du cinéma français " d'exposition " ou de " consommation visuelle ", où " l'autre " - dans le cas de ce film, la femme/la folle - existe principalement comme objet de désir, l'incarnation d'un manque et d'un désir nostalgique de cohérence et d'unité. Des films comme *la Femme publique*, de Andrezej Zulawski (1984), ou plus récemment *La Belle Noiseuse*, de Jacques Rivette (1991), fonctionnent selon le même mode de représentation, et sont construits autour d'une confrontation entre un personnage masculin, homme occidental blanc, figure paternelle, artiste, ou combinant ces divers aspects, et un personnage féminin, un " corps-signe ", dont la " consommation " (par le personnage masculin/l'artiste, le créateur, la caméra du réalisateur, le regard du spectateur), investit l'image de signification, et devient ainsi synonyme d'un processus de création. C'est la nécessité de contrôler l'élément féminin en le réduisant à son statut de signe qui génère la tension narrative : dans *La Femme publique* et dans *La Belle Noiseuse*, le créateur, l'artiste (un réalisateur dans le premier cas, et un peintre dans le second) doit pousser son modèle jusqu'au bout de cette logique, c'est-à-dire l'obliger à 's'abandonner' complètement au regard, à n'être plus qu'un

“ corps-signe ”. Dans le film de Beineix, c’est la folie qui se charge de ce processus que documente la caméra, et duquel le spectateur est invité à se faire le complice.

Liz (Jane Birkin), l’épouse du peintre célèbre de *La Belle Noiseuse*, dont elle est aussi l’ancien modèle (relégué pour une femme plus jeune), s’adonne désormais à la taxidermie... Comme le dernier film de Rivette, *Secret Défense* (1997), la plus récente des productions signée par Patrice Chéreau, *Ceux qui m’aiment prendront le train* (1998), semble participer à cette tendance - pour reprendre un terme créé par Susan Hayward - à une certaine “ nécrocinéphilie ”. Dans les deux cas, le réalisateur se place dans un milieu circonscrit de la haute bourgeoisie, symbolisé par la maison ou le manoir familial. Dans le film de Chéreau, malgré des passages de cinématographie remarquables, et alors même que l’homosexualité domine les relations qui lient le groupe des personnages, leur traitement est souvent conventionnel, voire stéréotypé : ainsi, dans le récit, dans la caractérisation et dans la manière de filmer, le personnage du très jeune homme (Sylvain Jacques) est-il soumis aux mêmes procédés “ d’objectification ” auxquels sont assujettis traditionnellement les personnages féminins qui sont réduits au rôle d’objet de désir.

Bien plus qu’un film sur un meurtrier comme *J’ai pas sommeil*, les films qui viennent d’être mentionnés sécrètent une certaine morbidité ; celle d’un cinéma qui, dans un vide ou une confusion de référents contextuels, socio-économiques, culturels et temporels, réfléchit sur son propre processus de création - un processus de création qui semble reposer essentiellement sur l’exploitation et l’annihilation de “ l’autre ”. Héritage des années 80, cette tendance est maintenant mise en question par l’émergence d’un groupe de réalisateurs et réalisatrices dont les préoccupations sont différentes.

Dans le contexte de la présente étude, *les Amants du Pont Neuf* peut être considéré comme symptomatique du changement qui semble s’amorcer dans la production cinématographique française récente. En dépit de son sujet, le film de Carax s’est en effet révélé être un gouffre financier. Il se place ainsi à la croisée entre les deux principales orientations qui marquent le cinéma français des années 90 : un cinéma à gros budget (relativement parlant, c'est-à-dire en comparaison avec les budgets moyens du cinéma européen) qui s'est concentré autour du genre du 'cinéma de qualité', et un cinéma à petit budget qui, thématiquement, témoigne de préoccupations similaires [5] à celles qui sont abordées dans les *Amants*, mais adopte une esthétique plus discrète. Vincent Dieutre décrit cette seconde approche comme l'expression d'un cinéma de " critique sociale poétique ". On pourrait simplement l'appeler " nouveau réalisme " ou encore " un certain Regard ", en référence une catégorie créée par le festival de Cannes en marge de la sélection officielle, et où ce type de film a dominé. [6]

Ces dernières années, alors que le nombre de films produits augmente, les coûts moyens de production diminuent - une indication de la perte de vitesse du cinéma type " cinéma de qualité " ; ainsi la tendance qui marque les années 80, celle d'une domination du film de prestige aux dépends des productions de moyen et petit budget,[7] s'inverse-t-elle. Non seulement le nombre des films à petit budget augmente (et notamment dans la catégorie des premiers films), mais la part de ces films ayant connu un succès quant au nombre des entrées est remarquable. [8] Un article du *Guardian* du 2 février 1998

5. Nota : Sandrine Veysset, réalisatrice de *Y aura-t-il de la neige à Noël*, 1995, a commencé sa carrière en travaillant sur le tournage des *Amants du Pont-Neuf.*

6.... avant d'être célébré au palmarès officiel en 1999.

7. Phil Powrie, p. 2.

8. Evolution de la production. Film d'initiative française (Source : *CNC info, Bilan 1996,* n°265, Mai 1997, Paris : Centre National de la Cinématographie)

| | Nombre de films sortis | Pourcentage de 1ers films | Coût moyen en MFF |
|---|---|---|---|
| 1994 | 89 | 24,7% | 26,1 |
| 1995 | 97 | 33% | 28,1 |
| 1996 | 104 | 37% | 24,3 |

propose un classement des films sortis en Europe et aux Etats-Unis en 96/97, en se basant sur le rapport entre les profits réalisés sur le nombre d'entrées par rapport au coût de production initial du film. Dans ce classement, et aux côtés des *Block-busters* qui dominent la production commerciale américaine du moment, *Chacun cherche son chat*, le film de Cedric Klapish, réalisé avec un budget minimal, arrive en troisième position.[9] Il semble donc que, tandis qu'il reste " marginal " face a un géant hollywoodien qui établit la norme, le cinéma français demeure capable, et notamment dans la veine d'un nouveau réalisme ou cinéma de " critique poétique ", d'exploiter cette position en proposant une approche et un regard différents.

L'émergence de ce type de cinéma semble signaler un changement dans le rapport entre représentations de la norme et de la marge, entre discours dominant et discours centrifuges à l'écran. En plaçant leurs films au centre d'un réseau résolument complexe d'influences et de référents culturels et sociologiques, certains des réalisateurs de ces dix dernières années explorent au contraire, dans la lignée d'une approche initiée notamment avec *Sans toit ni loi* (Agnès Varda, 1986), les possibilités de représentation de " l'autre ", de celui ou de celle qui échappe à la norme, sans exploitation " voyeuriste ", sans récupération par des techniques de représentation normalisatrices, et surtout sans vider cette représentation de son sens et de sa spécificité. Cette problématique apparaît de plus en plus comme un élément à la fois capital et pressant de la création cinématographique.

Bien qu'il s'agisse des minorités ethniques les plus visibles par exemple, et malgré la fulgurante carrière d'un acteur comme Roschdy Zem, proportionnellement, les Français maghrébins restent dramatiquement sous-représentés dans le cinéma français. Tandis que certains des films discutés ici incluent des personnages beurs, la sélection des films étudiés en détail ne comprend pas de film beur proprement dit. Certes,

---

9. Dan Glaister, " *Full Monty Reaps Dividends from Minuscule Investment* ", *The Guardian*, Monday 2 March 1998, p. 11.

en ce qui concerne l'échantillon de films qui font l'objet d'une analyse approfondie, la présente étude ne peut prétendre à être exhaustive en ce qui concerne les thèmes qu'implique la combinaison des concepts de marginalité et sexualité, mais il est également important de noter que cette thématique a jusqu'ici été largement ignorée dans les films beurs comme dans les films qui se concentrent sur des personnages beurs. Dans un univers cinématographique très largement dominé par des hommes, cette absence semble résulter moins d'une volonté de se concentrer sur certains aspects socio-économiques de la " fracture sociale " que d'une tendance à ignorer l'existence de ce qui n'est ni masculin, ni hétérosexuel. Gros succès national et international, le film de Mathieu Kassovitz, *La Haine* (1995), se présente comme une allégorie de la fracture sociale. Le style documentaire dont s'inspire le film, son introduction et sa conclusion, le dualisme symbolique de la structure narrative et spatiale à travers laquelle le réalisateur a traduit le problème de l'exclusion, renforcent l'aspect universaliste de ce film qui présente pourtant un univers exclusivement masculin. A propos des films beurs proprement dits, Carrie Tarr remarque que, généralement, ces films :

> " ...plaisent partout parce qu'ils se font le reflet d'une culture de la jeunesse révoltée, présentée comme cosmopolite, masculine et hétérosexuelle à la fois, et où les différences ethniques sont effacées et les questions d'identité et de sexualité sont soigneusement évitées. " [10]

Parmi les films produits ces dix dernières années, *Cheb* (1991), de Rachid Bouchareb, et *Hexagone* (1993) de Malik Chibane, sont donc exceptionnels en ce que leurs représentations de la communauté beur, et des problèmes de marginalisation auxquels elle doit faire face, prennent en compte les questions de sexualité et que les thèmes sont abordés en partie d'un point de vue féminin. Grâce à un montage en parallèle qui inclut des scènes de discussion de groupe, Chibane par exemple, donne une voix à ses personnages féminins, et suggère que, confrontées à une

10. Carrie Tarr, " *Questions of identity* " *in Beur Cinema, Screen* 34/4, Winter 1993 , p. 341.

situation oppressive au sein de leur propre environnement culturel et familial, les “ Beurettes ”sont plus déterminées à explorer les possibilités d’intégration (Chibane conclut son film sur la célèbre phrase d’Aragon “La femme est l’avenir de l’homme”). L’un des jeunes Beurs d’*Hexagone* entame d’autre part une relation avec une jeune bourgeoise, française de souche, et raciste. Le jeune homme ment sur ses origines et sa situation, se prétendant étudiant et de descendance italienne. Le discours sur la discrimination raciale prend ainsi la forme d’un constat à la fois amer et ironique : la discrimination raciale est clairement exposée comme illusoire (parce que son prétendant ne ‘ressemble’ physiquement pas plus à un Maghrébin qu’à un Italien, la jeune femme n’a pas de raisons de mettre en doute ses assertions ou de résister à son charme), mais l’acceptation probablement temporaire du jeune Beur est fondée sur le mensonge et sur le reniement de son identité.

Dans le film de Bruno Dumont, *La Vie de Jésus* (1997), dont Rachid Bouchareb est le coproducteur, une relation empreinte de tendresse s’esquisse entre deux des principaux personnages, Marie et Kader, provoquant en partie les événements qui mènent à la mort de ce dernier. *La Vie de Jésus* présente une vision pessimiste, mais traite de manière complexe et originale le problème du racisme. Filmé dans le nord de la France, le film s’attache avant tout à décrire et à démythifier les sources du racisme au sein d’une communauté ouvrière que mine le chômage, l’ennui et l’absence de perspectives. Le film met en scène un groupe d’individus qui, s’ils ne se démarquent pas par la race, sont marginalisés par leur accent, leur appartenance géographique et sociale, leur impuissance à appréhender leur situation de manière critique. Dans ce contexte, le rôle de ‘l’autre’ qui échoit au personnage éponyme joué par Kader Chaatouf, apparaît d’autant plus arbitraire et absurde qu’il est relativisé, et que le personnage n’a pas d’affinité avec le schéma familier de la représentation du jeune beur comme drogué ou comme délinquant potentiel. De façon similaire, dans *En avoir (ou pas)*, c’est avec le personnage de Bruno que se cristallisent la déprime et la violence rentrée cependant que Joseph et sa soeur, les jeunes Beurs qui s’occupent de l’hôtel d'un oncle en voyage au Maroc, apparaissent, par contraste, nettement plus positifs. Si Bruno prend ainsi refuge à l'hôtel où travaille son meilleur ami Joseph, la soeur de ce dernier, que la morosité de Bruno agace, répond à ses avances avec réticence. Le scénario indique en outre que, pendant ses heures de surveillance à la réception, la jeune femme profite des moments de calme pour étudier, et s'attache notamment à apprendre l'arabe : suggestion d'une possibilité de rapprochement, où la connaissance de la langue et la culture ancestrale deviendraient, pour les jeunes Beur(ette)s un élément d'identité et d'intégration plutôt qu'un obstacle et un reniement de la culture dominante ? [11] La réalisatrice a certes choisi de donner au lieu où se rencontrent ses personnages le nom d'Hôtel *Idéal*. En effet, et malgré certaines affinités avec un style documentaire, le film témoigne d'une profonde préoccupation pour les questions de représentation : les personnages mis en scène par Masson, comme le lieu où ils se croisent, ne prétendent pas être représentatifs au sens de " vrais ". Cependant, comme dans les films de Chibane et Dumont, *En avoir (ou pas)* n'est pas limité à une représentation habituelle et stéréotypée - le beur comme jeune délinquant de sexe masculin évoluant dans un univers presque exclusivement masculin - qui a tendance à devenir familière au point *d'aller de soi*.

Si la minorité la plus présente du point de vue démographique, social, et culturel est sous-représentée dans le cinéma français, il va sans dire que les autres minorités sont le plus souvent carrément ignorées : le cinéma français contemporain n'inclut pas encore, par exemple, d'acteur ou d'actrice vedette noir. Dans *Vive la République* (Eric Rochant, 1998), où la question du politiquement correct est abordée franchement mais sur un mode comique, le personnage joué par Roschdy Zem accepte de se joindre à un groupement politique en tant que représentant de la minorité arabe et, en l'absence d'un candidat plus pertinent, comme représentant... de la minorité noire.

11. Voir aussi : *De l'autre côté de la mer*, Dominique Cabrera, 1998.

Selon son succès, un film comme *J'ai pas sommeil* par exemple pourrait permettre le lancement ou le renforcement de la carrière de ses deux acteurs principaux ; en ce qui concerne les personnages féminins cependant, et à de rares exception près - *Métisse* (Mathieu Kassovitz, 1989), *Romuald et Juliette* (Coline Serreau, 1989) notamment, dont les scénarios concernent respectivement les relations inter raciales d'un triangle amoureux et d'un couple, la caractéristique principale des stratégies de représentation dans le cinéma jusqu'aux années 90, est l'absence. En outre, de manière significative, les deux films que l'on vient de citer adoptent, esthétiquement et du point de vue narratif, les conventions des genres de la romance et de la comédie, abordent leur sujet sur le mode de la comédie et de la fantaisie, et reposent largement sur l'exploitation de stéréotypes raciaux. La fin du film de Serreau, avec sa fête nuptiale après laquelle, suivant une chorégraphie précise, les deux communautés scellent des liens d'amitié, reproduit l'atmosphère et le style du conte de fée.

L'un des aspects les plus remarquables du jeune cinéma des années 90 est le renouveau d'attention pour des personnages et des situations sociales et géographiques restées en marge des atmosphères héroïques qu'aime à recréer le cinéma commercial classique. Le film de Laetitia Masson, celui d'Erick Zonca, *La Vie rêvée des anges*, et celui de Bruno Dumont, *la Vie de Jésus,* se déroulent par exemple entièrement, ou en partie, dans le nord de la France. Cette différence d'approche se reflète aussi dans le choix du langage et des accents : si, comme c'est le cas pour la série des Pagnol des années 80, certains des accents du sud de la France sont perçus positivement ou comme participant d'un aspect nostalgique - " ethnographiquement romantique ", les accents des régions traditionnellement industrielles ont en général été évités. Bruno Dumont a recruté ses acteurs localement, ceux-ci s'expriment donc avec un accent du Nord qui est marqué. Par contre, dans la comédie *La Vie est un long fleuve tranquille*, (Etienne Chatiliez, 1987), dont l'action se situe à Roubaix, le seul personnage qui est doté d'un accent du Nord est le personnage de la bonne, qui est simple d'esprit.

Situé dans la même région, mais à l'autre bout de la chaîne des genres par rapport à *la Vie de Jésus*, *Germinal* (Claude Berri, 1993) est, du point de vue de la thématique, non seulement une exception, mais avec un éventaire de vedettes internationales et le faste des effets visuels derrière lesquels s'efface le sujet du film, il reste clairement défini par les conventions de la reconstitution historique ou du cinéma dit de " qualité ". Comme le signale Powrie :

> " Dans les années 80, (...) ces préoccupations socio-politiques restent étrangères a un cinéma nostalgique. (...) le *Germinal* de Berry apparaît clairement comme une tentative de création d'un cinéma historique populaire, en mettant en relation une icône nationale littéraire (Zola) et une situation contemporaine de crise économique. " [12]

A l'exclusion raciale et sociale se superpose une marginalisation fondée sur le profond attachement du cinéma classique à la norme hétérosexuelle. Cependant, dans la cinématographie française des dix dernières années, non seulement l'homosexualité masculine est devenue un aspect familier des relations sociales, sexuelles et amoureuses qui font partie de l'univers filmique, mais elle tend à y occuper de plus en plus souvent un statut comparable à celui des relations hétérosexuelles : dans la majorité des films qui incluent des personnages et des couples homosexuels, le discours porte désormais l'accentuation non plus sur la sexualité elle-même mais sur les problèmes relationnels en général. Le prétexte au film *Pigalle* (Karim Dridi, 1994), est une intrigue artificiellement compliquée qui comporte les éléments obligatoires : trafic de drogue, prostitution et règlements de compte. "Peuplé de gueules de cauchemar, *Pigalle* plonge au coeur de la nuit déchirée, entre les sex-shops et les cabarets." [13] Le film exploite sans vergogne une approche voyeuriste de la marginalité urbaine qu'il dépeint comme une cour des miracles contemporaine (la vilénie des vilains est en rapport direct avec leur difformité physique). Même dans un film

12. Phil Powrie, p. 8.

13. Citation tirée du magazine *Max*, et reproduite sur la couverture de la boîte vidéo.

comme *Pigalle* cependant, les relations homosexuelles sont présentées de manière positive : en fait, les rares moments de tendresse ou d'affection sont ceux qui unissent le personnage masculin principal, Fifi (Francis Renaud), avec deux acteurs d'un spectacle de travesti, l'un son amant, l'autre un ami.

Si le lesbianisme, par contre, demeure largement ignoré [14], c'est probablement que dans le contexte d'une société de consommation encore marquée par la dominance d'un ordre et d'un discours de type patriarcal, le lesbianisme se présente comme doublement subversif. La relation amoureuse entre deux femmes contredit la norme hétérosexuelle, mais elle représente aussi la possibilité d'une sexualité excluant le mâle. En outre, contrairement au phénomène du travesti et à la culture *queer* par exemple, l'homosexualité féminine n'est pas, pour le moment, particulièrement liée à une culture de la consommation, ou dépendante d'images traditionnelles de la féminité, auxquelles le travesti masculin et le transsexuel doivent se plier, [15] même s'il s'agit de se les approprier en cultivant l'outrance. Enfin, dans le contexte particulier du cinéma français, l'homosexualité féminine ne peut s'appuyer sur une tradition comparable à celle qu'ont initiée des artistes comme Jean Cocteau et Jean Genet. Ainsi, dans le cinéma français récent, les représentations du lesbianisme restent rares, marginales, périphériques ou négatives. Dans *Chacun cherche son chat* (1995), Klapish inclut un rôle vignette, celui de la patronne du bar local, qui, un soir, s'interpose afin de protéger la timide héroïne que les propositions d'un client indisposent. Après avoir raccompagné la jeune femme jusque sur le pas de sa porte, la barmaid tente de l'y embrasser d'une manière quelque peu cavalière. Les deux scènes créent ainsi un parallèle entre le personnage de la lesbienne et celui du dragueur.

Dans *Les Voleurs* (1996), d'André Téchiné, la relation qui unit le personnage central à une femme plus âgée, que joue

---

14. A propos du film de Diane Kurys, *Coup de foudre* (1983), Phil Powrie remarque : “ Certains spectateurs ont pu voir dans *Coup de foudre* une relation lesbienne, faute de mieux ”, Phil Powrie, p. 74.

15.Voir notamment le film de Chéreau, *Ceux qui m'aiment prendront le train,* 1998.

Catherine Deneuve, est traitée avec délicatesse et montrée sous un jour positif, mais demeure clairement à la périphérie de l'histoire et de la vie sexuelle de la jeune héroïne.

Avec *La Cérémonie* (1994), adaptation d'un roman de Ruth Rendell, Claude Chabrol met en scène une histoire criminelle que sous-tend le problème de l'inégalité des rapports de classe : une jeune femme (Sandrine Bonnaire), recrutée comme bonne par une famille de grands bourgeois, se lie d'amitié avec la postière du village (Isabelle Huppert), avec l'aide de laquelle elle finira par assassiner la famille qui l'emploie. Les tensions sociales, dont le film trace avec habileté la complexité, ne sont cependant pas la seule source de la folie meurtrière qui saisit les deux personnages. Le film suggère en effet qu'une relation ou du moins une attirance sexuelle s'est créée entre les deux jeunes femmes, et, dans le contexte d'un récit de meurtre, exploite les traits conventionnellement attribués au lesbianisme par le cinéma homophobe : juste avant que la frustration des deux femmes ne culmine dans la scène du meurtre, les deux complices mettent à sac la chambre à coucher du manoir. Dans un mouvement de frénésie destructrice, la postière s'empare d'un pichet de chocolat chaud et, à la manière d'un homme qui urinerait ou éjaculerait, elle souille le lit conjugal. La scène expose ainsi clairement le caractère sexuel de sa névrose, mettant sur le même plan la frustration sexuelle ou complexe de castration supposé de la jeune femme et son aliénation culturelle et sociale, rendue intolérable par les privilèges et le libéralisme complaisant de la famille des grands bourgeois.

Dans ce contexte de représentations régressives ou à peine ébauchées, il n'est pas surprenant que *Gazon maudit* (Josiane Balasko, 1995), ait attiré l'attention du public et de la critique. Le scénario de *Gazon maudit* est bâti autour de l'histoire d'un triangle amoureux non conventionnel, puisqu'il se compose d'une lesbienne (Marijo/Josiane Balasko), et d'un couple hétérosexuel marié (Loli/Victoria Abril, et son époux Laurent/Alain Chabat). Marijo et Loli ont une liaison amoureuse dont Laurent devient le témoin désespéré. Après divers rebondissements, Marijo tombe enceinte, le trio forme une famille, et Laurent découvre sa propre bisexualité. Le film met en scène des personnages stéréotypés : Loli, la jolie femme au foyer au caractère jaloux est d'origine espagnole, cependant que Marijo est si masculine que les enfants la prennent tout d'abord pour un homme. La réalisatrice, en présentant ainsi le personnage de Marijo comme un " homme manqué ", se conforme aux conventions du genre, mais s'assure aussi qu'il sera *instantanément* reconnu.[16] Il n'en demeure pas moins qu'au bout du compte, et malgré l'ultime " conversion " de l'époux macho, le film ne s'éloigne pas vraiment du discours dominant sur la sexualité : en transformant le rôle et le personnage de Marijo qui, d'amante rivale, devient mère, le scénario neutralise ce que le personnage avait de subversif dans son désir, sa sexualité, et socialement puisqu'elle mettait en danger une cellule familiale traditionnelle : Laurent peut, sans arrière pensée, partir au travail et laisser les deux femmes ensemble dans la chambre à coucher, puisque leur attention est maintenant dévolue au nouveau-né que Marijo a mis au monde. Surtout, le film laisse de côté un aspect fondamental de la problématique en ignorant les questions de statut social ; le rôle de Laurent comme seul soutien financier de la famille, et la dépendance de Loli puis de Marijo ne sont jamais mis en question, et le succès apparent de son affaire d'immobilier permettra à la petite communauté de s'installer confortablement dans un cadre idyllique. Formellement, la réalisation du film suit une approche classique. Un montage en parallèle permet de mettre l'accent de manière positive sur la relation qui se développe entre les deux femmes tandis que le mari volage se disperse en liaisons sans importance. L'esthétique reste cependant au service d'un style narratif conventionnel.

Si, dans une certaine mesure, il semble possible de miner le système et ses codes de 'l'intérieur', le danger dans l'utilisation des stéréotypes à contre emploi, comme on le voit avec *Gazon maudit*, est que la mise en question reste nécessairement limitée, et qu'on risque au bout du compte et simplement avec

16. Suivant une stratégie que Susan Hayward, au cours d'une conférence sur le sujet (*Screen Conference,* Glasgow, juin 1994), a désignée par l'expression "*Mascarading gender*".

un dénouement rassurant et par la force de l'accoutumance à une certaine iconographie de renforcer ces stéréotypes et ces *a priori* que l'on a dénoncés le temps d'un film.

Fondamentalement, des films aux thématiques opposées comme le misogyne *Tango* (Patrice Leconte, 1993), évoqué plus loin, et *Gazon maudit*, ou comme le récent pastiche *Sitcom* (François Ozon, 1998), sont d'intéressants objets de controverse et de débat d'un point de vue général ou journalistique, mais l'intérêt qu'ils présentent du point de vue de l'analyse textuelle de détail peut sembler limité. Au premier abord, les préoccupations de leurs réalisateurs semblent incompatibles, mais ces films ont en commun une approche formelle et une utilisation du cliché qui, au bout du compte, les constituent de manière à reproduire des normes et un discours dominant - une approche qui, même si les intentions du réalisateur ou de la réalisatrice se veulent subversives, apparaît insuffisante du point de vue des stratégies de représentation parce qu'elle exclut la possibilité d'une mise en question radicale. Cette remarque est généralement pertinente pour le genre de la comédie des années 80-90 ; dans un domaine thématique différent de celui des deux films que l'on vient de citer, elle pourrait s'appliquer, par exemple, au film d'Eric Rochant, *Vive la République* (1998) une comédie à thème, qui se présente comme une réflexion sur les rapports entre pouvoir, discours et langage. Mais ces thèmes restent traités presque uniquement au niveau du récit : la conclusion du film (une série d'entretiens télévisés au cours desquels les personnages refusent de s'exprimer sur un mode prédéterminé) semble ajoutée après coup, tandis que l'ensemble suit les conventions établies d'un langage cinématographique (et du langage de la télévision dans le cas de ce film) traditionnel. Or, comme l'a souligné Claire Johnston, il ne suffit pas de prendre l'oppression comme thème :

“ (...) Le langage cinématographique/la représentation de la réalité doivent également être mis en question, de façon à créer une distance entre texte et idéologie... ” [17]

Une part de la production cinématographique française semble se replier derrière une esthétique de la “ belle image ” et du spectaculaire, ou dans un langage familier et simplificateur, qui justifient des discours nostalgiques, voire réactionnaires. Cependant, le rejet de ce type de narrations universalisantes ou “ méta-narrations ”, et des discours normatifs réducteurs mais rassurants, caractérise au contraire une partie d'un cinéma de petit et moyen budget, et en particulier de ce cinéma de *critique sociale poétique* dont les choix esthétiques et thématiques témoignent d'une véritable ouverture au multiculturalisme racial, sexuel et social. Ainsi, en marge des discours esthétisants et “ mythologisants ” des genres traditionnels, des catégories d'individus conventionnellement exclus de l'univers cinématographique se voient conférer une certaine visibilité.

L'émergence de sujets marginaux et la mise en question de la norme dominante témoignent des tensions qui marquent une production cinématographique récente, thématiquement et formellement tiraillée entre le repli sur des discours conventionnels ou régressifs, ou l'exploration de stratégies de représentation radicales ou subversives. Ce sont ces tensions, et leurs implications idéologiques, que la présente étude s'applique à identifier et à analyser.

---

17. C. Johnston, “ Notes on Women's cinema ” *(Society for the Education in Film and Television*, 1973), reproduit dans : *Notes on Women's cinema,* Glasgow : *Screen* reprint, 1991, p. 29.

*La Vie rêvée des anges*, Isabelle et Marie
© E. Zonca/Mercure Distribution

# 2 - Cinéma et critique à l'âge du postmoderne

Vu de l'étranger, le cinéma français contemporain, tant dans le domaine de la création que dans celui de la théorie critique, semble dans une position paradoxale. Tandis que le cinéma produit en France continue généralement à bénéficier d'une aura de qualité dans la presse à grand tirage, [18] dans les textes spécialisés sa réputation est loin d'être flatteuse. Alors que du point de vue du style, les films récents sont souvent jugés inférieurs ou moins inventifs que ceux des illustres prédécesseurs de l'époque classique ou de la Nouvelle Vague, en ce qui concerne le message et les stratégies de représentation, le cinéma français de la dernière décennie est régulièrement décrit comme carrément réactionnaire.

Malgré les périodes de baisse du nombre d'entrées, le maintien de la production française comparée à celle des pays voisins d'une part, et la richesse des écrits théoriques qui sont dévolus au " septième art " d'autre part, témoignent de l'intérêt qui est porté au médium. Mais en comparaison avec une critique anglo-saxonne qui s'est appliquée, dans les deux dernières décennies, à l'étude du phénomène

---

18. Dans la presse étrangère, en vertu de l'étiquette *French*, il semble qu'on ait longtemps accordé aux films français une relative immunité. La nationalité du réalisateur - et le cinéma français utilise cette réputation pour sa publicité et son marketing - est communément considérée comme la garantie d'une certaine recherche et d'une qualité qui tendent à disqualifier à priori les approches critiques adoptées dans d'autres cas. Cet état de choses est à la fois illustré et renforcé par le fait que les films français, de type commercial ou non, sont le plus souvent présentés dans les cinémas d'art et d'essai.

cinématographique en tant que discours (discours esthétique et idéologique, analyse du positionnement du spectateur et analyse des systèmes de représentation), la critique française a donné la priorité à l'analyse formelle du film, et apparaît maintenant lacunaire lorsqu'il s'agit d'en déchiffrer les discours idéologiques. Dans *French National Cinema,* Susan Hayward souligne comment, après les années 60, le cinéma et la critique engagés furent délaissés au profit de la tendance formaliste, et ajoute que, dans le cas du cinéma français, l'influence grandissante des théories psychanalytiques n'a pas été mise au service de l'analyse des représentations.[19] A première vue, une tendance similaire semble marquer la production cinématographique française des années 80 et du début des années quatre-vingt dix. Dans son article sur le cinéma beur, Carrie Tarr remarque ainsi que :

> " En France, la théorie et la critique du film restent dominées par la sémiotique et la théorie du cinéma d'auteur, et se détournent de tout sujet susceptible de toucher à l'idéologique de sorte que les questions de sexe et sexualité, de race et d'identité nationale restent négligées. "[20]

Le sentiment dominant est que, de manière générale, les réalisateurs ont porté leurs efforts et leurs soins à l'élaboration formelle, visuelle et technique et à l'approfondissement de thèmes et d'obsessions personnels ou à la mise en scène d'un passé nostalgiquement romancé, en dédaignant de s'impliquer vraiment dans le débat contemporain sur les questions

---

19. Susan Hayward, *French National Cinema*, London : Routledge, 1993

20. Carrie Tarr, " Questions of Identity in Beur Cinema : from Tea in the Harem to Cheb ", *Screen* n°34/4, 1993, p. 321.

Les remarques de James Ray MacBean, dans sa critique de Christian Metz rédigée en 1975, vont dans le même sens :

" (...) à une époque où les relations entre cinéma et idéologie sont devenues des sujets primordiaux du débat critique et théorique, Metz refuse absolument de se confronter à l'existence du discours idéologique, se réfugiant dans sa coquille méthodologique chaque fois que cette confrontation devient inévitable. "

James Roy MacBean, *Film and Revolution,* Bloomington and London : Indiana University Press, 1975, p. 288.

d'identité, d'idéologie et de représentation. Cette tendance a probablement été encouragée par l'absence d'un système de soutien financier adéquat aux réalisateurs préoccupés par la représentation de minorités ou de questions controversées. Si le système gouvernemental des *avances sur recettes* est un facteur indiscutable du maintien d'une production indépendante et de l'émergence de nouveaux talents, en tant qu'alternative aux structures commerciales, il n'en reste pas moins insuffisant ; les critères auxquels doivent répondre les projets proposés pour une *avance sur recette* restent marqués par la pratique du scénario préétabli et par des conceptions conventionnelles des modes de production et d'exploitation qui n'encouragent pas les réalisateurs à se montrer polémiques [21].

Susan Hayward dénonce les tendances adoptées par une production française qu'elle décrit comme progressivement dominée par le travail de réalisateurs qui font prévaloir la brillance visuelle et technique au détriment du contenu, ou qui, puisant dans le pastiche et l'ironie, exploitent et reproduisent les schémas d'oppression qu'ils prétendent déconstruire.

Elle conclut ainsi l'étude publiée en 1993 :

> " Si je me suis intéressée plus particulièrement aux représentations de la classe ouvrière, de la jeunesse et des femmes, c'est que, d'une part, il s'agit de systèmes de représentation essentiels au cinéma, et que, d'autre part, leurs mutations témoignent des mentalités et de l'image d'elle même que projette la France. Cette image change, mais le changement n'est pas nécessairement qualitatif. A vrai dire, si cette évolution est conçue comme circulaire, la France contemporaine est au plus bas de la configuration. Mais si l'on se fie à la croyance établie, l'histoire se répétera peut-être et le cinéma français se libérera de la dominance d'une culture du pastiche indistincte et appauvrissante, et

21. En dépit du succès de son court métrage *Carne*, il a fallu cinq ans à Gaspar Noé pour rassembler les fonds nécessaires à la réalisation de son long métrage, *Seul contre tous*, un exposé à la fois vitriolique et ambigu des tendances les plus régressives de la société française (voir conclusion).

s'engagera dans une nouvelle direction qui sera tout sauf post-moderne. »[22]

Il est indéniable que les critiques dont la théorie du film et le cinéma français contemporains sont la cible sont justifiées. Cependant, par-delà le danger d'une tendance à la généralisation, qui condamnerait l'ensemble de la production française des dix dernières années comme irrémédiablement rétrograde ou sans pertinence, certaines des équations ainsi établies dénient la complexité d'approches qui, tant dans le domaine de la théorie que dans la pratique, méritent d'être considérées dans leurs contradictions.

Hayward présente comme évidente la conjonction entre l'émergence des théories déconstructionnistes ou plus généralement de la « condition post-moderne », et le manque d'engagement du cinéma et de la critique française dont elle retrace l'histoire. Dans son étude du pastiche et de ce qu'elle signale comme la « nécrocinéphilie » française, elle assimile ainsi le post-moderne à une tendance à la dépolitisation et au régressif, un mouvement essentiellement stérile. Pourtant, pour des auteurs comme Julia Kristeva, ou comme l'écrivain cinéaste Marguerite Duras, dont les oeuvres révèlent d'indiscutables affinités avec l'esprit post-moderne, cette approche est une source de créativité et d'inspiration. Pour ses défenseurs, le postmodernisme ne se limite pas à un nivellement du sens et des valeurs dont la conséquence est le désengagement et la création d'un vide spirituel. Sa valeur réside dans une mise en question du langage, du dualisme, et de catégories telles que rationnel/irrationnel, sujet/objet, masculin/féminin, qui suggère par là-même la possibilité d'un questionnement radical des systèmes de représentation.

Mon propos n'est pas d'essayer de définir de manière exhaustive un système de pensée, doublé d'une théorie critique, dont les facettes sont innombrables et dont la dénomination même reste incertaine (post-moderne/post modernisme, déconstruction, post structuralisme) ; il s'agit plutôt de nuancer les conclusions de Susan Hayward, en soulignant d'une part la

22. Susan Hayward, *French National Cinema*, London : Routledge, 1993, p. 305.

similarité qui existe entre les tensions qui caractérisent le débat post-moderne et les contradictions propres aux discours que véhiculent la critique et le cinéma français, en considérant d'autre part le potentiel représenté justement par des tensions qui peuvent créer une atmosphère propice au développement des discours critiques et subversifs dont l'auteur de *French National Cinema* regrette l'absence.

Du point de vue méthodologique, il s'agit en outre d'aborder la question d'une manière complètement différente : dans *Film and Revolution,* le critique marxiste James Roy MacBean ne se contente pas d'insister sur l'importance d'une approche qui allie à la sémiologie et au structuralisme une critique des idéologies, il dénonce aussi :

> " (...) le fossé qui sépare théorie et critique s'est sensiblement élargi. La situation est telle que, suivant les tendances variées de la sémiologie et du structuralisme, discours et contre-discours théoriques se développent dans un vide complet de références, et surtout sans aucune mise en pratique de la théorie sous la forme d'exemples de critiques de films. Le fait que la théorie du film s'éloigne de plus en plus de la discussion critique des films eux-mêmes est le signe d'un appauvrissement du discours théorique ; il met aussi en doute sa signification et sa pertinence en général. " [23]

Un livre comme le *French National Cinema* de Hayward se présente comme une étude critique d'ensemble, où les remarques sur les films et les mouvements cités, de même que les conclusions de l'auteur, ne sont illustrées par aucune analyse de détail, que ce soit dans le corps du texte ou en annexe. Par contraste, l'étude qui suit est fondée sur des analyses approfondies d'une série d'exemples qui devraient permettre d'identifier dans leur complexité les discours qui s'incarnent dans une variété de films récents.

De même que l'une des caractéristiques de l'expression post-moderne est l'amalgame de la culture et de l'art populaires avec la culture et l'art des élites, lorsqu'on essaye de cerner les traits spécifiques du cinéma français, la tâche est singulièrement compliquée par la fluctuation des distinctions entre les genres et entre cinéma d'art et cinéma commercial.

23. James Roy MacBean, p. 2.

La différence entre cinéma d'art et cinéma commercial est supposée dériver à la fois de l'approche formelle et des thèmes qui composent le contenu d'un film :

> " Dans le film d'art, (...) la construction narrative même prend la forme d'une mise en question : comment l'histoire est-elle racontée ? Pourquoi est-elle racontée de cette manière ? Le film d'art peut ainsi subvertir la norme plus fréquemment que le cinéma classique. (...) L'organisation formelle est au coeur même de la thématique du film d'art et de sa tentative d'établir un jugement sur la *condition humaine.* (...) Les angles de prise de vue inhabituels, les mouvements de caméra indépendants du déroulement de l'action permettent de souligner une approche où, consciemment, la narration est un construit. Le principe implicite du " témoin invisible ", sur lequel se fonde le cinéma hollywoodien, est révélé. " [24]

Cependant, dans le cas du cinéma français en particulier, les catégories s'interpénètrent notamment du point de vue de la forme. Un réalisateur comme Blier par exemple, qui trouve son inspiration dans la culture populaire, le café-théâtre, le " ringard ", n'en est pas moins capable, dans ses comédies satiriques, des plus grandes audaces formelles. Genre à la croisée du cinéma populaire et du cinéma d'art, le *cinéma du look* d'autre part, témoigne certes d'une recherche - voire d'une obsession - des effets de style, mais ne se tourne pas moins vers la culture et les média populaires pour son inspiration.

Lorsqu'en réaction contre l'invasion du marché par les films américains, le cinéma français a joué la carte de la différence, [25] c'est la question de la vocation qui a donc été soulignée : l'image du cinéma français s'est construite autour de l'idée de culture nationale, et sur l'affirmation que ce cinéma est, avant d'être un simple moyen de divertissement, le lieu d'une mise en question des concepts selon lesquels se définissent l'individu, l'identité, la société. En tant que vice-président d'Unifrance-

---

24. David Bordwell, *Narration in the fiction film*, London : Methuen, 1985, p. 210-212.
25. David Bordwell, p. 231 :
Le paradigme art/cinéma s'est pleinement réalisé alors que l'association entre originalité et nationalité devenaient la base d'une stratégie de marketing qui est demeurée en place depuis.

Film,[26] le réalisateur Jean-Jacques Beineix, est un ardent défenseur de cette position (les propos suivants contrastent notablement avec l'attitude provocatrice qu'il adopta après l'échec de *la Lune dans le caniveau*, en 83, lorsqu'en réponse aux critiques, il se fit l'avocat d'un cinéma de la surface, de la séduction visuelle et de l'amoralité [27]) :

> " Le cinéma européen et le cinéma américain n'ont plus grand chose à voir. On a d'une part un cinéma de point de vue, de liberté, de citoyens, et, de l'autre, une industrie qui définit ses produits à partir d'une obligation de résultat et qui, visant le profit à court terme, favorise l'émergence de films satisfaisant à la simple gratification du consommateur (...). Je n'hésite pas à dire que la spécificité du cinéma européen est une affaire de civilisation, traduisant une approche fondamentalement différente des grandes questions. C'est bien une affaire de valeurs humaines. " [28]

Claire Johnston prenait précisément le contre-pied de ce type de déclaration lorsqu'elle affirmait de manière polémique :

> " L'assimilation de Hollywood à une 'usine à rêves', produisant toujours le même type de film, est une opinion familière que défend, depuis des décades, une critique réactionnaire. Ce qu'elle traduit, c'est un mépris des 'masses', et une culture élitiste qui voit, dans le développement du plus important des arts populaires du vingtième siècle, un danger d'érosion des " valeurs artistiques ". " [29]

Il serait injuste d'accuser Beineix d'élitisme et de " mépris des masses ". Ses propres films s'adressent à un large public, et notamment un public de jeunes (et s'inspirent en partie, comme auparavant les réalisateurs de la Nouvelle Vague, de la culture et du cinéma américains). Pour Beineix, le coupable c'est l'*industrie* américaine du film et ses structures de financement. Il semble cependant naïf de présumer que, même en mettant de

---

26. Organisation gouvernementale dont le rôle est de promouvoir les films français à l'étranger.

27. Alain Bergala, '*Le Vrai, le faux, le factice', Cahiers du Cinéma* n°51, p. 4-9.

28. Jean-Jacques Beineix, *Lettre d'Europe* n°5, 1995, p. 4-5.

29. Claire Johnston, *'Notes on Women's cinema'*, Society for the Education in Film and Television, 1973, dans *Notes on Women's Cinema*, Glasgow : *Screen* Reprint, 1991, p. 3.

côté ses productions les plus commerciales, le cinéma européen est *per se* un cinéma de la mise en question plutôt que l'expression d'un système de valeurs établi. Claire Johnston remarque ainsi que :

> " Les stéréotypes ne sont peut-être pas aussi visibles, mais le sexisme n'est pas moins présent dans le cinéma européen. Il est de la nature du mythe de vider le signe (l'image de la femme/la fonction de la femme dans le récit) de sa signification, et de lui en superposer une autre, qui apparaît ainsi naturelle : on pourrait en fait avancer que le film d'art est plus ouvert à l'invasion du mythe. " [30]

Le cas du cinéaste français Patrick Leconte est une bonne illustration du propos de Johnston. Tandis que le travail de ce réalisateur français oscille entre un cinéma grand public et un cinéma influencé par des tendances non commerciales, ses films sont, à l'étranger du moins, projetés dans les salles de cinéma d'art et d'essai. Or, que ce soit avec des films comme *Le Mari de la Coiffeuse* (1990), et *le Parfum d'Yvonne* (1994), ou à travers des comédies sans prétentions particulières, comme *Tango* (1993), autour d'un narrateur masculin sont construits des exemples classiques du *récit* misogyne au ton souvent virulent.

La capacité à la mise en question ou à la subversion de la norme est donc désamorcée, dans le film commercial classique, par l'adhésion aux conventions narratives et formelles ; elle peut être contredite, dans le cas du cinéma d'art, par l'adhésion, souvent déguisée, à des conventions de représentation établies. Partant de là, et en tenant compte d'un contexte de production où les frontières entre des catégories comme cinéma d'art et cinéma commercial deviennent floues, le rôle de la critique apparaît crucial lorsqu'il s'agit d'identifier les stéréotypes et les discours latents que véhiculent certains films. Or, il semble qu'en France, la critique ne se donne pas les moyens nécessaires pour mener efficacement l'analyse de toute une tradition de cinéma réactionnaire, sexiste, raciste ou homophobe. Il est significatif par exemple, qu'un film comme *les Visiteurs* (Jean-Marie Poiré, 1993) apprécié des critiques en

30. Claire Johnston, *Notes on Women's cinema*, p. 25.

vertu de son esprit “ carnavalesque ” (pour citer un journaliste des *Cahiers du Cinéma*) [31], n'ait pas suscité plus de questions d'éthique. En effet, si l'esprit carnavalesque est supposé indiquer un renversement des valeurs conventionnelles, un film comme *les Visiteurs,* produit dans un climat politique de ré-émergence de la droite, ressemble plutôt à un plaidoyer en faveur d'un simple retour à certaines valeurs d'ancien régime. Projeté au vingtième siècle, un seigneur médiéval réalise avec horreur que le château de ses ancêtres est, depuis la révolution, tombé entre les mains d'une famille de roturiers ; non seulement le propriétaire contemporain est un descendant de serviteurs, mais le personnage, un arriviste antipathique à l'extrême, est aussi un homosexuel : comble de la *dégénérescence* ?

Ses rapports avec le féminisme illustrent de manière frappante les tensions entre tendances progressistes et réactionnaires qui caractérisent le cinéma français. La persistance des publications qui concernent le cinéma, et la tradition d'une presse hautement spécialisée, prouvent le sérieux avec lequel le médium est considéré en France ; lorsqu'on considère en outre l'importance de la contribution apportée par des penseurs français tant à la théorie féministe qu'à l'analyse cinématographique, l'absence d'une approche féministe dans ce domaine apparaît surprenante. Elle est encore plus surprenante lorsqu'on rappelle que la cinématographie a connu en France, pendant les années 70, une grande époque de féminisme militant, illustrée par les films de réalisatrices comme Yannick Bellon, Coline Serreau, Agnès Varda, et la Belge Chantal Akerman. En outre, si la culture et les médias fournissent chaque jour des exemples d'un sexisme patent qui se vérifie dans les faits et les chiffres, [32] les femmes sont

---

31. Thierry Jousse, éditorial des *Cahiers du Cinéma*, n°73, novembre 1993, p. 5.

32. Dans le rapport 1998 des Nations Unies, la France, qui est classée seconde dans le *Human Development Index*, tient la 31ème place du *Gender Empowerment Index. United Nations Development Programme*, '*Human Development Report'*, NY and Oxford : Oxford University Press, 1998.

parvenues en France à conquérir une part importante dans certains secteurs, et notamment dans le domaine du cinéma, où non seulement les productrices, mais aussi les techniciennes, les monteuses et les réalisatrices à succès ont cessé d'être une rareté. [33]

Dans un article intitulé " Mais ou est passée la théorie féministe en France ? ", [34] Ginette Vincendeau remarque qu'en France, l'opinion répandue est que les questions de différences et de relations entre les sexes ont été comprises et intégrées aux mentalités, et que l'approche féministe y est désormais estimée superflue. La dénomination " théorie féministe " y est en outre considérée comme dénotant une approche limitative et dogmatique. Cette situation s'explique en partie par une longue tradition de cynisme critique et de satire sociale et politique, qui informe le contexte culturel et artistique français et nourrit la suspicion professée en général par les artistes contemporains et critiques (hommes et femmes, et quelque soit le médium) pour le " politiquement correct ", qui est jugé conventionnel et restrictif. Cette position, qui tend à se transformer en " anti-intellectualisme ", [35] englobe souvent toute forme de féminisme déclaré.

La minimisation du concept d'inégalité et de différence entre les sexes soulignée par Vincendeau peut s'expliquer aussi par la crainte de renforcer arbitrairement ces différences en présentant certaines questions comme spécifiques : en traitant les oeuvres des réalisatrices séparément par exemple, on court le risque de les marginaliser, de les présenter comme une catégorie, voire une catégorie mineure. Ainsi, Noël Burch et Geneviève Sellier soulignent-ils en introduction à *La drôle de guerre des sexes* :

> " En effet, nous nous démarquons des principales théories féministes anglo-américaines en ce sens que nous ne voulons ni ne

---

33. Ginette Vincendeau, 'Fathers and Daughters of French Cinema', *Sight & Sound*, n° /1994, p. 14-17.
34. Ginette Vincendeau, *CinémAction* n°7, 1988, p. 95-102.
35. Patricia Mellencamp, *Indiscretions : Avant-garde Film, Video and Feminism,* Bloomington & Indianapolis : Indiana University Press, 1990, p. 13.

pouvons nous enfermer dans l'idée que l'analyse des représentations des relations de sexe n'intéresseraient que les femmes dotées d'une conscience de sexe. De même que le cinéma français continue de s'adresser aux spectateurs des deux sexes de manière non discriminée, nous pensons que les relations affectives et sexuelles concernent les hommes autant que les femmes. » [36]

L'attitude des réalisatrices travaillant en France est en ce sens révélatrice. Chantal Akerman est régulièrement citée pour avoir déclaré, en 1987, que le concept de « Films de Femmes » était dépassé, et les réalisatrices françaises réagissent généralement avec irritation à la suggestion qu'elles font des films de femmes ou des films pour les femmes. [37] Cela n'implique pas pour autant qu'elles renient une forme d'identité - elles ne revendiquent pas la dénomination de réalisateur plutôt que celle de réalisatrice. Refuser de voir un travail défini comme 'féminin' est une manière de mettre en question les critères selon lesquels s'établirait cette distinction. En s'opposant à ce que leurs films soient considérés comme particulièrement destinés à un public de femmes, les réalisatrices refusent le principe selon lequel tel ou tel thème serait inaccessible à certains, ou plus important pour les femmes que pour les hommes. [38] Cela ne signifie pas que les questions de représentation et d'identité sexuelles doivent être ignorées, mais qu'elles sont considérées pertinentes pour les réalisateurs comme pour les réalisatrices, pour le public masculin comme pour le public féminin. Vu sous cet angle, il s'agit donc moins de nier les différences que d'en élargir la

---

36. Par un cinéma qui ne discrimine pas entre ses spectateurs, les auteurs signifient que le cinéma français a longtemps échappé à la discrimination par genre (le western par opposition au mélodrame, genre « pour les femmes » par exemple). Noël Burch et Geneviève Sellier, *La drôle de guerre des sexes*, Paris : Nathan, 1996.

37. « Ça m'exaspère qu'on parle de films de femmes »- Isserman, Kurys et Serreau sont également citées par Hayward, *French National Cinema*, p. 258.

38. « Je suis une femme. La féminité joue donc un rôle dans ce que je fais, mais je n'aime pas dire que je fais du « cinéma de femme ». Mon cinéma s'adresse à tout le monde » J. Balasko, citée par G. Vincendeau, *Sight and Sound* Vol 6, n°, April 96, p. 25.

problématique en prévenant le retour à une attitude " essentialiste ", et en évitant de remplacer un discours dominant par un autre discours dominant. Dans ce contexte, il est également compréhensible que la France n'ait pas connu, comme la Grande-Bretagne, une floraison de publications du type *women's films/films for women/gay films/lesbian films*.

Le discours dont je viens d'esquisser les grandes lignes est, d'un certain point de vue, progressiste, mais, parce qu'il minimise le concept de " positionnement ", de contexte historique, il n'est pas sans présenter de problèmes. [39] Dès la rédaction du *Deuxième Sexe*, Simone de Beauvoir avait identifié le conflit à venir, et pressenti le débat qui anime depuis quelques années la pensée contemporaine :

> " Les sciences biologiques et sociales ne croient plus en l'existence d'entités immuablement fixées qui définiraient des caractères donnés tels que ceux de la femme, du juif, du noir ; elles considèrent le caractère comme une réaction secondaire à une *situation*. S'il n'y a plus aujourd'hui de féminité, c'est qu'il n'y en a jamais eu. Cela signifie-t-il que le mot femme n'a aucun contenu ? (...) Refuser les notions d'éternel féminin, d'âme noire, de caractère juif, ce n'est pas nier qu'il y ait aujourd'hui des juifs, des noirs, des femmes : cette négation ne représente pas pour les intéressés une libération, mais une fuite inauthentique. (...) Peut-être ces différences sont-elles superficielles, peut-être sont-elles destinées à disparaître. Ce qui est certain, c'est que pour l'instant elles existent avec une éclatante évidence. " [40]

En fait, près de cinquante ans plus tard, comme tendent à le montrer les quelques exemples qui suivent et qui sont tirés de textes ou d'études sur le cinéma, le principe d'une inégalité entre les sexes et d'un éternel féminin sont loin d'avoir disparu des mentalités : Jacques Siclier, critique de film pour *le Monde*

---

39. " Y a-t-il une solidarité entre les femmes qui serait de l'ordre des peuples opprimés comme le peuple juif ? Si je me pose de telles questions, j'ai peur de m'en servir comme d'une excuse pour ne pas faire comme les hommes ou pour faire moins bien qu'eux ". Diane Kurys, dans " Ces Dames se sont mises à la caméra ", *L'Evénement du Jeudi*, 13-19 août 1992, p. 61.

40. Simone de Beauvoir, *Le deuxième Sexe,* Paris : Gallimard, 1949, tome 1, p. 11-13.

et pour *Télérama*, et auteur d'une série d'ouvrages comprenant notamment un livre sur les femmes au cinéma, a récemment publié une étude exhaustive du cinéma français en deux volumes. Certes, dans cet ouvrage, Siclier évoque l'influence du féminisme. Il décrit notamment la production cinématographique des réalisatrices à l'époque la plus active du MLF, dans les années 70, et il célèbre plus loin l'oeuvre exceptionnelle de Marguerite Duras. Il souligne également l'émergence de personnages féminins " forts et indépendants " dans les films de réalisateurs comme Claude Sautet, et remarque une progression dans la même direction dans la production de Bertrand Blier, réalisateur à la misogynie notoire. Pourtant, lorsque le même auteur parle d'actrices ou de personnages féminins, ses descriptions reflètent souvent un point de vue suranné, contestable et offensant. Siclier cite, sans la mettre en question, la remarque de Truffaut déclarant que le travail du réalisateur " consiste à faire faire de jolies choses à de jolies femmes " et déclare plus loin, dans sa critique d'un film de Claire Breillat, *36 fillette*, que l'actrice principale, une adolescente de 14 ans, " a l'air d'un boudin ". Régulièrement, cet auteur admire en outre la performance et le talent d'un acteur tandis qu'il loue la beauté d'une actrice : ainsi, dans son analyse du film *Manon des Sources*, Siclier excuse-t-il la performance peu mémorable d'Emmanuelle Béart par le fait que l'actrice est "très jolie". [41] A la décharge de Siclier, il faut noter que ce type de remarques n'a rien d'exceptionnel dans la critique cinématographique française : dans son article sur les réalisateurs " néo-baroques ", le critique Raphaël Bassan décrit Rosanna Arquette comme "Les plus beaux seins d'Hollywood". [42] De manière générale, alors qu'apparaissaient dans des premiers rôles de nouvelles actrices comme Sandrine

---

41. Jacques Siclier, *La Femme au cinéma,* Paris : le Cerf, 1957.
Toutes les citations et exemples sont tirés de : *le Cinéma français,* Paris : Ramsay, 1992.

42. Raphaël Bassan, '*Trois Néo-baroques français : Carax, Beineix, Besson', la Revue du cinéma,* n°49, mai 1989, p. 45-53. Dans le même article, l'auteur loue la façon dont ces réalisateurs évitent le piège du fétichisme !

Bonnaire, Anémone, Romane Bhoringer ou Charlotte Gainsbourg, dont le physique ne correspond pas aux canons établis de la beauté de cinéma, les critiques qui jugent leurs performances ont continué d'utiliser des critères et un vocabulaire limités et conventionnels. Il ne vient pourtant pas à l'esprit des mêmes critiques de se fonder sur des critères de beauté physique pour juger de la performance d'un Gérard Depardieu par exemple...

L'absence d'une approche critique des systèmes de représentation et des discours idéologiques dans le cinéma français actuel fait écho au dilemme post-moderne : le nivellement des différences et du dualisme qui marque le langage et la culture occidentale est limitatif en ce qu'il sape les bases de toute attitude militante. La question n'est plus de définir les individus à partir de différences biologiques, mais de déterminer jusqu'à quel point et de quelle manière ces différences participent à l'élaboration de hiérarchies et de mythes sociaux et culturels. Or, la plupart des mouvements de pensée contemporains qui contribuent à l'élaboration d'une approche post-moderne mettent en question les relations entre le langage, la formation du sens et l'interprétation de la réalité. Des catégories telles que féminin et masculin, noir et blanc, auxquelles on a eu recours pour légitimer la pérennité de telle ou telle structure de pouvoir et d'oppression, étudiées en tant que construits, se révèlent dans leur relativité, comme des notions historiques, changeantes, ethnocentriques. En remettant en question le “ sujet ”, les théories structuralistes et post structuralistes considèrent par exemple l'identité sexuelle comme un construit, le résultat d'une normalisation culturelle et sociale. La relecture de Freud notamment met en question, entre autres, la relation féminin/passif et masculin/actif, et souligne le lien entre ce qui appartient au culturel, au langage, et ce qui a été attribué à une essence. Le problème réside en ce que la disparition des catégories traditionnelles semble prévenir toute possibilité d'action politique. Embrasser la théorie post-moderne signifie éventuellement la perte des ‘étiquettes’, ou des catégories dans lesquelles sont classés les individus - la catégorie ‘femme’ par exemple. Avec ces catégories disparaissent aussi les raisons de dénoncer et de combattre l'oppression de certains groupes par d'autres groupes d'individus : dans une société ou la catégorie 'femme' a disparu, le féminisme et le concept de la lutte contre une oppression patriarcale n'ont plus de sens. Or, comme le remarque Susan Heckman à propos du féminisme, l'approche post-moderne exclut aussi le remplacement d'un système de définition par un autre, ou la substitution à un discours dominant d'un autre discours dominant :

> " Un féminisme post-moderne rejetterait le parti pris de rationalisme masculin, mais ne tenterait pas de le remplacer par la domination d'un principe féminin. Il s'agit en fait de construire une position basée non plus sur une vérité (masculine) unique, mais sur l'existence d'une multiplicité de vérités, dont aucune n'est privilégiée. " [43]

Dans un article intitulé " Identity Crisis in Feminist Theory ", Linda Alcoff fait le point sur la question de la validité du principe de différence, en prenant en compte l'apport du post-structuralisme. A la suite de Beauvoir, Alcoff propose l'alternative du " positionnement " (*positionism*) qui se démarque du principe d'essence, mais souligne l'importance du contexte historique et social qui justifie l'existence du féminisme. Sans cesser de considérer la différence et les relations entre les sexes sous l'angle du construit, Alcoff souligne que la catégorie 'femme' ne peut actuellement être considérée comme une simple fiction et disparaître du domaine

---

43. Susan Hekman, *Gender and Knowledge : Elements of a Postmodern Feminism*, Cambridge : Polity Press, 1990, p. 8.
L'absence en français d'une traduction du mot anglais *gender* est ici un obstacle significatif. L'expression *gender* ne se limite pas à un *sexe* ou à une catégorie en particulier, elle désigne les questions d'identités qui concernent féminité, masculinité, hétérosexualité aussi bien qu'homosexualité, et laisse ouvertes les questions d'essence et de construit (comment les catégories énoncées ci-dessus *existent*-elles ?). Alors que le mot féminisme convient pour décrire une approche, un point de vue et des méthodes d'analyse, il ne signifie pas en lui-même les *gender issues*, c'est-à-dire l'objet même de l'analyse, que le français ne peut décrire aussi efficacement : la question de l'identité féminine/masculine dans sa dimension culturelle, sociale, sexuelle.

de l'analyse critique, mais qu'elle doit garder son importance comme élément de l'identité politique :

" En combinant le principe d'identité politique du sujet avec celui de " positionnement " (*positionnality*), on peut, sans avoir recours à " l'essentialisme ", concevoir un sujet qui émerge d'une situation historique, et maintenir la pertinence du principe de différence entre les sexes comme point de départ. Ainsi peut-on affirmer simultanément que la différence entre les sexes n'est ni naturelle, ni universelle, qu'elle ne découle pas d'une essence, et qu'elle est historique, sans pour cela renier sa pertinence présente lorsqu'il s'agit de prendre une position et de s'engager dans une action politique. " [44]

Si les auteurs que j'ai cités placent le féminisme au coeur de leur argument, leurs conclusions peuvent s'appliquer plus généralement aux analyses qui s'attachent à étudier et à déconstruire les discours dominants, non seulement sous l'angle du féminisme, mais aussi du point de vue de la représentation des races, des classes sociales ou de la sexualité. Richard Dyer, bell hooks et Lola Young font, dans leurs études des représentations des races et de la sexualité, des propositions similaires à celle d'Alcoff :

" Il n'existe pas de pratique réactionnaire ou progressiste *en soi.* Le problème est plus complexe, et bell hooks le décrit comme "un problème de positionnement. Quelle est la perspective politique qui informe nos rêves, notre façon de regarder, de créer, de passer à l'action ?" Cette perspective politique peut s'articuler à partir d'une multiplicité de positionnements, et utiliser un médium pour documenter ou mettre en question les transformations dans la définition de l'identité de celui qui, ayant vécu pendant des siècles dans une société où il est traité en inférieur, est aussi désigné comme " l'Autre ". " [45]

Ainsi, le propos de Julia Kristeva est aisément transposable à une multiplicité de discours critiques lorsqu'elle souligne l'importance de l'analyse du langage et des représentations et définit la contribution actuelle de la critique féministe :

---

44. Linda Alcoff, *'Cultural Feminism versus Poststructuralism : the Identity Crisis' in Feminist Fheory*, *Sign*, Vol.13, 1988, p. 433.
45. Lola Young, *Fear of the dark : Race, Gender and Sexuality in the Cinema*, London : Routledge, 1996, p. 191.

" (...) Spécifier la différence entre les hommes et les femmes dans leur relation au pouvoir, au langage, au sens. La pointe la plus fine de la subversion féministe apportée par la nouvelle génération se situe désormais sur ce terrain ". [46]

Une partie de la critique française est à l'avant-garde de la réflexion sur le post-moderne et les discours sur pouvoir, race et sexualité, mais des philosophes et des écrivains tels que Kristeva, Foucault, Cixous, Irigaray, se sont essentiellement consacrés à l'analyse du langage écrit et à la critique littéraire. Dans le domaine du cinéma, la théorie critique semble avoir pris peu d'intérêt dans l'analyse des liens pourtant indissociables entre expression, esthétique et idéologie. Or, on peut soutenir que, dans les années 80/90, c'est précisément la contribution apportée par ce type d'approches multidisciplinaires qui puisent dans la politique, la linguistique, la sémiologie et la psychanalyse, qui a été cruciale au développement de la théorie cinématographique contemporaine. Depuis la parution de l'article fondateur de Laura Mulvey par exemple, les études consacrées à la construction du regard ont mis en lumière des dimensions fondamentales mais jusque là mésestimées du langage filmique, de la composition de l'image aux mouvements de la caméra.

## Méthodologie et filmographie

"L'histoire du cinéma", remarque Eric Rohmer, "est une série d'alliances passées entre la culture académique ou la culture d'avant-garde avec le cinéma, culture originellement populaire." [47]

En restant à l'écart de certains débats, la critique mais aussi la cinématographie françaises se privent d'une source de

46. Julia Kristeva, *Les nouvelles maladies de l'âme*, Paris : Fayard, 1992, p. 311 et suivantes.

47. E. Rohmer, cité par T. Jousse, éditorial des *Cahiers du cinéma*, n°73, novembre 1993, p. 5. L'histoire du cinéma français offre d'excellents exemples de cette interconnexion entre théorie et pratique, puisque les principaux protagonistes de la Nouvelle Vague étaient critiques de cinéma avant de devenir réalisateurs, et que leurs approches et expérimentations étaient informées par les analyses et les débats menés par la critique contemporaine.

réflexion qui leur est particulièrement pertinente, et d'une source d'inspiration extrêmement riche. La publication de *La drôle de guerre des sexes*[48], par Noël Burch et Geneviève Sellier, signale peut-être un changement de direction ou une diversification des pôles d'intérêt. Les deux auteurs, qui se sont penchés sur le cas du cinéma français des années 1930-1956, ont produit une analyse détaillée des représentations des sexes, et soulignent l'existence de courants contradictoires.

La présente étude est une contribution à l'analyse critique des systèmes de représentation mais elle se concentre sur le cinéma français récent. Comme dans le cas de Burch et Sellier, le sujet et la méthodologie adoptés sont influencés par deux disciplines établies principalement dans les pays anglo-saxons : les *Cultural Studies* et les *Gender Studies*, dont l'objectif est de "tenter d'appréhender les productions symboliques d'une société donnée en dehors des grilles d'évaluation imposées par la culture dominante".[49] Les analyses qui suivent se concentrent sur la représentation d'individus ou de groupes d'individus qui, par le sexe, la race, la nationalité, le comportement ou le statut économique et social, sont placés en dehors des structures et de la culture établies, sachant que les catégories d'individus qui restent à la périphérie du pouvoir et de la norme sont aussi celles qui fascinent dans le monde du cinéma. C'est que, lorsqu'on prend en considération le cinéma d'un pays en particulier, les représentations de la marge et de la marginalité sont des indicateurs fondamentaux de la manière dont l'identité nationale se définit, mais aussi des tensions et des angoisses qui habitent une société et une culture particulière à un moment donné. Le principe selon lequel les identités ne sont pas fondées sur des essences, mais sont le résultat d'un construit économique, social, culturel et historique est à la base de l'étude qui suit ; la norme établie, par conséquent, n'est pas considérée comme l'expression d'une

---

48. N. Burch et G. Sellier, *La drôle de guerre des sexes,* Paris : Nathan, 1996.
49. Objectif correspondant également à l'approche développée par Foucault dans le domaine de l'histoire et par Bourdieu en sociologie. Burch et Sellier, p. 10.

vérité essentielle, mais devient la référence dominante, un ensemble de stratégies de représentation qui s'établissent et changent, justement, par rapport aux éléments centripètes d'une société. Non seulement, traditionnellement, la définition de la norme passe par la différenciation d'avec l'Autre, mais paradoxalement, c'est aussi sur la base de l'exploration de ce qui se trouve à la périphérie que la norme, tournant ses outils d'analyse sur elle-même, se détache quelque peu de son universalisme mythologique. Il lui est alors possible de commencer son propre processus critique, relativisant par là-même les catégories de sujet (observant) et d'objet (étudié) : les premières études concernant la masculinité et l'homme hétérosexuel blanc sont apparues à la suite du développement de la théorie féministe, des études sur la sexualité féminine et homosexuelle et sur la représentation des ethnies minoritaires.

Par conséquent, comme la norme dont la définition est relative et historique, le concept de marge est un concept changeant, et les différentes caractéristiques qui lui sont associées dans les sociétés occidentales se recoupent sans s'annuler. Lola Young constate que :

> “ Lorsqu'on considère la problématique combinée de la race et de la sexualité sans la séparer des contextes historiques qui lui sont pertinents, il semble qu'une grille de concepts théoriques unique ne suffise pas à l'approfondissement de toutes les questions qui se posent. ” [50]

L'auteur de *Fear of the Dark* souligne donc l'importance des approches interdisciplinaires (et trace par exemple un parallèle entre sexe et race en examinant la métaphore freudienne du “ continent noir ”).

De nos jours, l'analyse du film ne se contente plus d'identifier des stéréotypes, mais aborde le texte filmique comme une construction complexe, qui est définie par un contexte historique, et qui combine esthétique et subjectivité. La définition de l'analyse filmique que propose par exemple Anthony Easthope prend en compte la complexité et la diversité des approches :

---

50. Lola Young, p. 4.

> “ Le texte cinématique doit être considéré dans toute sa complexité sémiotique. Il s’agit toujours d’un texte idéologiquement marqué, qui met en scène et promeut certaines formes de pouvoir (en relation avec la sexualité, la classe, la race, la nationalité...). A la croisée du plaisir et du sens, le cinéma est également une forme de fantasme, que la psychanalyse, même si on en considère l’approche avec un certain scepticisme, peut aider à décrypter (...). Le cinéma suppose l’existence du spectateur, que le film ‘positionne’, auquel il offre un point de vue, d’où la nécessité d’une analyse en terme de subjectivité. ” [51]

Si les analyses textuelles qui composent la suite de mon étude ne concernent pas la ou les audiences réelles des films français qui y sont discutés, elles n’en sous-entendent pas moins un spectateur potentiel : en effet, si le film est analysé en terme de discours, il est nécessaire d’identifier également de quelle manière ce discours est présenté et communiqué, et quelle position est proposée au spectateur imaginaire dans la construction du film. La contribution apportée par la théorie féministe dans ce domaine est irremplaçable, en ce qui concerne la construction du regard notamment. Elle constitue donc, avec les théories corrélatives sur l’espace cinématographique (composition de l’espace, temps, narration...), et celles dérivées de la psychanalyse, un outil d’analyse capital.

Dans un célèbre rapprochement, Christian Metz a décrit le cinéma, - un médium qui place ses spectateurs dans une confortable obscurité et leur offre une expérience de plénitude en leur permettant de s’identifier à une image d’eux-mêmes qui se rapproche d’un idéal - comme un espace privilégié pour la reconstruction des processus mentaux décrits par la psychanalyse. Cependant, la psychanalyse ne peut pas plus que les autres théories du sujet être divorcée du contexte social et historique et des relations de pouvoir qui s’y instaurent. Marshall Edelson, auteur de *Psychoanalysis, a theory in crisis* précise que la psychanalyse “ne peut oublier le rôle du social

---

51. Sous la direction de Anthony Easthope, *Contemporary Film Theory,* London and New-York : Longman, 1993, p. 19.

dans la vie mentale". Tandis qu'il souligne l'importance de cette approche dans l'analyse idéologique des discours :

> " En psychanalyse, il devient apparent que la définition anatomique et biologique des sexes doit être séparée de la définition des rôles sociaux, et qu'elle est sans rapport avec la définition de préférences pour l'actif ou le passif. "

Edelson conclut sa remarque par une mise en garde :

> " Je reste convaincu que la psychanalyse doit éviter toute spéculation sur les origines, et résister à la tentation régressive du mythe... " [52]

Dès que l'on se penche sur la relation entre stratégies de représentation et marginalité, le langage cinématographique est au coeur des débats. En privilégiant le point de vue d'un spectateur (potentiel) masculin, hétérosexuel et blanc, le cinéma occidental définit et cantonne traditionnellement " l'Autre " dans le rôle d'objet du regard, du désir, ou comme référence identitaire *a contrario*, et ce principe, conscient ou inconscient, a influencé la pratique et l'esthétique du film. Mais ce cas de figure sujet/objet - masculin/féminin, occidental/étranger, normal/marginal - n'est pas, comme l'ont montré les études subséquentes à celle de Mulvey, unilatéral, et surtout, la problématique de la représentation n'est pas résolue simplement en permettant à d'autres catégories d'individus l'accès à la position de sujet. La question se pose en effet de savoir s'il est souhaitable de promouvoir une subjectivité dérivée du modèle existant, et s'il est possible de créer un cinéma où des identités différentes peuvent s'exprimer et être représentées autrement que comme 'l'Autre', l'inférieur ou l'incomplet, en utilisant le langage filmique tel qu'il existe. Le principe d'indissociabilité de la forme et du contenu sous-tend donc nécessairement toute approche qui tente de rendre compte de la spécificité du médium dans la représentation de ces thèmes.

Dans un article basé sur une analyse visuelle circonstanciée de *Les Raisins de la colère*, de John Ford (1940), Vivian Sobchack met en garde contre la tendance de certains critiques

---

52. M. Edelson, *Psychoanalysis, a Theory in Crisis*, Chicago and London, 1988, p. 195 & p. 209

à traiter du contenu d'un film indépendamment de l'approche formelle qu'il reflète :

> " Il y a une tendance à négliger l'*apparence* de l'image au profit de ce qui *s'y passe*. (...) Le contenu domine, et il est analysé indépendamment de son traitement visuel. (...) Le principe d'une vision sociale est rarement mis en relation avec la vision en tant que perception. Or, la lecture d'un film, de son contenu narratif aussi bien que culturel, est indissociable de sa texture visuelle et de la manière dont sont construites les images. " [53]

Les chapitres qui suivent se composent d'analyses détaillées et se concentrent sur un échantillon de longs métrages dont la thématique est pertinente et qui, à la croisée du cinéma populaire et du cinéma d'art, traduisent une volonté consciente d'interprétation esthétique. Ces films illustrent un éventail d'approches stylistiques, et leur dynamique, qui s'organise autour de la mise en question des valeurs établies et des modes de représentation traditionnels de l'identité sexuelle, raciale, sociale, s'exprime donc aussi à travers l'approche formelle qui investit l'image d'un surcroît de signification.

Film culte pour la jeune génération des années 80, *37°2 le matin* (1986), de Jean-Jacques Beineix, met en scène la féminité dans sa relation avec la folie. Autre exemple du style " néo-baroque ", *Les Amants du Pont-Neuf* (Léos Carax, 1991) traite de l'exclusion sociale à travers l'histoire d'amour d'un couple SDF. *Merci la vie* (1991) de Bertrand Blier suit, sur le mode de la comédie picaresque cher à ce réalisateur, les pérégrinations de deux adolescentes dans un monde marqué par l'absence d'idéaux, l'incompréhension des adultes et le SIDA. Poursuivant l'exploration thématique et stylistique de *Sauve qui peut (la vie)* (Jean-Luc Godard, 1979), *En avoir (ou pas)* (Laetitia Masson 1995) aborde, sur le mode d'un " cinéma de critique poétique ", les questions d'identité sexuelle et sociale, de solitude et de chômage, évoquées à travers la rencontre de deux jeunes ouvriers. Enfin, *J'ai pas sommeil* (Claire Denis,

---

53. Vivian C. Sobchack, 'Thematic emphasis through visual style', in *Hollywood as Historian*, sous la direction de Peter C. Rollins, Lexington : University Press of Kentucky, 1983, p. 69-70.

1994) est une exploration des rapports entre sexualité, nationalité, race et identité.

L'analyse des films concernés s'articule autour d'une série de problématiques qui s'imposent comme fondamentales :

- Cerner la question de la marginalité comme élément de subversion des discours traditionnels, en essayant de faire la part des choses entre discours de réaction, où la contestation de surface recouvre une persistance des mythes et de l'approche essentialiste, et la véritable mise en question, qui s'écarte des définitions essentialistes, normatives, hiérarchisantes.

- Evaluer l'importance des stratégies de déplacement et de " défamiliarisation " dans la constitution d'un espace où ce questionnement de l'identité sexuelle devient possible, et d'observer la manière dont s'opère cette mise en question du sujet.

Le cinéma français a une longue tradition de contestation, qui s'est exprimée politiquement et formellement, comme chez certains réalisateurs de la Nouvelle Vague, et à travers la satire (voir chapitre sur *Merci la vie*). De manière plus générale, un courant d'anticonformisme informe le travail de nombreux metteurs en scène, et se traduit par une critique ouverte ou implicite de certaines structures : la famille, les hiérarchies sociales, le système de valeurs petit-bourgeois. Cette tendance, que l'on retrouve dans les films analysés plus loin, apparaît comme une étape nécessaire de la subversion des catégories et la mise en question des définitions établies.

Mais la contestation peut être une simple contestation de surface, se présentant comme une critique des conventions pour reprendre à son compte ce que l'anticonformisme a de séduisant, sans pour autant mettre en doute la validité du système et de ses fondements : certains héros de Besson, de Jeunet et Caro, de Beineix, célébrés par le jeune public pour leur anticonformisme, sont en fait des rebelles d'un moment qui désirent par dessus tout trouver leur place dans le système - économique, social, politique - *tel qu'il existe*. Dans le cas d'un personnage féminin par exemple, il s'agit de réintégrer un système de dominance patriarcale ; les représentations régressives qui en découlent, basées sur les stéréotypes et mythes traditionnels, permettent la ré-émergence de " types " comme la Lolita (*La Cité des enfants perdus,* Jeunet et Caro, 1995, *Léon,* Besson, 1994, *Merci la vie,* Blier, 1991) et l'Hystérique (*37°2 le matin,* Beineix, 1986, *L'Appartement*, Mimouni, 1997).

Le principe d'*interpellation* développé par Louis Althusser, celui de *résistance* tel qu'il se conçoit dans le travail de Michel Foucault et l'idée de *mythes* telle que la définit par exemple Roland Barthes, informent nécessairement une analyse des représentations des forces de normalisation, de contrôle ou d'oppression qui, par delà leurs représentations les plus claires (l'armée, la police, la prison, l'hôpital, la cour de justice, comme dans *Les Amants du Pont Neuf* et *Merci la Vie*), prennent aussi, comme on va le voir, des formes subtiles et intériorisées.

Dimension fondamentale dans l'évocation de la marginalité, l'espace cinématographique sera pris dans le sens d'une conjonction entre deux axes - l'espace géographique et l'espace temps, ou espace narratif - où marginalité et esprit de contestation se caractérisent par un trait récurrent : il tendent à s'exprimer, initialement, par un déplacement voulu ou imposé (départ, fuite, mise à l'écart). A la suite notamment de l'article fondateur de Laura Mulvey, les études sur la représentation ont souligné l'importance primordiale de la relation des personnages à l'espace. Ici, les études sur les questions de réification et de fétichisme, du rôle des techniques de cadrage et de montage, rejoignent les analyses menées par des sociologues et psychologues sur la limitation spatiale et gestuelle imposée par l'éducation, la culture, les contraintes sociales. [54] La stratégie du *dé-placement*, où les personnages se retrouvent donc littéralement sur la route, à " l'extérieur " (par opposition au cercle domestique), ou métaphoriquement, du côté des exclus de la société, est cruciale au cinéma parce que les caractéristiques du médium, ses liens avec la perception et

---

54. Elena Gianini Belotti, *Du côté des petites filles*, Paris : Edition des Femmes, 1974. D. W. Winnicott, *Jeu et réalité : l'espace potentiel*, Paris : Gallimard, 1975.

la représentation de l'espace géographique et temporel, en font un médium privilégié de la désorientation et de la " défamiliarisation ". Par conséquent, le potentiel existe ici d'exploiter un aspect du médium combattu par le système de continuité dans le film classique.

Dans des films comme *Sauve qui peut (la vie)* (Godard, 1980), *Sans toit ni loi* (Varda, 1986), *Faut-il aimer Mathilde* (Baily, 1994), *L'Eau froide* (Assayas, 1994), *Personne ne m'aime* (Vernoux, 1994), *Regarde les hommes tomber* (Jacques Audiard, 1994), *En avoir (ou pas)* (Masson, 1995), *Gadjo Dilo*, (Gatlif, 1997)..., le refus prend donc la forme d'un départ, d'un pas de côté ; dans des films tels que *Merci la vie* (Blier, 1993), *Les Amants du Pont-Neuf* (Carax, 1991), *Y aura-t-il de la neige à Noël* (Veysset, 1997), *La Vie rêvée des anges,* (Zonca, 1998), il ressemble plutôt à la conséquence d'une mise à l'écart, à une escapade dans l'univers de la fiction, un va et vient entre réalité et fiction, entre le présent et le passé...

Pour qu'une redéfinition, ou la construction d'une nouvelle identité, d'un nouveau sujet qui échapperait aux normes qui le définissent traditionnellement, soit possible, il faudrait pouvoir trouver un espace neutre : une impossibilité, à moins peut-être que le lieu choisi soit lui-même un lieu sans identité précise, un lieu de transit. Certains films nous entraînent donc dans des lieux de passage, marqués du sceau du temporaire, du transitoire et de l'indéfini : le " marquage " disparaît. Chez certains des réalisateurs, comme j'espère le montrer, l'espace ainsi créé donne l'occasion d'une véritable expérimentation, où la caméra s'applique à refléter également cette notion de transitoire, et hésite à " épingler " ses personnages. Ainsi, dans la mise en scène d'ensembles de personnages comme dans *J'ai pas sommeil* et *Y aura-t-il de la neige à Noël*, où le sujet unique est remplacé par une " constellation de sujets ", [55] ou bien encore dans le masquage et la déconstruction des mouvements et des images, ainsi que dans l'utilisation du cadre et du hors

---

55. L'expression est de Margrit Tröhler, Université de Zurich (présentation au colloque international de Vienne, *Subject on Screen*, octobre 1996, non publiée).

champ, lorsqu'au lieu d'offrir au spectateur le meilleur point de vue et le don d'ubiquité, le film s'articule autour de personnages qui semblent échapper à la caméra (*Sauve qui peut (la vie), En avoir (ou pas), La Vie rêvée des anges)*.

Le choix de ces différentes thématiques est en partie inspiré d'un film dont l'importance est signalée par l'intérêt qu'il a soulevé, notamment au sein de la critique anglo-saxonne qui lui a consacré des études détaillées. [56] Dans le film d'Agnès Varda, *Sans toit ni loi* (1986), l'anticonformisme perd de son romantisme, mais gagne en signification car il est entier et sans retour. Tandis qu'elle balaye un paysage sévère par de longs travellings latéraux, la caméra, non plus que les récits des témoins de son passage, ne peut piéger le personnage principal : élusive, Mona la vagabonde échappe aux regards, à la caméra, aux définitions. Mona communique rarement, et principalement avec d'autres exclus : un jeune vagabond au début du film, une vieille femme dont la famille convoite les biens, et surtout, avec un travailleur immigré dont le témoignage silencieux est l'un des moments les plus intenses du film. Dans un système et une *culture* capitaliste, l'attitude de Mona est subversive par définition. Le personnage n'existe ni pour séduire les autres personnages, ni pour séduire le public : elle prend ce qu'on lui offre, mais ne remercie pas. Elément perturbateur et figure christique dans le sens nietzschéen (une dimension qui est renforcée par la mise en scène et les circonstances de la mort du personnage après son arrivée dans un village au moment d'une fête païenne), dans une culture du don/contre-don et de l'échange commercial, Mona personnifie le principe obsolète de la gratuité et oblige les personnages du film comme le spectateur à se questionner sur leur propre (absence de) générosité. Le film de Varda est donc une référence essentielle

56. Voir notamment : Susan Hayward " Beyond the Gaze and into femme-filmécriture : Agnès Varda's " Sans toit ni loi " ", in *French Film, Texts, Contexts*, sous la direction de S. Hayward and G. Vincendeau, London : Routledge, 1990, p. 285. S. Flitterman-Lewis, *To Desire Differently : Feminism and the French Cinema*, Urbana : University of Illinois Press, 1990. (chap. 11 : " The impossible portrait of feminity " : " Vagabond ").

pour l'étude des représentations de la marginalité qui caractérisent le cinéma français des dix dernières années, d'autant que l'exploration thématique se traduit dans la recherche formelle, une *cinécriture.*

Par-delà l'étude des stéréotypes et des thèmes, c'est à travers les techniques utilisées par tel ou tel réalisateur/trice - structures narratives et psychologie des personnages, mais aussi mouvements et angles de la caméra, cadrage, lumière, mise en scène, découpage... - que les discours sur la marginalité seront analysés dans les chapitres qui suivent.

Il s'agira d'évaluer comment les choix esthétiques déterminent les représentations de la marginalité, mais aussi en quoi les discours sur la marginalité peuvent informer le langage filmique, et, puisque ces discours évoluent, il s'agira en outre de définir, s'il y a lieu, à quels aspects du développement du langage cinématographique contribue ainsi le cinéma français contemporain.

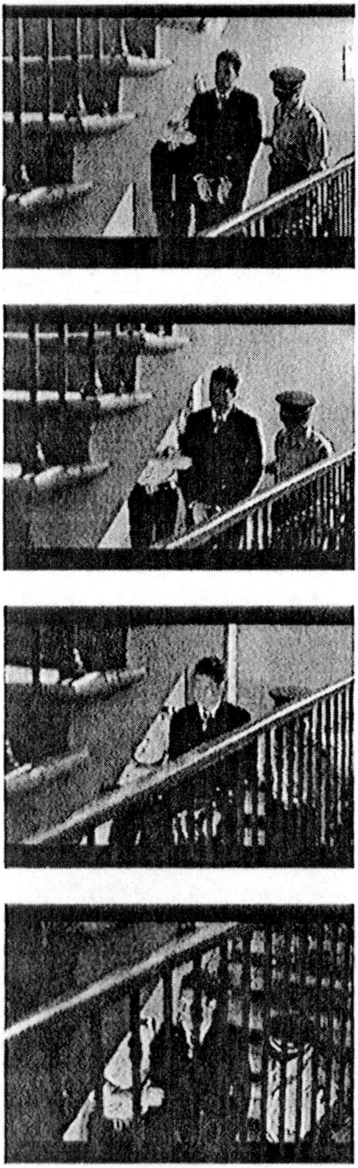

*J'ai pas sommeil*, arrestation de Camille, © C. Denis/F.P.I.

## 3 - La folie-spectacle : *37°2 le matin*, Jean-Jacques Beineix, 1986

L'émergence et le succès du cinéma " néo-baroque " [57] créa initialement une polémique au sein de la critique cinématographique. Si on considère le nombre des entrées, les films de Jean-Jacques Beineix (*Diva,* 1981, *37°2 le matin,* 1986), de Luc Besson (*Le grand bleu,* 1988, *Nikita,* 1990, *Léon* 1994), et de Jean-Pierre Jeunet et Mark Caro (*Delicatessen,* 1991, *la Cité des enfants perdus,* 1995) se sont généralement avérés être, du point de vue du public, d'indéniables succès. En outre, l'engouement du public s'est parfois révélé persistant et certains de ces films (c'est le cas avec *37°2 le matin* notamment) sont maintenant considérés comme des films cultes. Initialement, et en contradiction avec les goûts du public, la critique ne jugea pas cette tendance digne d'intérêt, du point de vue stylistique en particulier. L'une des principales caractéristiques du cinéma des 'néo-baroques' se manifeste en

57. L'appellation " néobaroque " est du critique Raphaël Bassan, qui intitule ainsi un article où il décrit les films produits dans les années 80 et au début des années 90 par les réalisateurs Jean-Jacques Beineix, Luc Besson et Léos Carax ; par extension, les films de Caro et Jeunet sont généralement associés à la même tendance. L'article de Bassan est une révision de l'attitude adoptée originellement par la critique de cinéma dont la majorité négligea ce type de productions.
Raphaël Bassan, " Trois Néo-baroques français : Beineix, Besson, Carax ", *la Revue du cinéma*, n°49, Mai 1989, p. 45-53.
Voir également : Ian Revie, " Paris Remythologised in Diva and Subway : Nanas néopolarisées and Orphées aux Enfers ", *Stirling French Publications*, n°2, Stirling : Stirling University, 1994.

effet dans l'excessive part de l'intertexte [58], qui se traduit par un foisonnement de références aux tendances établies et aux classiques du cinéma, de références internes (la brève apparition du héros de *Diva*, que la Betty de *37°2 le matin* croise sur un pont de chemin de fer, en est un exemple flagrant), mais s'exprime aussi et surtout à travers un style fortement marqué par l'influence de la culture de masse - images publicitaires, graffiti, clip musical ou *vidéo-clip*, bande dessinée, etc.. Alors que le public, et en particulier le public jeune, se montrait sensible à cette approche, pour la critique, l'attention consacrée à la production d'une image policée et séductrice n'était que le reflet d'un cinéma créé dans l'esprit de la société de consommation : un cinéma manquant d'âme. [59] Les films de Léos Carax trahissent de nombreux points communs - l'importance de l'intertexte notamment - avec l'approche adoptée par un Beineix ou un Besson. En contraste avec les autres réalisateurs du genre, Carax fut, et en particulier à la sortie de *Mauvais sang* (1986), salué par une critique apparemment séduite par la profondeur et la sensibilité de la réflexion. Avec *les Amants du Pont-Neuf* cependant, Carax s'attira (on y reviendra plus loin) les mêmes reproches que ceux adressés habituellement aux protagonistes du " néo-baroque ". En Grande-Bretagne, c'est le terme *cinéma du look* qui fut adopté pour désigner une tendance d'abord considérée comme l'expression complaisante et sans substance d'un formalisme commercialisant, et associée à la mouvance postmoderne. [60]

Les principaux protagonistes du *cinéma du look*, Jean-Jacques Beineix et Luc Besson, établirent leur réputation à une période difficile de l'histoire du cinéma français. Sanctionnées, à partir de 1986, par le début d'une domination, par les films

---

58. Phil Powrie, *French Cinema in the 1980s : Nostalgia and the Crisis of Masculinity,* Oxford : Oxford University Press, 1997, p. 75-130.
59. Alain Bergala, " le vrai, le faux, le factice ", *Cahiers du Cinéma* n°351, p. 4-9. Marc Chevrie, " la Valeur image ", *Cahiers du Cinéma* n°395, p. 27-30.
60. Fredric Jameson, "*Diva and French Socialism*", in *Signatures of the Visible,* New-York : Routledge, 1990, p. 55-62.

Américains, du marché national des entrées, les années 80 sont généralement décrites comme manquant d'inspiration et de dynamisme créatif - une époque, déclare Jacques Siclier, marquée par la confusion et le manque de réflexion poétique et esthétique. [61]

Dès la sortie de *Diva,* la tendance qui émerge avec les réalisateurs 'néo-baroques' se présente comme un phénomène de *l'apparence*, qui, en premier lieu, fait la part belle au rôle du directeur artistique et du directeur de la photographie : une attention minutieuse est consacrée aux effets de lumière, à la composition de l'image, aux détails de la mise en scène et du décor. Combinés à l'importance expressive et structurante des couleurs et des motifs, et à l'emploi singulièrement extensif de filtres, l'effet visuel n'est pas, comme l'ont souligné les détracteurs du genre, sans évoquer l'image publicitaire et la photographie précise des films d'Hollywood. Comme le remarque Ian Revie, dans les films de Beineix, un réalisateur dont la carrière a commencé dans le domaine de la publicité :

> " (...) Le cadrage des images semble souvent s'inspirer du monde de la publicité, (...) où l'impact d'une image isolée est utilisé pour sa valeur associative. " [62]

*37°2 le matin* inclut ainsi de longues séquences statiques dédiées à des objets inanimés, des natures mortes construites avec une minutie parfois poussée jusqu'à l'affectation : lorsque la caméra, par exemple, cadre longuement un rayon de lumière qui se reflète à travers le contenu émeraude d'un verre, tandis que la fumée s'élève en volutes d'un cendrier où repose une cigarette abandonnée ; ou bien encore lorsque l'objectif fixe une casserole de chili qui mijote - un motif qui marque le début et la fin du film. [63] Pour Bassan, cette attention au détail et à l'ornemental crée une atmosphère qui est particulière aux films des néo-baroques, et qu'il décrit comme un nouveau type de réalisme poétique : à travers les représentations stylisées d'environnements urbains postindustriels et de banlieues

61. Jacques Siclier, *le Cinéma français*, Paris : Ramsay Cinéma, 1991, chapitre 4 'les Modernes, ou chacun pour soi', p. 254-266.
62. Ian Revie, p. 35.
63. Les images sont de Jean-François Robin.

habités par des personnages à la fois séduisants et marginaux, Beineix, dans *Diva* comme dans *la Lune dans le caniveau*, et Besson avec *Subway* notamment, créent des univers diégétiques originaux, à la fois familiers et étranges, mais aussi pertinents, en ce qu'ils reflètent des aspects essentiels de la culture contemporaine et de la culture de la jeunesse des années 80-90 en particulier. Le succès remporté par ces films outre-Manche, la subséquente carrière de Luc Besson et, avec une moindre réussite, de Jeunet et Caro aux Etats-Unis, reflète une communauté d'esprit entre le cinéma aux images policées de ces réalisateurs et le cinéma dit hollywoodien, ou cinéma *mainstream*. Les différences sont pourtant apparentes, marquées non seulement, au sein d'un dense mélange de références diverses, par l'émergence d'éléments d'une culture populaire et typiquement française (la présence d'une " icône " de l'écran français comme Jeanne Moreau dans *Nikita*, ou sur le plan anecdotique, l'art de beurrer une baguette dans *Diva*, ou de passer le café, dans *37°2 le matin*), mais aussi par certains des éléments de style qui justifient l'appellation de néo-baroque, comme le révèle par exemple une comparaison entre un original et son *remake* : dans le film de Besson, *Nikita*, l'héroïne emprisonnée décore les murs de sa cellule avec un entrelacs de graffitis sinueux et colorés, tandis que la cellule de son alter-Ego américain dans *The Assassin* demeure inchangée, un espace net, aseptisé et géométrique. De même, à travers l'utilisation de techniques et la reconstitution d'environnements généralement associés avec le cinéma d'animation et la bande dessinée, certains des réalisateurs combinent des motifs tirés notamment de la culture iconographique américaine (dans *La Cité des enfants perdus*, l'exécution des héros mise en scène par les pirates est une évocation directe du *Peter Pan* de Walt Disney), mais pour recréer des univers originaux. La bande dessinée doit être citée comme une source d'inspiration spécifique si l'on considère l'importance accordée, en France, à ce mode d'expression qui est un élément essentiel de la culture des jeunes. Ce sont les films de Jeunet et Caro qui représentent les exemples les plus frappants d'un type d'approche qui emprunte à l'esthétique de la bande dessinée et au dessin d'animation : le dessin d'animation est utilisé fréquemment dans *La Cité des enfants perdus*, où la technique permet par exemple de reconstituer en un long travelling et en gros plan le vol d'une mouche et son atterrissage sur le crâne de l'un des protagonistes, ou encore pour suivre le parcours d'une larme à travers l'espace. Dans *Delicatessen,* les étages et les différentes pièces de la maison, filmés dans un plan en coupe, habités par une série de personnages grotesques ou clownesques, ressemblent aux vignettes d'une bande dessinée. On retrouve cette influence dans le cinéma de Carax, Besson et Beineix également : l'une des séquences initiales de *37°2 le matin*, lorsque Zorg roule à toute vitesse au volant de son camion sur la plage, est composée de plans brefs, montés de manière abrupte (les gros plans succédant aux plans rapprochés et vice versa), à la manière de vignettes de bande dessinée. Un peu plus tard, tandis qu'il prépare son dîner, Zorg se parle à lui-même, tout haut, à la manière du personnage de BD dont les pensées s'affichent en " bulles " afin de tenir le lecteur informé. Dans les films des réalisateurs néo-baroques, les personnages sont rarement dotés de noms de famille : Zorg, Bob, Nikita, Miette, One..., sont autant de noms et de diminutifs tels que les affectionnent les créateurs de bande dessinée et de dessin animé. Caractéristique de l'esprit postmoderne et particulièrement apprécié des publics jeunes, le mélange de références, combinant des aspects parfois antinomiques de la culture populaire et d'une culture conventionnellement associée avec les élites (l'amour de la musique d'opéra qui caractérise le héros de *Diva,* un jeune facteur qui roule en mobylette), se manifeste notamment dans le choix des lieux de tournage, l'architecture et les décors. Le cadre créé par le chef décorateur de *La Cité des enfants perdus*, Jean Rabasse, pourrait avoir été imaginé par un Moebius, un Liberatore ou un Bilal. Jean Rabasse en décrit ainsi la conception :

> " Ça commence par une gravure de Gustave Doré, et ça se traduit par 5000 $m^2$ de fausses briques en polystyrène. On continue en rêvant devant des peintures de 'De Chirico', et voilà plus de 50 peintres et sculpteurs devenus des artisans de la moisissure, de la rouille et de l'humidité. La création des décors de *La Cité des enfants perdus* a été l'objet d'un constant échange entre Jeunet et

Caro sur ce que devait être le climat de ces décors. Il en est sorti des références aussi variées et précises qu'Otto Dix et G.D. Friedrich, Gustave Eiffel et les rues de la Casba, les Docks de Londres et les canaux de Venise... Sacré mélange... A oublier au plus vite pour alors trouver sa propre logique, son volume, sa couleur. " [64]

Le mélange de références peut apparaître également contradictoire ou ambigu lorsque l'on considère certaines des techniques chères aux réalisateurs du *cinéma du look* : ainsi, l'utilisation expressive et non réaliste de gammes de couleur précises et récurrentes et de filtres couleur. Permettant de donner à une séquence d'images une tonalité particulière et de créer une atmosphère propre, elle est évocatrice non seulement de la bande dessinée, où une planche entière peut recevoir une tonalité distincte, mais aussi de classiques du cinéma européen comme *Il Deserto rosso* (Michelangelo Antonionni, 1964) ou *Pierrot le fou* (Jean-Luc Godard, 1965), et, plus récemment, de l'image publicitaire (et en particulier la publicité américaine produite pour le grand écran). Poursuivant l'approche initiée par Fredric Jameson, [65] Phil Powrie se fonde sur une analyse de *Diva* pour montrer comment le brassage des références est l'expression d'une nostalgie qu'il identifie comme la tendance principale du cinéma des années 80 : le mélange du nouveau et de l'ancien est la marque d'un cinéma qui se situe dans un univers contemporain fracturé et aliénant, pour mieux se livrer à la contemplation empreinte de regret d'un passé qui, rétrospectivement, semble du point de vue culturel et identitaire, plus cohérent. De façon similaire, dans *37°2 le matin*, la manière dont sont combinés le familier et l'exotique ou l'étrange et applique la virtuosité technique à la description des détails matériels les plus ordinaires, participe certes d'une approche créative et originale, en ce qu'elle favorise la création d'un univers cinématographique particulier ; mais elle suggère également la tendance fondamentalement régressive ou *réactionnaire* qui marque son interprétation de la réalité - une

---

64. Catalogue *UniFrance International*, volume 1, 1995, p. 41.

65. Fredric Jameson, " Diva and French Socialism ", in *Signatures of the Visible*, London : Routledge, 1990, p. 55-62.

tendance qui ressemble parfois au pastiche, mais dont les multiples facettes rendent une lecture purement ironique difficile. La tension que l'on vient d'identifier est mise en scène dans le film à travers une série d'oppositions : opposition entre marginalité, rébellion (le style de vie des principaux protagonistes et le comportement de Betty) et normalité (les aspirations de Betty), entre l'exotique (les déplacements, les décors, la photographie, les références à la culture américaine), l'expérimental (implicitement, le film laisse à comprendre que l'écriture de Zorg, comme son nom, est inhabituelle) et le traditionnel (la multiplicité d'éléments traditionnels de la culture française). Ce qui est particulier à *37°2 le matin* cependant, et que souligne l'analyse qui suit, c'est le rôle fondamental et structurant que joue ici une représentation des sexes basée sur une différence d'essence : la créativité, et la capacité à intégrer de manière productive le traditionnel et le nouveau, sont associées à la masculinité, les tendances destructives, régressives et finalement stériles sont ancrées à la féminité.

## Anticonformisme et mythologie

Bien que, pour son troisième long métrage, Beineix ait construit un univers diégétique plus réaliste que celui de ses précédents films, *37°2 le matin* présente une caractéristique essentielle du cinéma néo-baroque : l'atmosphère particulière du film est générée grâce à un séduisant mélange de banal et d'extraordinaire, d'ordinaire et d'exotique. Les éléments empruntés à la culture populaire française la plus familière voire stéréotypée sont combinés avec le bizarre, ou filmés de manière à les 'défamiliariser' : le décalage qui existe entre le contenu de l'image et la sophistication de la mise en scène, du travail de la caméra et de la photographie, participe ainsi à la construction d'un univers qui est à la fois ordinaire et insolite, et favorise l'émergence d'une atmosphère de “ réalisme poétique ” pour ses admirateurs, des images évoquant la superficialité du spot publicitaire d'après ses détracteurs : le début et la fin du récit sont signalés par un même motif - un long travelling avant sur une marmite qui mijote sur le feu.

Ce qui permet en outre d'inclure des symboles de la culture française traditionnelle sans s'aliéner, au contraire, un public jeune, c'est l'actualisation de ces éléments par leur association avec des éléments aux connotations exotiques. Dans *37°2 le matin,* les tables de restaurant sont couvertes de nappes à carreaux, et les personnages discutent de la meilleure manière de passer le café filtre et le boivent dans le traditionnel " bol " à petit déjeuner. Le propriétaire de Zorg conduit une emblématique DS Citroën ; à son arrivée dans la capitale, le couple s'embrasse sous l'arche art-déco d'une bouche de métro Parisien, et va s'installer en bord de Marne, dans un petit hôtel qui évoque les décors de films des années 40... Par contre, pour la bande musicale par exemple, est combiné le son typiquement français de l'accordéon avec des motifs jazz. [66] Le scénario du film est en effet une adaptation d'un roman de Philippe Djian, écrivain extrêmement populaire à l'époque, et qui doit son succès à sa capacité à reformuler et à " franciser " des thèmes et un style inspirés principalement par la littérature américaine *underground.* Dans la version filmée, l'intérêt porté aux mêmes sources est apparente : dans le choix du saxophone pour la bande musicale, le choix du lieu de tournage initial (la plage de Gruissant, avec ses chalets peints de différentes teintes pastel, évoque plus un bord de mer de la Nouvelle-Orléans que les côtes françaises), à travers la passion du héros pour les voitures, la route et la vitesse, thèmes récurrents du film. Les références à la littérature et au cinéma américains ne sont cependant qu'un aspect d'un amalgame iconographique et sonore : les éléments de décoration dans la maison de Zorg incluent une reproduction de la Joconde et un perroquet de bois ; les principaux protagonistes partagent un amour bien français de la cuisine et des plats mijotés, mais avec une préférence pour les plats épicés comme le chili, et se font embaucher comme serveurs dans une pizzeria... Le décalage naît aussi des détails insolites qui viennent démentir un contexte devenu familier : ainsi Zorg et Betty entreprennent par

---

66. La musique est de Gabriel Yared.

exemple de repeindre les villas de Gruissant... en rose vif. Le couple descend plus tard s'installer dans le Sud, dans une petite bourgade typique, où ils sont chargés de gérer un magasin. Coiffé de son béret, leur premier client ressemble moins à un musicien classique qu'à un villageois du coin : c'est pourtant d'un commerce de pianos qu'il s'agit.

La caractérisation des personnages est l'un des aspects du cinéma néo-baroque qui explique l'attrait qu'a représenté ce type de films pour un public jeune. Les personnages représentatifs du genre sont des êtres bohèmes, qui préfèrent, par habitude et par choix, vivre en marge de la société établie. Ils sont artistes ou voleurs, et vivent à la périphérie : *Nikita* est 'rééduquée' en secret dans un complexe souterrain, les personnages de *Subway* hantent les couloirs du métro, ceux de *La Cité des enfants perdus* se mêlent à la foule composite des bas-fonds d'une ville portuaire imaginaire.

Même avec *37°2 le matin,* l'un des films les plus " réalistes " du genre, un processus de " défamiliarisation " s'opère à travers le caractère périphérique mais aussi transitoire du contexte. Zorg et Betty habitent d'abord sur la plage souvent désertée d'une station balnéaire à la morte saison, avec ses charmants chalets de bois décrépis et son manège de chevaux de bois immobile, avant de s'installer dans la banlieue de Paris, dans un hôtel de style " rétro ", vide de clients. Le film est ponctué d'images de routes et de voies de chemin de fer désertes, et le passage des bateaux qui traversent le cadre en second plan au début du film, est remplacé plus tard par le lent défilé des péniches qui passent sur le canal devant l'hôtel. Une qualité d'intemporel et un sentiment de nostalgie s'expriment ainsi à travers une imagerie où les symboles de différentes époques se mélangent, évoquant des thèmes qui sont centraux notamment à la culture des adolescents et des jeunes adultes : l'incertitude qui caractérise le futur, la fragilité des identités et le sentiment de perdre ses racines, des motifs qui sont rendus plus intenses par une profonde impression de frustration, de manque - le désir du nouveau, de vivre de nouvelles expériences, de découvrir des paysages et des visages inconnus.

Généralement, les héros n'ont pas de travail régulier, de plan de carrière ou de compte en banque ; ce ne sont pas non plus des 'intellectuels' à proprement parler, et leurs passe-temps de prédilection sont simples : ils regardent la télévision, vont à la pêche, aiment fumer, trop boire, et prendre des drogues douces. Ils entretiennent en outre des relations difficiles avec les représentants de l'ordre social établi : la police, la justice, le monde de la médecine institutionnelle, les membres des élites culturelles ou sociales. Zorg et Betty personnifient ce qui est au coeur de l'univers néo-baroque : un ensemble de traits insolites mais aussi de traits ordinaires qui, combinés à l'aspect bohème de leur mode de vie et à leur jeunesse, rendent les personnages plus proches et facilitent l'identification. Lorsqu'ils achètent une voiture par exemple, c'est une immense Mercedes jaune vif, et quand Betty se rend au supermarché, elle est chaussée de hauts talons et vêtue d'une robe du soir très courte, rouge vif et très moulante. Dans la même veine, un aspect crucial et particulièrement séduisant de la caractérisation réside dans le fait que, derrière une façade trompeuse et modestement banale, les personnages qui peuplent le monde du *cinéma du look* cachent des qualités et des talents hors du commun. Ainsi Zorg, en apparence simple mécanicien, n'est pas seulement l'auteur d'un roman, il sait en outre jouer du piano, et il se révèle être un jeune homme sensible, affectueux, plein d'humour, et doté d'une patience et d'une compréhension remarquables.

L'atmosphère de provisoire et de composite que génèrent les environnements créés par le cinéma néo-baroque, et le *détachement* dont font preuve les personnages qui les habitent, est également marquée par l'absence de liens familiaux traditionnels, la désagrégation de ce type de rapports, l'exclusion par la structure familiale établie, ou encore le rejet conscient des valeurs qui s'y rattachent conventionnellement. Les enfants de *La Cité des enfants perdus* n'ont pas de parents, le héros du *Grand bleu* est orphelin, de même que le personnage principal de *Léon*, dont la solitude est mise en question lorsqu'il recueille une petite fille dont la famille vient d'être massacrée. Zorg et Betty qui n'ont apparemment pas de famille, accompagnent leur ami Eddy à l'enterrement de sa mère, avant de s'installer dans la maison désormais vide de la défunte. Dans ces univers dignes de Peter-Pan, les personnages sont ainsi libres de toute autorité parentale directe, quoique cette absence soit généralement compensée par la création d'une structure de remplacement (l'amitié dans *37°2 le matin*, le groupe de voleurs dans *La Cité*, le groupe de rock dans *Subway...*), ou que, personnifications perverses ou inadéquates de la famille, un personnage ne s'arroge les droits, l'autorité et parfois les devoirs habituellement réservés aux parents (Gorovitch dans *Diva*, les soeurs siamoises et One dans *La Cité des enfants perdus*, le patron de restaurant Italien puis Léon lui-même dans *Léon*, Bob dans *Nikita...*).

L'un des principaux traits communs de films pourtant tournés dans des environnements physiques très différents, naît de ce qu'ils construisent des univers diégétiques qui sont aussi des espaces mythiques : tandis que le contexte le plus banal peut devenir défamiliarisé grâce aux techniques de tournage, au mélange des références et à l'absence de repères temporels et socio-économiques habituels, les scénarios prennent l'aspect de parcours d'initiation. Au fil d'épisodes qui sont articulés autour des séries de métaphores qui reflètent les grandes questions métaphysiques, les personnages principaux, êtres *déplacés*, sont mis au test. Ainsi les films des réalisateurs " néo-baroques " ont-ils été décrits comme des contes de fée de l'époque contemporaine, en ce qu'ils " transcendent les frontières du simple récit et sont investis de signification psychologique "[67] Or, et parce que sa fonction est de créer des réponses à la problématique insoluble du sens de l'existence humaine, la notion de mythe est devenue un élément central de l'analyse critique des idéologies. [68] Le mythe peut être outil de pouvoir parce qu'il s'enveloppe d'une aura d'intemporel : pour être efficace, il ne doit pas révéler ses origines et doit se présenter comme a-historique, incontournable, *naturel.* Les analogies

67. Lucy Fischer, " The Mythic Discourse ", in *Shot/Countershot*, London and NY : BFI & Univ of Pensylvannia, 1988.

68. Roland Barthes, *Mythologies,* Paris : Editions du Seuil, 1957.

avec l'apparatus cinématographique sont évidentes [69], et dans le langage cinématique conventionnel, la prise de vue et le montage sont des processus de masquage qui visent à présenter le film comme le résultat d'un enregistrement direct, spontané, de la réalité. Parallèlement au travail d'analyse de l'apparatus cinématographique et du système de continuité comme créateurs de discours idéologiques, des critiques comme Nina Auerbach et Claire Johnston, [70] intéressées par la fonction du mythe comme *écran* dans la culture de masse en particulier, se sont penchées sur ses implications du point de vue de la représentation des sexes et des classes. Johnston remarque en particulier que le jeu d'une actrice confrontée à un rôle stéréotypé n'en sera pas moins " naturaliste ", submergeant ainsi l'individuel dans le stéréotypique : l'actrice cesse d'être une femme pour devenir La Femme. " La nature du mythe est de vider le signe de sa signification pour lui en superposer une autre ".[71] De par son rôle, remarque Barthes, le discours du " mythe " contemporain tend à être le discours de la bourgeoisie, de la classe socialement et culturellement dominante, donc apte à disparaître en tant que catégorie et à se faire passer pour la *norme*. Ces schémas s'appliquent de manière comparable, comme l'ont montré notamment Lola Young et Richard Dyer, [72] à la norme sexuelle et à la norme raciale.

Dans le *cinéma du look*, la mise en question d'un potentiel discours du mythe semble d'autant plus pertinente à une

---

69. Jean-Louis Baudry, " Ideological Effects of the Basic Cinematographic Apparatus ", *Film Quarterly*, Vol. 28, hiver 1974/1975.
70. Nina Auerbach, *Woman and the Demon : The life of a Victorian Myth*, London : Harvard University Press, 1982. Claire Johnston, " Myths of Women in the Cinema ", in Karyn Kay and Gerald Peary, eds., *Women and the Cinema : a Critical Anthology*, New-York : Dutton, 1977.
71. Johnston, p. 410.
72. Young Lola, *Race, Gender and Sexuality in the Cinema*, London & NY : Routledge, 1996. Richard Dyer, *White*, London and New-York : Routledge, 1997.

analyse des représentations, que le genre se présente comme l'expression d'un courant essentiellement anticonformiste. Les films des néo-baroques sont populaires auprès du public jeune parce qu'ils rejettent, en apparence du moins, certaines conventions bourgeoises, un ordre des choses traditionnel. Si on se réfère aux propos d'un Beineix ardent défenseur du cinéma européen, ces films devraient également proposer des alternatives, ou suggérer l'existence de systèmes de valeurs autres. En contraste avec une attitude initialement provocatrice, un réalisateur comme Jean-Jacques Beineix réfute ici toute définition qui, comme dans le cas des critiques le plus régulièrement énoncées à l'encontre du *cinéma du look*, décrirait ses films comme des exercices de style à l'esthétique sophistiquée certes, mais destinés purement à séduire le regard et à distraire. Le cinéma européen, insiste-t-il au contraire, se distingue de la machine hollywoodienne en ce qu'il reflète la sensibilité et les débats de son époque, les réalisateurs européens n'hésitant pas à réfléchir, à travers leurs créations, sur des problèmes complexes. Or, le cinéma, clame Beineix, est l'un des moyens les plus efficaces d'influencer et d'éduquer la jeunesse en particulier :

> " Le cinéma européen est un lieu de confrontation et d'apprentissage, un espace privilégié d'éducation sentimentale, voire politique. Les comportements de la jeunesse s'y forgent. On ne peut laisser tomber cette fonction noble aux mains des industriels d'Hollywood. " [73]

Ici, la dichotomie entre approche critique et didactique opposé à un discours " mythologisant " ou discours de l'illusion, se trouve renforcée par l'opposition cinéma européen/cinéma américain de type hollywoodien ou commercial. Dans le cas du *cinéma du look*, la question se pose néanmoins de savoir si ce genre, qui repose sur la création d'un spectacle visuellement et techniquement sophistiqué et attrayant, est effectivement porteur de discours en marge de la norme et de ses mythes, ou si, derrière le masque séduisant du non-conformisme, ce sont les mêmes discours et les mêmes

---

73. *Lettre d'Europe*, 15/02-28/02, 1995, p. 4-7.

mythes et stéréotypes que ceux créés et développés dans la culture et le cinéma dominants qui s'expriment.

Il est intéressant de considérer un film aussi populaire auprès du public jeune que *37°2 le matin* à la lumière de cette problématique, et d'analyser notamment la relation entre le scénario, le style et les choix esthétiques du réalisateur, et le type de problèmes qu'aborde le film. A première vue, l'originalité du style est pertinente à la mise en scène de personnages non-conformistes et leur *mal de vivre* ; cependant, malgré le choix des protagonistes, et sous la surface séduisante d'images composées avec soin et photographiées avec brio, le message latent n'en est peut-être pas moins, du point de vue des représentations, aussi conventionnel ou réactionnaire que ceux véhiculés par la tradition hollywoodienne la plus classique. L'analyse de la représentation des sexes à travers la structure narrative et les processus d'identification et de construction du regard est d'autant plus révélatrice dans le cas de *37°2 le matin,* que le prétexte du film est une combinaison controversée mais récurrente du cinéma : femme et folie.

### *37°2 le matin*

Après le début prometteur de *Diva* (qui reçut notamment plusieurs Césars), et en dépit de l'indifférence relative qui marqua la réception de *La Lune dans le caniveau*, à sa sortie en 1986, *37°2 le matin* établit solidement la réputation de son réalisateur en France et à l'étranger. Le film lança en outre la carrière de Béatrice Dalle, décrite à l'époque par certains critiques comme “ la révélation ” des années 80. Le film fit recette en France et à l'étranger. Très populaire en terme de public, il a fini par gagner l'approbation de la critique, obtenant même le Prix des Amériques au festival de Montréal en 1986.

*37°2 le matin* n'est pas un film d'action, et sa structure narrative, quoique plus définie que celle de *La Lune dans le caniveau*, ne repose ni sur des effets de suspense ni sur une série de rebondissements. L'argument du film est centré sur la relation entre un écrivain encore inconnu et sa compagne, une jeune femme au caractère impétueux et imprévisible. Le scénario progresse en fait de paire avec la détérioration de l'état mental et physique de la jeune femme, qui sombre peu à peu dans la folie.

Zorg (Jean-Luc Anglade), mécanicien et homme à tout faire, vit seul dans une maisonnette en bord de plage. [74] Zorg a récemment rencontré Betty, avec laquelle il noue d'abord une relation d'ordre purement sexuel. Un beau jour cependant, la jeune femme apparaît avec son bagage et s'installe chez lui. Lorsqu'il découvre la présence de Betty, le propriétaire de la villa exige qu'en contrepartie Zorg repeigne tous les chalets de la plage. Les deux jeunes gens se mettent à l'oeuvre, mais la tache est gigantesque et le propriétaire se révèle être un personnage extrêmement déplaisant. Cachés dans un coin du chalet, Betty découvre d'autre part des manuscrits dont Zorg est l'auteur. Enthousiasmée, elle décide, malgré la résistance de l'écrivain en herbe, que l'oeuvre mérite d'être publiée et que Zorg doit se consacrer à sa vocation. Comme ce dernier refuse, en dépit de l'odieux propriétaire, à quitter sa retraite, Betty met le feu à la maison et entraîne le jeune homme à Paris. Le couple s'installe chez Lisa, une amie de longue date de Betty, qui possède un petit hôtel désert à Nogent-sur-Marne. Betty entreprend de dactylographier le texte de Zorg, puis d'en envoyer une série de copies aux maisons d'édition. Entre-temps, le couple a trouvé un emploi dans une pizzeria, où Betty subit sa première “ crise ” sérieuse : poussée à bout par une cliente insupportable, la jeune femme lui plante une fourchette dans la main. Le jour suivant, Betty s'attaque à un éditeur qui a répondu de manière particulièrement insultante à la lecture du texte de Zorg. Le couple décide alors de reprendre la route, et va s'installer dans un petit village du Sud, où Zorg reprend la gérance d'un magasin de pianos. Betty demeure imprévisible et colérique, mais une accalmie s'annonce lorsque la jeune femme se découvre enceinte. Le test définitif se révèle cependant négatif : Betty se laisse sombrer dans l'indifférence et dans la dépression.

Dans la version longue, Zorg commet un vol à main armée, espérant, mais en vain, que grâce à sa nouvelle fortune qui lui

74. Gruissant, sud-ouest de la France.

permettra de réaliser les rêves de la jeune femme, il réussira à la sortir de sa torpeur. Le jeune femme reste la proie de ses obsessions, et au cours d'une promenade sur la plage, elle kidnappe un garçonnet qu'elle entraîne dans un magasin de jouets.

Finalement, Betty perd complètement la raison, et dans une crise d'autodestruction, elle s'arrache un oeil. A l'hôpital, où Zorg la trouve plongée dans une complète apathie, le docteur recommande un traitement par électrochocs. Horrifié, le jeune homme revient déguisé en femme, et achève la malade.

Le manuscrit de Zorg est finalement accepté par un éditeur. Habité par le souvenir de Betty, le jeune homme commence son second livre.

A première vue, le principal personnage féminin de *37°2 le matin* se présente sous les traits d'une jeune femme volontaire et indépendante. Pour illustrer ce point, David Platten prend en exemple une scène du début du film, lorsque Betty est filmée de loin, en plan aérien, traversant la plage en direction de la maison de Zorg. [75] Platten interprète cette séquence comme l'expression visuelle de la force de caractère et de l'obstination du personnage. Dans la suite de l'histoire, Betty apparaît en effet comme une jeune femme pleine de défiance et donne l'impression d'avoir une indéniable force de caractère. Au cours du film, elle affronte ainsi une série de personnages secondaires qui sont autant de représentations d'un certain ordre social : Betty s'attaque d'abord, verbalement puis physiquement, au propriétaire des villas qui exploite Zorg. Elle a une seconde violente altercation avec une des clientes du restaurant où elle travaille. Enfin, et avant de tourner son agression contre elle même, la jeune femme, ayant brutalement attaqué l'un des éditeurs qui avait refusé le manuscrit de Zorg, se retrouve en prison. Dans chacun de ces cas, la colère de Betty est suscitée par des individus qui, non seulement sont particulièrement odieux - un opportuniste répugnant et

---

75. David Platten, " Djian, 37° le Matin ", *Glasgow University Introductory Guide to French Litterature* n°32, Glasgow : Glasgow University, 1995, p. 77.

libidineux, une harpie, un prétentieux et un snob - mais se servent en outre de leur position de pouvoir pour exercer leur tyrannie. Le premier personnage est un propriétaire abusif, dans le second cas, il s'agit d'une cliente despotique, qui paie pour se faire *servir*, le troisième personnage tire avantage de sa position en tant que membre d'un monde littéraire et commercial établi et exclusif. Tandis que Zorg se déclare prêt à négocier ou à renoncer, Betty refuse les compromis ; en conséquence, et suivant un schéma classique de représentation du rebelle au cinéma, la destinée de Betty est tragique.

De prime abord, le personnage apparaît donc comme une incarnation de la rébellion, un être qui, à cause de son refus apparent de s'adapter à un système de valeurs et d'attitudes imposé, se trouve progressivement exclu et, inéluctablement, est voué à disparaître. Ainsi, l'exemple de Betty, dont l'exclusion est finalement sanctionnée par un internement à l'hôpital, peut sembler faire écho à une multitude de cas où (et particulièrement, en Occident, à l'époque où l'hystérie, objet d'étude " en vogue ", représentait une commode justification), l'enfermement menace les femmes dont le comportement n'est pas conforme aux règles établies d'une société patriarcale.

Cc que suggère l'étude qui suit cependant, c'est qu'à travers une analyse de détail qui, plutôt que d'insister sur une simple description de symptômes de comportement, se concentre sur les motivations (ou leur absence) ou les origines possibles, et souvent implicites, des actions et des attitudes du personnage, le non-conformisme s'estompe au profit de traits qui, en termes de représentation des sexes, correspondent en fait à une classique série de stéréotypes. L'existence propre et la complexité du personnage féminin sont en fait des éléments secondaires du scénario : à travers la folie dans laquelle elle sombre progressivement, Betty se présente essentiellement comme le mécanisme grâce auquel, dans le livre de Djian comme dans le film de Beineix, le personnage masculin se lance dans une quête qui est en premier lieu une quête de lui-même. La distribution des rôles correspond donc bien à une répartition stéréotypique : le personnage féminin de ce film ne devient pas fou à la suite d'un déséquilibre d'ordre purement clinique, ou en tant que victime d'un ordre social particulièrement restrictif, mais principalement parce qu'elle est femme. Non seulement la féminité devient la justification implicite d'une tendance *naturelle* à l'hystérie, mais la maladie mentale est aussi le truchement par lequel le personnage peut suivre son destin et remplir son rôle... en tant que femme.

Ainsi, et reconsidérée par rapport à l'ensemble du scénario, la séquence décrite par David Platten se prête-t-elle à une interprétation très différente de celle qu'en fait cet auteur : la caméra, placée à distance et filmant en plongée aérienne, peut inclure dans le cadre la destination du personnage (la maison de Zorg) ainsi qu'une large étendue de plage sur laquelle la minuscule silhouette de Betty s'avance. Intensifié par la plongée, le cadrage large place le spectateur dans une position omnisciente que renforce encore la voix du personnage masculin, qui interprète les événements, à commencer par l'arrivée de Betty, en flash back. C'est moins une impression d'indépendance et de ténacité qui s'exprime à travers cette mise en scène que le sentiment de fatalité qui marque le personnage ; un personnage dont les actions sont doublement contrôlées - par la voix et par la caméra - et qui suit une direction prédéterminée afin de remplir un destin déjà tracé.

### Codes narratifs et fonction des personnages

Les personnages secondaires sont peu nombreux et ne jouent pas un rôle important dans le film. La répartition des rôles et des fonctions est ainsi relativement circonscrite et par conséquent contradictoire, selon une progression narrative qui repose sur la description de la relation du couple. Sur la base des caractéristiques formelles et thématiques évoquées dans les paragraphes précédents, le cinéma néo-baroque a été souvent décrit comme un équivalent moderne du conte de fée. Quoique construit dans une veine plutôt réaliste par rapport aux principaux exemples du genre, *37°2 le matin* reproduit cependant des schémas narratifs et de personnification tels qu'ils sont établis dans les études de ce type de récits. [76]

Si le film est une quête, il ne s'agit pas d'une quête de l'amour ou du partenaire idéal : Zorg et Betty se connaissent déjà lorsque le film commence. Pourtant, le scénario reprend un schéma traditionnel en ce qu'il débute avec la description d'un état initial de contentement. Cet équilibre est bouleversé par un élément perturbateur, mais sera finalement rétabli grâce aux efforts du héros. Zorg apparaît tout d'abord comme un être comblé : il vit une existence bohème qui lui convient, habite une charmante villa face à la mer, cuisine de savoureux chilis, conduit son camion à toute vitesse sur la plage ensoleillée, et le soir, il fait merveilleusement l'amour avec Betty. Le personnage partage son sentiment de plénitude avec le spectateur, décrivant en voix off le bonheur de passer la soirée à boire et à contempler la mer avec Betty, à laquelle il explique d'ailleurs plus tard : “ Le monde est une espèce de foire ridicule, et nous on s'est trouvé un coin tranquille, assez loin des emmerdeurs, avec une véranda et un coin pour baiser ”. Ignorant à ce stade son propre talent d'écrivain, le jeune homme n'a pas d'ambitions littéraires. C'est l'irruption de Betty dans le monde de Zorg qui perturbe cet état des choses idyllique, et, par un irrémédiable enchaînement d'événements, force le héros au départ. La présence d'un propriétaire aussi exigeant que répugnant ne suffisant pas à convaincre Zorg de partir, Betty rend le processus irréversible en mettant le feu à la maison.

Reproduisant un motif familier des contes d'initiation et des *road movies*, les deux personnages vont emprunter successivement, au cours de leur voyage, de multiples moyens de transport, avant d'arriver à Paris. La courte scène qui illustre leur passage dans la capitale peut sembler superflue, à moins que, dépassant le cliché romantique des amoureux et du baiser parisien, elle ne remplisse une fonction métaphorique classique : en se laissant entraîner par Betty dans les

---

76. Vladimir Propp, *Morphologie du conte russe*, Paris : Editions du Seuil, 1970.

profondeurs du métro, Zorg laisse derrière lui le confort d'une existence tranquille, et entre dans un espace incertain où il sera mis à l'épreuve, physiquement et émotionnellement. [77] La scène de fin clôt le cycle : le héros se retrouve seul, dans un décor qui rappelle son habitat initial ; apparemment, il est retourné au mode de vie bohème qui lui est cher, et sur le feu mijote une casserole de chili. Mais Zorg, désormais reconnu comme écrivain, se consacre maintenant à sa vocation et cultive son talent : le voyage a été, avant tout, un processus de découverte de soi au profit du personnage masculin. Plus la conscience de soi et la raison de Betty se désintègrent, plus Zorg devient " lui-même ", se *réalise*.

Lorsqu'on considère la répartition des rôles des personnages en se basant non pas sur des critères psychologiques ou symboliques, mais selon les critères fonctionnalistes d'un schéma comme celui que propose A. J. Greimas, l'aspect fonctionnel et les limites du personnage féminin apparaissent nettement. Dans une large mesure, les six fonctions principales telles que les définit Greimas peuvent être identifiées comme désignant les deux principaux protagonistes. Zorg est à la fois *le Sujet* (le principal protagoniste et actant de l'histoire) et *l'Objet* ; en effet, l'objectif et le but de la quête même s'ils ne sont pas présentés ouvertement comme tels, sont la découverte de soi, la reconnaissance, par Zorg, de sa vocation, et, en accord avec sa destinée, son établissement en tant qu'écrivain. Ainsi, Zorg est-il également le *Destinataire* ou bénéficiaire du récit. [78] Le personnage féminin joue le rôle de *Destinateur*, puisque c'est Betty qui définit l'objectif à atteindre : c'est elle

77. Jacques Aumont souligne l'importance de ce schéma dans le processus d'identification : en proposant a l'identification du spectateur un personnage, lui-même absorbe, aspire dans un lieu inquiétant, ou plus banalement dans une aventure où il va perdre la conscience de soi, quitte à restaurer, avec un avantage, cette connaissance de soi à la fin du film...
*Esthétique du film*, Aumont, Bergala, Marie and Vernet, Paris : Nathan, 1994. p. 183.
78. A.J. Greimas " Réflexion sur les modèles actantiels ", dans *Sémantique structurale*, Paris : Editions Larousse, 1966.

qui décide que le manuscrit de Zorg doit être publié, et que le talent de l'auteur doit être publiquement reconnu. En tant qu'*Adjuvant*, le même personnage joue le rôle de " stimulant ", en ce qu'elle initie le passage à l'action : c'est Betty qui découvre le manuscrit, et qui force Zorg à quitter sa retraite ; mais de manière cruciale, le personnage prend aussi la fonction, par définition incompatible, d'*Opposant*. Au cours du récit, Betty devient en effet, inéluctablement, un vecteur d'opposition : au début du film, parce que la présence de la jeune femme rend l'existence de Zorg encore plus satisfaisante, " complète ", et encourage donc ce dernier à l'apathie, mais surtout et quoiqu'elle représente un objet d'inspiration et d'encouragement dans la carrière d'écrivain de Zorg, parce que les prétentions déraisonnables de Betty, son attitude histrionique, et bientôt sa folie, empêchent Zorg de s'adonner à l'écriture. Il est fréquent que plusieurs fonctions, même contradictoires, s'incarnent, simultanément ou successivement, dans un unique personnage, et traditionnellement, dans un personnage féminin en particulier : la femme fatale des films noirs par exemple, est souvent à la fois l'*Objet* (le but de la quête), l'*Adjuvant* (elle aide le héros dans sa tache, en apparence du moins), et l'*Opposant* (la femme fatale est en fait une intrigante, qui manipule le héros pour ses propres fins). Conséquence des tensions créées par ces contradictions, une fin tragique est une des conventions du genre. Pour qu'un film noir puisse se terminer sur une note positive, il est souvent nécessaire que le personnage féminin subisse une mutation, abandonnant par là même sa fonction d'*Opposant*. Les aspects multiples et changeants qui caractérisent leur fonction permettent d'associer à ce type de personnages une aura de complexité psychologique, mais le processus de mutation, par contre, tend à mettre en lumière des schémas stéréotypés : dans le film noir, la femme fatale abandonne son apparence de séductrice pour s'intégrer à l'univers sécurisant de la domesticité, cependant que dans les comédies romantiques et les mélodrames, la pauvresse sans éducation devient une " lady ", la vieille fille et l'adolescente sans charme se transforment en irrésistibles beautés.

Tandis que le personnage féminin de *37°2 le matin* incarne des fonctions qui sont contradictoires, ce qui singularise le scénario du film, c'est sa description d'une série de mutations qui échouent. Le personnage féminin est nécessaire pour initier et mener le récit à son terme, mais doit, pour que le processus puisse se réaliser, changer, s'adapter, ou disparaître. Après avoir échoué dans le rôle de " l'agent " de Zorg, Betty trouve un nouvel emploi et semble s'apaiser, lorsqu'elle se convainc qu'elle est enceinte. Dans l'intervalle, la jeune femme devenant de plus en plus imprévisible et violente, c'est pendant son sommeil que Zorg peut prendre le temps d'essayer de comprendre et de donner un sens à sa relation de couple, et qu'il se remet à écrire. Lorsqu'éventuellement Betty meurt, Zorg est devenu un véritable écrivain. Non seulement son premier livre a été retenu par un éditeur, mais il devient apparent, à travers l'échange sur la question des droits d'auteur, que le jeune homme pourra vivre de son écriture, cependant que Betty prend enfin, sous l'aspect désincarnée d'une voix off, une forme adaptée à sa principale fonction à long terme, celle d'*Adjuvant*, dans le sens de source d'inspiration. Cessant d'être une présence excessive et physiquement incontrôlable, elle se transforme ainsi en une incarnation également stéréotypée mais acceptable de la féminité : elle devient la muse de l'artiste.

## Processus d'identification et d'"objectification" : le regard au masculin

Le film débute avec un plan de plusieurs minutes montrant le couple en train de faire l'amour, la caméra se rapprochant des corps en un lent travelling avant. La mise en scène a été composée avec soin ; l'alcôve qui entoure le lit forme un cadre dans le cadre, et les corps aux contours soulignés par l'éclairage, étendus en travers du lit sur les plis du drap, sont photographiés avec art. Une reproduction de la Joconde accrochée sur le mur de l'alcôve sourit au-dessus des amants : il ne s'agit pas d'ordinaires rapports sexuels, mais plutôt d'un *exposé* dans l'art de faire l'amour. Le film inclut plus tard une autre scène d'amour devant un feu de bois - un cliché du genre

- mais comme le remarque David Platten, filmée de manière exquise. La représentation du couple dans le film suggère que le sexe est un aspect primordial de la relation entre les deux protagonistes, un aspect qui ne symbolise pas seulement la complémentarité entre les deux personnages, mais qui apparaît aussi comme la principale raison de l'attraction de Zorg pour Betty : le film contient en effet très peu d'informations sur le passé de Betty, sur ses possibles centres d'intérêt ou sur son intellect.

En accompagnement de la scène d'introduction, la voix de Zorg nous informe du fait qu'il a rencontré Betty une semaine avant. David Platten trouve l'ajout de la voix off superflue ; il s'agit cependant d'un procédé essentiel d'identification et de distanciation : le personnage féminin, apparemment perdu dans l'extase de l'orgasme, est offert sans réserve au regard du spectateur. Le personnage masculin semble similairement abandonné et vulnérable, mais le son de sa voix, qui reconnaît la présence d'une audience, non seulement dénie la situation de voyeurisme, mais établit avec le spectateur un lien de complicité, un rapport auquel Betty n'a pas accès mais dont elle est l'objet. La voix off resurgit lors d'une scène ultérieure, où le jeune homme est filmé se saoulant joyeusement avec Betty sous la véranda, tandis qu'on l'entend expliquer, rétrospectivement, combien cette existence sans souci le satisfaisait, et à quel point il était peu préparé pour les événements qui suivront. Le commentaire est teinté d'ironie : Zorg moque sa propre candeur, à une période où il croyait qu'un idyllique état des choses pouvait durer éternellement, et fait ainsi appel à la compréhension et à la sympathie du spectateur. Classiquement, en tant que narrateur, le personnage se distancie en outre des événements décrits visuellement, et se rapproche du spectateur, qui, comme lui, est à la fois impliqué et observateur. Les réflexions de Zorg sont donc un élément initial d'un processus d'identification, et entendus en voix off, ou exprimés lors de conversations avec son ami Eddie, ses commentaires se font entendre à intervalle régulier dans le reste du film. Zorg décrit ainsi l'aura d'étrangeté qui enveloppe Betty, et confronté à l'attitude imprévisible de la jeune femme, il invite le spectateur à partager son incompréhension et son désarroi grandissants. Lors de leur première halte, à l'hôtel de Lisa à Marne La Vallée, c'est l'ami de Lisa, Eddie, qui devient le confident de Zorg, et leurs conversations prennent le relais de la voix off. Ainsi les deux hommes analysent-ils le comportement de Betty en son absence : après l'attaque d'une cliente à la pizzeria notamment, Eddie et Zorg ramènent au bercail une Betty pacifiée, et profitent de ce que la jeune femme est endormie pour entamer une discussion au cours de laquelle Eddie presse Zorg de questions concernant la santé mentale de sa compagne. Plus tard, lorsque le couple s'établit dans un village du Sud, les deux hommes continuent de converser en secret au téléphone. Dans l'une des séquences, la mise en scène fracture l'image : tandis que Zorg discute au téléphone, dans l'autre partie du cadre, Betty est filmée en train de prendre une douche, ignorant tout, au contraire du spectateur, de l'échange qui se déroule en parallèle. De même, lorsque les deux hommes vont pêcher, Eddie commente l'apparence maladive de Betty, et Zorg lui confie sa confusion et son impuissance à faire face à la situation. Ainsi, de la même manière qu'un enfant à problème pour des parents anxieux, ou comme un patient pour des médecins, Betty est-elle, dès le début du film, présentée comme un objet d'observation, et un sujet de discussion. Le procédé est utilisé non seulement pour témoigner de l'inquiétude qu'éprouvent deux hommes sensibles, mais surtout pour indiquer que Betty n'est pas capable d'analyser ses propres actions, qu'elle n'a jamais eu la distance nécessaire. En outre, à l'exception d'une tentative tardive et avortée de la part de Lisa, et malgré l'ancienneté présumée de la relation entre les deux femmes, le scénario semble exclure la possibilité qu'elles puissent engager le même type de discussion que leurs compagnons, et partager leurs propres incertitudes et leurs propres réflexions. Powrie fait, à propos des personnages de *Diva* la remarque suivante, également pertinente dans le cas des protagonistes de *37°2 le matin :*

> " Dans les couples parallèles Gorodish-Alba/Jules-Diva, les deux femmes ne se rencontrent jamais, et leur isolement est souligné par le contraste avec la communauté d'esprit, trop

plausible, qui rapproche les deux hommes. (...) L'isolement des deux femmes renforce leur statut d'icônes. " [79]

Dans certaines des séquences du début du film, les habitants des villas voisines observent la maison de Zorg. Via la caméra et les points de vue qu'elle adopte, les regards s'entrecroisent comme dans une série de relais, tandis que de charmants retraités (des hommes d'un âge suffisamment avancé pour être censément touchants ou amusants même dans le rôle de voyeurs ou de lecteurs de magazines porno ?) armés de jumelles, suivent les allées et venues du couple. Le regard, ainsi que la narration, restent ainsi du domaine de la masculinité. Tandis que Zorg est occupé à peindre une villa avoisinante, Betty, écoeurée par la servilité du jeune homme face à son propriétaire, pique une colère et jette par les fenêtres de la maison de Zorg tous les objets qui lui tombent sous la main : le spectateur est invité à s'identifier au jeune homme, puisque comme lui, la caméra est placée à distance, trop loin de son chalet pour pouvoir saisir les détails de l'action. Comme le héros, c'est à travers les commentaires parlés d'un de ses voisins, qui observe la scène à l'aide de jumelles, tel un général sur un champ de bataille, que le spectateur bénéficie d'une description de la scène, la colère de Betty devenant par là même un sujet de plaisanterie.

Le plus souvent cependant, lorsque le point de vue de la caméra n'est pas lié à celui d'un personnage, le spectateur est visuellement placé dans une position d'omniscience. Tandis que le film se déroule, et de plus en plus fréquemment, Betty s'endort à l'écran, contemplée par Zorg et par les spectateurs, comme dans le cas de la seconde " crise " grave : à la suite d'une dispute et dans un accès de fureur, Betty se blesse la main, sort de la maison et prend la fuite, se précipitant dans la rue avec Zorg à sa suite. Pendant la majeure partie de cette séquence de poursuite, la caméra ne reflète ni le point de vue de Zorg, ni celui d'un possible témoin : incluant Zorg en second plan, et placée face à Betty, elle accompagne la course de cette dernière, en l'annulant dans un travelling arrière. Après une

---

79. Powrie, p. 113.

rencontre avec des agents de police, la jeune femme se calme, et laisse Zorg la reconduire chez eux et la mettre au lit. Encore une fois, le point de vue de la caméra se détache de celui des personnages, cadrant Betty allongée au premier plan, et Zorg debout derrière elle et de l'autre côté du lit ; ainsi, la jeune femme endormie se trouve-t-elle prise " en sandwich " entre le regard du personnage masculin et celui de la caméra/des spectateurs.

Un effet similaire est obtenu dans une scène ultérieure, où le plan est construit de manière à créer un effet de suspense. En l'absence de Zorg, et après avoir reçu une réponse négative à son second test de grossesse, Betty fait une " rechute ". A son retour, Zorg est filmé pénétrant dans la pièce où l'attend la jeune femme. Lorsque son regard se fixe sur l'objectif, une expression d'horreur incrédule se peint sur son visage. Le plan n'est pourtant pas filmé du point de vue de la jeune femme ; la caméra, placée derrière elle, maintient une distance suffisante pour ne pas correspondre au contrechamp classique. Le dos de Betty est inclus dans le cadre, et la caméra opère un lent mouvement circulaire autour de la jeune femme pour se confondre finalement au point de vue de Zorg et révéler un visage souillé de nourriture, de larmes et de coulées de maquillage. Le résultat n'est donc pas seulement la création d'un classique effet de suspense, où la réaction du protagoniste peut être observée par un spectateur encore ignorant de sa cause, mais aussi de distancier le spectateur du personnage féminin.

Cette distanciation peut être justifiée comme reflétant les progrès de la folie - l'aliénation, littéralement, d'un personnage soumis à un processus qu'aucun témoin ne pourrait prétendre partager. Comme Zorg, même lorsqu'il imite Betty et se barbouille le visage de nourriture, la caméra et le spectateur, témoins sympathiques mais représentants de la " normalité ", n'ont pas accès à la " réalité déformée " de Betty, ne peuvent pas voir les choses de la même manière qu'elle. Mais une telle analyse est annulée lorsqu'on considère l'absence *de facto*, dès le début du film, du point de vue de Betty. Dans la version longue, Betty explique à Zorg qu'elle entend des voix. Mais, tandis que la voix off masculine domine la narration, la voix intérieure de Betty demeure muette. Ainsi, une séquence comme celle du visage souillé, où le personnage, de plus en plus absent à lui-même, s'identifie au *masque* de la folie, participe-t-elle d'un processus de réification, ou, pour emprunter le terme des critiques anglais, *d'objectification*, du personnage féminin.

## " Objectification " : la féminité hystérique

Dans le processus d'identification primaire, [80] par lequel le spectateur est invité à s'identifier à l'univers diégétique et au déroulement même du récit, le personnage de Betty devient rapidement un obstacle. Tandis que son comportement erratique contredit et ralentit le développement logique de la narration, le spectateur s'identifie censément avec un processus de progression logique qui correspond à l'univers du rationnel.

Le processus d'identification secondaire, celui qui s'opère par le positionnement du spectateur à travers le regard et le point de vue, concerne principalement, lorsqu'il est associé à un personnage spécifique, le personnage de Zorg. La relation entre Zorg et Eddy, la narration en voix off, le cadrage, renforcent ce potentiel d'identification, et inversement, l'absence de contrechamps par exemple n'encourage pas à l'identification dans le cas du personnage féminin. Lorsque Betty, pour une fois consciente alors que Zorg est inconscient, contemple, fascinée, le ciel étoilé, la caméra ne révèle pas l'objet de sa contemplation, auquel Zorg qui s'endort reste également insensible.

Betty est observée et décrite par Zorg, verbalement et visuellement dans la mesure où, via l'objectif, nous supposons la voir à travers ses yeux. Par contraste, le point de vue de Betty est très rarement adopté par la caméra. L'une des rares scène où le cas se produit a lieu à l'occasion de la mort de la mère d'Eddy : tandis que Zorg et Lisa réconfortent Eddy, ils forment un groupe que la caméra cadre du point de vue de Betty. Le choix du plan semble cependant avoir pour principale fonction

---

80. Esthétique du film, p. 190.

de séparer Betty du groupe : la scène est émotionnelle, et la place distanciée qu'adopte Betty tandis que les deux autres personnages se comportent vis-à-vis d'Eddy comme ses " proches ", lui apportant le soutien attendu de membres de la famille, indique peut-être l'incapacité (histrionique) de la jeune femme à participer à un moment de drame dont elle n'est pas le centre. Surtout, cette scène préfigure la suite du récit, puisque Betty devient bientôt obsédée par l'idée de devenir mère et de fonder une famille.

En réponse aux critiques de Susan Hayward[81], qui dénonce notamment le caractère sexiste des images publicitaires qui accompagnèrent la sortie du film, David Platten met en doute la pertinence des théories concernant la construction du regard et le positionnement du spectateur dans le cas d'un film dont le discours, selon lui, fonctionne d'après un nouvelle grille de références ; il souligne notamment le fait que le personnage masculin est vu nu presqu'aussi souvent que le personnage féminin. Paradoxalement, par le choix des termes, la remarque de Platten vient en fait supporter la définition du film de Beineix comme le reflet d'un regard et d'un fantasme essentiellement *masculins* lorsqu'il observe que :

> " [Susan Hayward] ne fait pas de commentaire sur la représentation de la masculinité incarnée par l'acteur Jean-Luc Anglade, qui, avec son insouciante nudité, est devenu une icône *gay.* " [82]

Certes, le personnage masculin est présenté comme l'épitomé de " l'anti macho ", - souriant, compréhensif, sensible, affectueux et doté d'une patience peu ordinaire. Il est exposé à l'écran dans sa nudité, et apparaît plusieurs fois vulnérable en ce qu'il est la victime, comme dans le cas des visites impromptues de son propriétaire, d'un regard importun. Il est notable cependant que dans ce cas, le spectateur, s'il s'identifie au regard libidineux d'un personnage

---

81. S. Hayward, " France avance-détour-retour : French cinema of the 1980's " dans Contemporary France, A review of interdisciplinary Studies, sous la direction de J. Howorth and G. Ross, vol1, 1987, p. 157-168.

82. D. Platten, p. 80. Les italiques sont un ajout.

particulièrement caricatural, est par là même invité à s'interroger sur la nature répugnante d'un certain voyeurisme. De plus, lorsqu'on compare les conditions de présence à l'écran du personnage féminin et du personnage masculin dans l'ensemble du film, on constate que l'*objectification* du premier est indéniablement le facteur dominant. Les exemples les plus flagrants résultent de la collusion entre image et bande-son, comme dans le cas de la scène d'ouverture, où la voix off de Zorg court-circuite le processus d'identification et désigne Betty comme l'objet d'investigation. La séquence de l'arrivée de Betty chez Zorg évoquée plus haut, inclut également des commentaires *off* de Zorg et se présente comme un exemple quasiment caricatural du statut de *"To be looked-at-ness"* tel que le définit Laura Mulvey. L'entrée de Betty est théâtrale : la première image est un classique du plan fétichiste, puisqu'elle cadre les pieds de la jeune femme, chaussés de mules rouges à talons hauts. Betty laisse alors tomber ses bagages, et pénètre dans la pièce à la manière d'un modèle de défilé de mode. Légèrement vêtue, elle parade devant Zorg avant de demander : "Comment tu me trouves ?", remarquant en outre que le jeune homme ne l'a, jusqu'ici, jamais contemplée à la lumière du jour. La voix off resurgit alors, comparant Betty à une apparition étrange, exotique. Le personnage est ainsi l'objet d'un double discours - porté par la caméra et par la voix off - discours réductif qui dès le début, crée un effet de distance supplémentaire en insistant sur l'étrangeté et l'exotisme de Betty : personnalité et intellect sont ainsi des dimensions évacuées en faveur d'une aura de mystère et d'excessive sexualité, dans le cas de ce personnage qu'il faudra regarder et non pas comprendre intellectuellement. La séquence qui suit, lorsque Zorg emmène Betty en course avec lui, exprime la même sensation d'outrance, de mascarade. Dans l'une des scènes, Betty, adossée au camion de Zorg, suce de manière suggestive une glace, tandis que le jeune homme, à quelques pas de là, échange quelques mots avec un ami et discute l'allure de la jeune femme. Betty pose pour les deux hommes, et semble ne pas entendre les commentaires. Le message est ambigu : l'association de différents éléments, - l'attitude de Betty, le contraste artificiel des couleurs : lèvres rouges de l'actrice et le bleu de la glace à l'eau (un jeu sur les couleur froides et chaudes qui est l'un des principaux motifs visuels du film), la remarque du commerçant qui trouve la jeune femme un peu commune - souligne l'aspect kitsch de la situation, et invite à une lecture de la scène comme un commentaire ironique sur une mise en scène sexiste classique. Replacés dans le contexte du film dans son entier cependant, ces détails apparemment outranciers ou superflus prennent un sens différent : ils préfigurent d'une part les tendances hystériques du personnage féminin, tendances que souligne la propension à la mascarade et l'exhibitionnisme de Betty, et servent d'autre part à placer et à définir le véritable *sujet* du film, le personnage masculin. Si les outrances de Betty semblent d'abord détonner dans l'univers faussement ordinaire de Zorg, son côté un peu vulgaire n'est pas nécessairement problématique. Il signale au contraire que si Zorg se révèle être un écrivain de génie, il n'en est pas moins un homme sans prétentions, aux goûts simples, amateur de culture et de loisirs populaires. Ainsi Betty se trouve-t-elle également associée, par la fonction iconique, aux autres " éléments du décor ". Comme les bols à café, la DS Citroën ou le magasin de pianos, elle s'intègre à une mise en scène qui mixe le familier et l'exotique, l'ancien et le nouveau : jeune femme bohème, forte tête, elle est aussi évocation de la Lolita et de la " pin-up ".

La fréquence avec laquelle Betty, en contraste avec Zorg, est exhibée, sans que sa présence à l'écran soit justifiée par la progression narrative, est l'un des aspects de la mise en scène qui souligne le rôle joué par le personnage féminin en tant qu'objet du regard, et son statut iconique. Ainsi, dans la scène de démolition qui a lieu après le second déménagement des jeunes gens, lorsque Betty convainc Zorg d'abattre l'un des murs de leur nouvelle demeure : tandis que le jeune homme se met au travail, maillet en main, la jeune femme, vêtue d'une courte robe rouge, s'installe sur une chaise afin d'assister au spectacle. La caméra abandonne rapidement Zorg pour se concentrer sur Betty : en ce qui concerne le positionnement des spectateurs, c'est Betty, et non la démolition en cours, qui est le vrai spectacle. La jeune femme ne se contente d'ailleurs pas de regarder : elle participe, réagissant comme par symbiose, à chacun des chocs. Cet abandon, ou manque apparent de conscience de soi, est un trait caractéristique du personnage féminin. Lorsque Zorg se consacre à l'écriture de son second roman, il est filmé en plan moyen, attablé devant ses pages manuscrites. Par contre, lorsque Betty, après avoir découvert le manuscrit du premier roman, est filmée lisant pendant une nuit entière, elle est filmée en plan rapproché. Le plan capture ainsi l'expression du visage, qui reflète une complète fascination : Betty est plongée dans sa lecture, captivée au point d'oublier ce qui l'entoure (elle ne répond pas à Zorg qui lui conseille de venir se coucher, elle semble avoir oublié sa colère et le motif de la crise de furie qui a précédé). A ce moment, Betty reste seule, mais pour le bénéfice du spectateur, la caméra devenue à nouveau un regard omniscient et voyeur, s'attache à décrire le visage de la jeune femme, et à capturer les expressions qui animent, de manière censément involontaire, ses traits trahissant ses sentiments, et reflétant les effets de la lecture.

Cet *abandon*, cette symbiose féminine avec le récit, le spectacle, et avec l'image est soulignée dans une autre séquence au cours de laquelle Betty et Lisa sont filmées face à un écran de télévision. Comme dans le cas de la démolition du mur, la caméra se concentre sur les deux femmes, et non sur le film dont elles sont les spectatrices, les transformant ainsi à leur tour en spectacle. La scène a lieu après l'enterrement de la mère d'Eddy, et tandis qu'en second plan les deux hommes discutent de choses sérieuses (la gestion de l'héritage d'Eddy, c'est-à-dire du magasin de pianos à Marjevol), les deux jeunes femmes semblent gracieusement " disposées " devant la télévision, complètement captivées par un Western. Dans une séquence ultérieure, Betty est de nouveau filmée devant le petit écran, *mimant* le programme qu'elle regarde, tandis que Zorg préfère se consacrer à la lecture de son journal.

Ainsi, la fonction du personnage féminin en tant que spectacle est-elle triple, et le contrôle exercé par le regard (masculin) démultiplié : elle est, de manière directe, objet du regard, via la caméra, pour le public dans le cinéma ; elle sert également, de manière secondaire, de relais aux autres formes de spectacles qui ont lieu au cours de l'histoire ; enfin, elle est spectacle pour les protagonistes masculins du film et, dans le cas de Zorg, source d'inspiration.

Dans un article consacré au public féminin, Mary-Anne Doane étudie cette configuration en détail. Elle se fonde sur une analyse où Christian Metz souligne la nécessité d'une distance entre objet du regard et spectateur dans la construction du voyeurisme, et indique la pertinence de ce type de régime du regard dans le cas du spectateur de cinéma. Doane s'interroge sur les implications de ces remarques dans le cas du spectateur féminin, et dans la représentation même de la femme comme public. Elle illustre son propos en citant un film de Woody Allen, *The Purple Rose of Cairo*, où le personnage principal, joué par Mia Farrow, est montrée s'abandonnant à *l'extase spectatorielle* (*spectatorial ecstasy*). Le film présente ainsi un spectateur féminin stéréotypé, en ce qu'il suggère que la spectatrice est particulièrement " sensible " aux effets de l'image :

> " On associe en effet une certaine naïveté à la femme dans son rapport avec les systèmes de signification - une tendance à nier l'existence des processus de représentation, à effacer l'opposition entre le signe (l'image) et le réel. (...) L'image a, pour le spectateur féminin, une présence toute puissante - elle *est* l'image. " [83]

Cette représentation en abîme du féminin, spectacle et spectateur, au cinéma, est un trait récurrent du film français récent. Lorsqu'elle implique le petit écran, elle suggère en outre un assujettissement à un médium *inférieur*. Dans *La Cérémonie*, (Claude Chabrol, 1993), la problématique du regard au féminin se double d'un commentaire social : une bonne (Sandrine Bonnaire) et son amie, la postière du village (Isabelle Huppert), sont filmées assises côte à côte, face au petit écran, captivées, comme si elles communiaient ensemble dans " l'extase spectatorielle ", cependant que les membres de la famille des grands bourgeois organisent sur le ton de la plaisanterie, et devant leur propre récepteur haut de gamme,

---

83. Mary-Ann Doane, *The Desire to Desire : The Woman's film from the 1940's*, Bloomington : Indiana University Press, 1987, p. 1.

une soirée télévision à l'occasion de la retransmission d'un opéra. Cette différence d'attitude est présentée de manière ambiguë mais elle est, tout du moins, replacée dans un contexte plus large d'inégalités culturelles, sociales et économiques. Si, trait récurrent aux personnages de Chabrol, les deux criminelles de *La Cérémonie* incarnent aussi l'émergence d'une nature humaine instinctive et fatale, elles sont avant tout victimes d'un ordre établi. A travers le personnage de la bonne, l'analphabétisme est le symptôme d'un système d'inégalités généralisé ; d'ailleurs, Sophie n'est pas seulement exclue du monde de l'écrit : elle ne sait par exemple pas non plus *lire* l'image télévisée, et comme le personnage d'Alex dans les *Amants du Pont-Neuf*, le monde du *spectacle*, de l'image, et du texte est à la fois fascinant, inaccessible et menaçant. Avec *37°2 le matin*, la dimension sociale et historique est plus ou moins évacuée au profit de l'examen d'une crise de la féminité : non seulement l'incapacité de Betty à se distancier de l'image ainsi que sa dépendance vis-à-vis du regard d'autrui (et notamment du regard de son partenaire) reflètent son incapacité à se distancier d'elle-même, à se construire une identité en dehors de sa fonction de spectacle et d'objet du regard, mais à travers la narration et dans la mise en scène, le film ne cesse de connecter cette incapacité au sexe du personnage.

Betty a sans cesse recours à l'image comme à une justification et preuve d'existence : au cours d'une scène d'intimité, recréant l'image d'un couple idéal par exemple, elle se contemple dans un miroir, en compagnie de Zorg. Sur la plage, au début du film, lorsque Betty insiste pour prendre d'innombrables photographies de Zorg et d'elle-même dans leur attirail de peintres en bâtiment, l'appareil qu'elle utilise, un *polaroïd*, lui permet ainsi de contempler instantanément son reflet.

Chaque reflet (contrechamp, cliché photographique, miroir) révèle aussi la présence du personnage masculin comme observateur : part intégrale de l'image que la jeune femme se fait d'elle-même, il en est également la garantie.

Dans *When the Woman Looks,* Linda Williams souligne comment, dans le cinéma classique, le regard narcissique du personnage féminin, intégré à l'univers diégétique, reste ainsi un élément de la construction du regard au masculin. En effet, de cette manière, le film préserve :

> " (...) la distance de sécurité nécessaire au plaisir du voyeur, tout en évacuant le risque qu'elle ne rende le regard, exprimant ainsi son désir à elle. " [84]

Paradoxalement - et la structure narrative souvent vague témoigne de cette contradiction -, en dépit du processus " d'objectification " auquel est soumis le personnage féminin, et le contrôle de sa présence à l'écran, le scénario suggère que Betty souffre d'un " excès " de désir, que son corps de femme est habité par une adolescente attardée aux aspirations imprécises mais démesurées. Comme le remarque Zorg de manière floue, dans ses commentaires en voix off ou dans ses conversations avec Eddy : "Le monde n'est pas assez grand pour elle". Williams illustre son essai sur la problématique du désir féminin par l'analyse d'un film de D.W. Griffith, dont l'étude, malgré la différence d'époque, semble particulièrement pertinente dans le cas présent. Elle montre comment l'héroïne d'*Enoch Arden* (1911), une jeune femme mariée à un homme qu'elle n'aime pas, échappe à l'emprise de son impossible désir grâce à la maternité : lorsqu'elle devient mère, elle se détourne enfin de la fenêtre par laquelle elle avait l'habitude de guetter le retour de son amant de coeur, pour se consacrer pleinement à son foyer. De façon similaire, le scénario de *37°2 le matin* suggère qu'en poursuivant l'aspiration *légitime* de la maternité, Betty pourrait accéder à une certaine plénitude et recouvrer la sérénité. Dotée de l'identité et du rôle de mère, elle cesserait de 'vouloir la lune' et de se perdre dans la vaine contemplation des étoiles. Lorsque l'espoir d'enfanter disparaît, Betty éradique elle-même l'excès de son désir : elle sombre dans la folie et s'arrache un oeil. Ainsi, suivant la tradition oedipienne, Betty exécute elle même la punition que lui vaut son excès de désir,

---

84. Linda Williams, *When the Woman looks*, in *Film Theory and Criticism*, sous la direction de Mast, Cohen and Braudy, Oxford 1992 p. 561-578.

et devient une parfaite illustration du propos de Williams : "... dans le cinéma classique, voir, c'est désirer". [85]

A travers la folie de Betty, c'est la tension entre les deux facettes de la représentation de la femme au cinéma - le statut de "*To be looked-at-ness*", et le contrôle de l'expression du désir féminin - qui est mise en scène. En accord avec la représentation classique de la féminité, le personnage de *37°2 le matin* est présenté comme incapable d'interprétation ou d'expression déférée : Betty ne possède pas la distance qui lui permettrait de voir, et moins encore de s'exprimer, de manière analytique et de donner forme à son désir. Tandis que Zorg l'écrivain prend le rôle de narrateur, Betty est *l'incarnation* des tensions : un ensemble de signes auquel Zorg doit donner un sens. Dans le cas de ce dernier, le film est une description et une réflexion sur des événements passés, cependant que le personnage féminin n'existe qu'au présent, de manière empirique et physique, à travers un corps qui est aussi son seul moyen d'expression. Non seulement l'expression du désir féminin est représentée, par le truchement de la folie, comme outrée et périlleuse, mais elle est ainsi 'récupérée' et devient elle même spectacle.

## La folie comme spectacle

La folie a plusieurs visages dans *37°2 le matin*. Le film inclut deux ébauches de personnages de tendance paranoïaque ou psychopathe. Dans les deux cas, il s'agit d'hommes, mais la source de leur aliénation est expliquée. Le paranoïaque est un policier cynique et un écrivain frustré, le second a été traumatisé par un accident au cours duquel il a perdu une main. Le comportement de Betty ne peut apparemment pas se justifier aussi simplement, et la familière association entre folie et femme réapparaît, suggérant la conjonction d'éléments indéchiffrables et mystérieux propres à la féminité. L'état de Betty ne fait jamais l'objet d'un diagnostic précis, et pour le docteur qui la prend en charge à la fin du film, elle est tout simplement : " folle, complètement folle". Les commentaires

85. *Ibid.*

des autres personnages masculins sont révélateurs : ainsi, après la scène du restaurant (au cours de laquelle Betty attaque une cliente), Zorg rappelle à Eddie qu'après tout, la plupart des femmes souffrent de ce type de 'crises' pendant une période définie du mois, et que "C'est difficile pour nous, les hommes, de comprendre". Bob, l'épicier de Marjevol, analyse le comportement imprévisible des femmes en général, (l'amie de Zorg est folle, sa propre femme est une complète nymphomane) avec le même fatalisme.

La version longue du film inclut une brève scène au cours de laquelle Betty se plaint de ce qu'elle entend des voix, une remarque qui, dans le contexte des brusques changements de comportement du personnage, suggère que la jeune femme pourrait souffrir de schizophrénie. Cependant, non seulement cette information n'est pas jugée cruciale puisqu'elle ne figure pas dans la version la plus distribuée du film, mais l'hypothèse est dévaluée par les allusions répétées à la nature spécifiquement 'féminine' de l'état de Betty. En outre, si certains aspects de la conduite de la jeune femme, (et notamment son attitude histrionique, sexualisée à outrance) ne correspondent pas particulièrement à la symptomatologie de la schizophrénie, elles évoquent par contre une dénomination familière, quoique cliniquement douteuse : l'hystérie.

A plusieurs occasions, - par le propriétaire de la villa de Zorg, puis par Eddie - Betty est traitée d'hystérique. Le qualificatif doit son statut controversé, mais aussi sa persistance, au fait que, dans une société patriarcale, sa définition toujours imprécise en a fait un outil particulièrement précieux des processus de définition, de marginalisation (enfermement), et de normalisation ('cure'). [86] En outre, dans le

---

86. Dans les années 1920, le spécialiste français, Dr Lasègue, déclare de manière contradictoire :

*La définition de l'hystérie n'a jamais été, et ne sera jamais établie. En fait, la vraie nature de cette affection demeure inconnue. Cependant, les études menées au sujet de l'hystérie ont permis d'établir d'importantes considérations quant à sa pathogénie.*

Dictionnaire Medical Larousse, Paris, 1924, n°609.

contexte de la représentation des sexes au cinéma, l'hystérie en tant qu'affection féminine prend une dimension particulière.

Dès la fin du 19ème siècle, l'hystérie devint un sujet de prédilection non seulement pour la médecine occidentale, mais aussi, de manière plus ou moins directe, dans l'art, et dans l'expression visuelle en général. En effet, dans le comportement hystérique, le corps devient supposément l'incontrôlable moyen d'expression de désirs réprimés, faisant de ses victimes d'idéals objets de fantasme voyeuristique. Offerte au regard en tant que sujet d'observation médicale, donc dans un contexte 'légitime', l'hystérique en état de crise se révèle et s'exhibe, mais sans avoir conscience d'être observée.

Les descriptions classiques de l'hystérie semblent correspondre parfaitement au personnage de *37°2 le matin.* Etymologiquement, le mot dérive de Hustera (matrice), et d'après Hippocrate, décrivait un état nerveux produit par les mouvements de l'utérus. La maternité était considérée comme la meilleure cure aux problèmes de 'déplacements' de l'utérus. En 1924, le dictionnaire médical Larousse suggère encore que le mariage peut être bénéfique dans les cas d'hystérie, ainsi, d'ailleurs, que dans les cas de patientes atteintes de nymphomanie. La définition du dictionnaire médical donne les indications suivantes :

Pour Charcot et ses élèves, la suggestibilité est considérée comme un des caractères fondamentaux de la mentalité hystérique. Cette suggestibilité est comprise par Bernheim comme un excès d'attention : "L'hystérique réalise son accident comme elle le conçoit". [87]

Le *Larousse* propose ensuite une liste des manifestations somatiques basée sur les travaux des spécialistes de l'époque : *convulsions, gesticulations, cris aigus, troubles visuels, rétention d'urine, vomissements.*

L'article souligne également qu'il est fréquent qu'une patiente s'inflige des blessures ou se mutile. La suite de la description indique que les crises sont généralement suivies

87. Dictionnaire médical, p. 610.

(...) d'une phase 'd'attitudes passionnées', après laquelle la victime s'endort ou sombre dans un état de léthargie ou 'sommeil hystérique'. A son réveil, l'hystérique oscille généralement entre les sanglots et le rire, et la crise se conclut le plus souvent par d'abondantes urinations.

En d'autres termes, la patiente ne semble pas se souvenir de la crise qui a précédé la période de sommeil, mais peut, par la suite, souffrir de :

> " (...) troubles sensoriels, baisse de la vision, de la réfraction, diminution ou abolition de la cornée, parfois même cécité. " [88]

Le comportement du personnage de *37° le matin* reproduit fidèlement chacun des éléments qui sont ici mentionnés comme 'symptômes' : la jeune femme semble se laisser contrôler par d'imprévisibles et soudains changements d'humeur et s'endort après les 'crises' qu'elle paraît avoir oubliées à son réveil. C'est le cas par exemple avec la scène de violence dans le restaurant d'Eddy : le matin suivant, Betty semble sereine et ne fait pas mention des événements de la veille. Les dernières caractéristiques citées comme faisant partie de la pathogénie hystérique sont particulièrement pertinentes ici. En effet, le personnage finit par se tourner contre elle-même, et s'inflige des blessures corporelles qui vont jusqu'à la mutilation et l'aveuglement : au cours d'une scène de dispute avec Zorg, Betty semble perdre le contrôle d'elle-même, et passe délibérément la main à travers une vitre ; dans une scène ultérieure, elle se coupe grossièrement les cheveux, et, dans la crise ultime, elle s'arrache un oeil.

Plus généralement, la représentation cinématographique est ici en correspondance avec le discours médical en ce qu'elle exploite le concept du corps féminin comme signe, et semble doter le spectateur d'un unique ascendant : l'hystérique a besoin du regard d'autrui pour exister, de même que l'existence du personnage à l'écran dépend de la co-présence et du regard du spectateur.

---

88. Dictionnaire médical, p. 611.

Dans son *Introduction à la psychanalyse*, Sigmund Freud cite l'anecdote suivante pour illustrer une remarque sur l'absence de consensus concernant la définition du sexuel :

> " Je me suis laissé raconter que les élèves d'un célèbre psychiatre, voulant convaincre leur maître que les symptômes des hystériques ont le plus souvent un caractère sexuel, l'ont amené devant le lit d'une hystérique dont les crises simulaient incontestablement le travail de l'accouchement. " [89]

A l'encontre des idées reçues qui, à l'époque, attribuaient l'hystérie à une forme héréditaire de 'dégénérescence nerveuse', Freud s'attacha à appliquer ses théories sur l'inconscient afin de définir cette condition comme un mécanisme de défense contre l'émergence de désirs réprimés, et souligna en particulier l'existence récurrente de correspondances entre les symptômes et la sexualité (et en particulier le développement de la sexualité infantile) de la patiente. Ainsi les manifestations corporelles de l'hystérie exprimeraient-elles l'insupportable tension opposant l'émergence de désirs sexuels et leur répression, suscitée par leur caractère tabou et l'incapacité du sujet à se libérer du complexe d'Oedipe et de la peur de la castration.

Si l'hystérie a cessé de faire partie du discours médical officiel, le mot survit néanmoins dans le vocabulaire courant, et malgré ses connotations médicales désuètes, le concept reste en usage dans les systèmes de définition et de représentation des sexes. Dans le cas du personnage principal de *37°2 le matin*, il s'applique de manière flagrante. En fait, dès le départ, des éléments annonciateurs déterminent la nature du personnage, sont systématiquement intégrés à son comportement et à ses actions, et suggèrent que la jeune femme souffre d'un déséquilibre mental d'origine sexuelle. Ainsi, les traits qui sont décrits dans la définition suivante de l'expression 'personnalité

---

89. (à cette proposition, le professeur répondit avec mépris qu'il n'y a rien de sexuel dans l'acte d'enfantement).
'*Théorie générale des névroses* : *la Vie sexuelle de l'homme*', dans *Introduction à la psychanalyse, 1915-1917*, Paris : Payot, Edition 1988, p. 283.

hystérique' proposée par l'édition 1985 de l'Encyclopédie Universalis, lui sont aisément attribués :

> " L'hystérique fera tout pour attirer l'attention, pour être aimée et pour séduire. (...) Pour satisfaire à ce besoin, tous les procédés et artifices communs au monde du 'show-business' seront mis en jeu. Derrière ces masques (...) la personnalité de l'hystérique ne se laisse pas connaître. C'est parce qu'elle est incapable de construire sa propre histoire, personnelle et authentique, que l'hystérique est contrainte de vivre par substitution, à travers l'existence d'un autre. "

Le même article souligne en outre la propension de l'hystérique à se comporter tantôt de manière infantile, tantôt de façon suggestive ; l'attitude de séduction qui caractérise l'hystérique fait partie d'une stratégie de la dissimulation, grâce à laquelle elle adopte une attitude d'hyper-féminité afin de "cacher son absence réelle de féminité". Mais les attitudes séductrices et le flirt sont suivis de réactions de rejet, de refus, et par la fuite. Ainsi, l'hystérique se présente comme l'éternelle insatisfaite. Elle conteste la capacité de l'homme à la satisfaire ; en d'autres termes, elle conteste sa virilité.

Certains de ces traits sont communs à la représentation classique de la femme au cinéma : la femme fatale est une incarnation 'd'hyper-féminité', la Lolita combine l'enfantin au sexuel. Dans le film de Beineix cependant, l'hystérie est intégrée à la diégèse par le truchement du déséquilibre mental dont souffre Betty. Ainsi, et comme dans la comédie musicale classique où, le personnage féminin apparaissant sous les traits d'une artiste pouvait 'légitimement' devenir un objet de spectacle et de fantasme masculin, la folie peut ici être exploitée parmi les stratégies 'd'objectification' du personnage féminin : que Betty se rende au supermarché vêtue comme si elle sortait en discothèque, et qu'elle 'pose' ensuite sur le capot de la voiture, dans sa mini robe rouge et ses escarpins, au plein centre du parking, peut sembler absurde, sans la justification fournie par la folie dont les symptômes se manifestent de plus en plus fréquemment.

La définition de la 'personnalité hystérique' corrobore en outre l'une des caractéristiques principales du personnage féminin : son absence de profondeur. Initialement, Zorg compare Betty à un grand coeur de plastique mauve. Le personnage a en effet un aspect 'kitsch', inauthentique, inconsistant ; d'ailleurs, Betty n'a pas d'histoire, pas de passé connu, elle apparaît soudainement, comme si elle sortait du néant. La personnalité du personnage est esquissée de manière hésitante, en proie aux brusques changements d'une nature enfantine et imprévisible. Betty ne semble pas avoir d'intérêts ou de passions particuliers, ou de vocation, en dehors de sa relation de couple. Choisie alors qu'elle était encore inconnue, Béatrice Dalle adapte son jeu en conséquence et se sert des caractéristiques d'un physique peu commun, à la fois très féminin (dans le sens traditionnel du mot) et enfantin : l'actrice multiplie les moues puériles, les attitudes suggestives, et les sourires innocents et épanouis. En contraste avec le personnage masculin qui est aussi le narrateur, Béatrice Dalle n'a que de rares dialogues : tandis que Zorg s'exprime en voix off ou partage ses réflexions avec des amis, la présence de Betty à l'écran est essentiellement silencieuse. Suivant la logique du processus de dramatisation, et dans la mise en scène, dépossédé d'une identité propre, le personnage féminin est condamné à donner un sens à son existence à travers le personnage masculin. Au cours d'une des scènes domestiques, Betty, qui regarde la télévision tandis que Zorg lit dans la pièce adjacente, pousse le volume à fond. Lorsque le jeune homme, gêné par le bruit, se décide à fermer la porte, Betty la rouvre violemment, signalant un besoin d'attention insatiable et angoissé.

### Le complexe de castration ou '(pen)is envy'

Dans l'analyse des possibles motivations, ou de la source du comportement du personnage féminin de *37°2 le matin*, le point de vue psychanalytique apparaît particulièrement approprié, et sous plusieurs aspects : non seulement le cas de Betty illustre parfaitement un cas extrême de névrose liée au complexe de castration, mais les mécanismes de la représentation deviennent également plus compréhensibles à la lumière de la théorie de Freud sur la sublimation.

Sous le masque de la jeune femme indépendante, non-conformiste et forte, émerge en effet un stéréotype familier. A défaut de pouvoir créer, Betty concentre ses efforts sur la carrière de Zorg ; suivant un schéma mélodramatique, ce substitut d'ambition devient une véritable obsession. *37°2 le matin* est parsemé d'indices qui sont des références souvent directes aux causes possibles de ce comportement névrotique en termes psychanalytiques : le film suggère que ces causes sont d'ordre sexuel et leur définition la plus juste serait probablement celle d'un complexe de castration non résolu. Si on se reporte aux études de Freud, l'incapacité à réprimer, dès l'enfance, l'envie du pénis est l'origine la plus commune des névroses féminines. Comme dans le cas des enfants mâles, le processus de répression est en effet complexe et traumatique, mais la formation d'une identité (sexuelle) adaptée à la vie en société en dépend. Au cas où elle ne progresse pas dans le sens d'une féminité 'normale', la jeune fille tend à développer des inhibitions sexuelles et des névroses, à moins que sa personnalité ne soit dominée par un 'complexe de virilité'. [90] *37°2 le matin* inclut des épisodes qui, secondaires du point de vue strictement narratif, sont révélateurs quand à la nature de la névrose dont est affligé le personnage féminin : au cours de deux scènes intimes, dans le camion de Zorg au début du film, et, vers la fin, dans le chalet acheté par le jeune homme, Betty pose une main de propriétaire sur le sexe de Zorg ; dans le second cas, elle demande même "Et ça, c'est à moi ?". Le symbolisme de la visite vengeresse à l'éditeur est non moins explicite : Betty a envoyé des copies du manuscrit de Zorg à une série de maisons d'édition, et les lettres de refus affluent. Après avoir lu une missive particulièrement insultante, Betty prétend qu'elle a un rendez-vous chez le gynécologue, et entraîne Zorg chez l'éditeur concerné. Le comportement caricatural de ce dernier suggère non seulement qu'il s'agit d'un imbécile imbu de lui-même, mais aussi qu'il est homosexuel (dans la scène précédente, après avoir lu sa lettre, Eddy l'a déjà traité de 'pédé'). Betty, qui porte la gabardine de Zorg, s'est munie d'une arme - un rasoir - dont elle menace

---

90. Sigmund Freud, *New Introductory Lectures on Psychoanalysis*, London : Pelican Books, 1979, p. 165.

l'éditeur avant d'être maîtrisée par Zorg. Tandis que l'accès d'agressivité (de virilité) de la jeune femme est improductif (il lui vaut une arrestation par la police), la visite en solo de Zorg, également violente, mais plus contrôlée, produit le résultat voulu : Betty est relâchée. La proximité entre Betty et l'éditeur permet de souligner la complémentarité des deux personnages : l'éditeur 'manque' de virilité, cependant que Betty souffre d'un complexe/d'un excès de virilité, et tous deux sont, consciemment ou non, jaloux du talent de Zorg. Ce dernier, par contre, incarne l'épitomé du personnage masculin sensible, chez lequel masculinité et féminité se marient harmonieusement.

Les changements d'humeur du personnage féminin font également partie d'un type de comportement névrotique établi. Aux périodes de répit correspondent des attitudes plus conventionnellement 'féminines/saines' : ainsi, après avoir lu le manuscrit de Zorg et découvert le talent littéraire de ce dernier, la jeune femme nettoie la maison, prépare un dîner de gourmet, et revêt une modeste robe en tissu fleuri pour accueillir Zorg de retour du travail. Le second moment de sérénité survient lorsque Betty se pense enceinte. De manière significative, le couple vient de s'installer à Marjevol, dans la maison qu'Eddy a héritée de sa mère récemment défunte ; Betty en trouve l'atmosphère oppressante, demande à Zorg d'abattre un mur et nettoie toutes les pièces en profondeur afin de faire disparaître le souvenir de 'la Vieille'. Ainsi tous les stades de l'Oedipe féminin sont-ils représentés : l'envie du penis, l'émergence d'un complexe de virilité, l'hostilité envers la mère, et le transfert de l'envie du pénis sur le désir d'enfant. Dominée par ce désir, Betty semble irrésistiblement attirée par les nourrissons et les tout jeunes enfants (mâles) : au cours de l'un des épisodes de la fin du film, elle enlève un garçonnet sur la plage et l'entraîne dans un magasin de jouets. Progressivement, la névrose de Betty s'intensifie et, comme le montre la séquence du vol qu'inclut la version longue, finit par influer sur l'équilibre mental et sur le comportement de Zorg lui-même. En cachette de Betty, le jeune homme organise un cambriolage de banque, pour lequel il se travestit. Au retour de cette mission réussie, Betty découvre les accessoires du déguisement (un soutien gorge et une perruque) et force Zorg à les porter. Le matin suivant, elle déclare avoir fait l'amour avec une belle brune. Zorg utilisera le même travesti lorsqu'à la fin du film, il se glisse incognito dans l'hôpital où est détenue une Betty devenue l'ombre d'elle-même. Dans un clin d'oeil hitchcockien, Zorg se déguise en femme et se transforme en meurtrier, devenant aussi, l'espace d'une brève séquence, un reflet littéral du personnage féminin : une femme 'manquée'.

L'analyse des personnages et de leurs comportements met donc en lumière la configuration sur laquelle se base le scénario : l'amalgame entre l'envie du penis et le désir d'écrire, le complexe de virilité et l'impossible désir féminin de créer, d'accéder au domaine du symbolique. Betty confesse, après avoir découvert le manuscrit de Zorg, que si *elle* pouvait écrire, elle aurait une raison d'être, sa vie prendrait un sens. En se concentrant sur la publication du roman, elle adopte le rôle conventionnel de la femme qui assiste le développement de la vocation et aide à la 'réalisation' du destin de l'homme. La maternité, cependant, est plus encore présentée comme la destinée, donc l'ambition 'légitime' et 'raisonnée' de la femme (des sociétés patriarcales), qui pourrait délivrer Betty de la folie.

Par contraste, la version longue du film, qui donne un aperçu de la période de deuil endurée par Zorg après la disparition de la jeune femme, présente ce processus comme une version condensée mais symétriquement contraire à l'histoire de Betty. Si Zorg entend maintenant une voix intérieure, le chagrin ne le rend néanmoins pas *fou* de douleur : le manque et le traumatisme peuvent en effet être transcendés à travers l'acte créatif et interprétatif de l'écriture. L'une des séquences montre le jeune homme s'installant à sa table de travail, nu, et le geste nonchalamment moqueur avec lequel il secoue son sexe endormi est une évocation littérale (humoristique ?) de la transcendance par la création ou sublimation qui, d'après la description suivante de Freud, délivre l'artiste du risque de névrose qui le menace.

Avant de terminer cette leçon, je voudrais encore attirer votre attention sur un côté des plus intéressants de la vie imaginative. Il existe notamment un chemin de retour qui conduit de la fantaisie à la réalité : c'est l'art. L'artiste est en même temps un introverti qui frôle la névrose. Animé de tendances et d'impulsions extrêmement fortes, il voudrait conquérir honneurs, puissance, richesse, gloire et amour des femmes. Mais les moyens lui manquent de se procurer ces satisfactions. C'est pourquoi, comme tout insatisfait, il se détourne de la réalité et concentre tout son intérêt, et aussi sa libido, sur les désirs créés par sa vie imaginative (...).[91] Si les épisodes associés au cambriolage et au travesti semblent rapportés, c'est non seulement parce qu'ils semblent incongrus du point de vue narratif, mais surtout parce que le personnage masculin est généralement présenté comme remarquablement posé et équilibré. Du point de vue narratif et psychologique par contre, le personnage féminin est à la fois obstacle et adjuvant : par déplacement, Betty devient la tragique *incarnation* de la névrose de l'artiste dont l'ambition reste insatisfaite, et, en s'offrant au regard comme focalisation des tensions, elle joue également le rôle de miroir, objet de projection et d'inspiration.

Sous un verni d'actualité, le film de Beineix se fonde sur une représentation désuète de la femme et d'une crise de la féminité. Si le rôle de l'inconscient et le complexe d'Oedipe restent des concepts clefs, l'aspect a-historique et ethnocentrique de la psychanalyse, née dans le contexte spécifique de la société occidentale et patriarcale de l'époque, a cependant engendré une profonde mise en question, et la ré-actualisation et la redéfinition de termes longtemps acceptés *a priori*. Freud lui-même remarque notamment que la tendance passive et la tendance active, confusément appelées tendance masculine et féminine, ne sont pas spécifiques mais font au contraire partie de la configuration mentale de l'un comme de l'autre sexe. En précurseur, sa contemporaine, Virginia Woolf, questionne aussi la tendance aux diagnostiques simplistes lorsqu'elle examine dans son essai, *A Room of One's Own*, les

91. Freud, *Introduction à la Psychanalyse,* p. 354.

implications socio-historiques qui déterminent le statut de la femme artiste, et qui restent absentes de l'analyse freudienne :

> " (...) au seizième siècle, une artiste ayant du talent serait probablement devenue folle, se serait tuée, ou aurait terminé ses jours seule, vivant isolée dans une masure à la bordure d'un village, mi-sorcière, mi-sorcier, provocant la peur et la moquerie.. " [92]

Dans le cas de 'l'envie du penis', la théorie ré-actualisée par la relecture de Freud par Jacques Lacan et décrite, de manière plus appropriée, comme 'l'envie du phallus', ouvre la possibilité d'une recontextualisation : considéré dans le contexte d'un système socialement, politiquement et économiquement déterminé, ce désir du phallus peut être compris symboliquement comme le désir d'accéder à un pouvoir qui a été dénié. Considérée sous cet angle, l'absence de phallus ne signifie pas, ou pas seulement, pour l'enfant de sexe féminin, une différence d'ordre biologique et sexuelle, mais s'accompagne d'implications sociales, culturelles et historiques. Selon le contexte, l'accès à la 'normalité' dépendra d'une restriction plus ou moins grande de ses capacités physiques, psychiques, intellectuelles et économiques - capacités d'autant plus strictement définies et limitées qu'elles supposeront une *complémentarité* vis-à-vis d'une norme masculine.

Si la représentation de la féminité et de la folie que proposent le film de Beineix donnent une certaine impression d'obsolète et de scolaire, c'est qu'elles correspondent à une vision basique essentiellement a-historique. Le caractère archétypique de la représentation des sexes est masqué par certaines des qualités attribuées aux personnages et qui les font paraître contemporains : le comportement intempestif de Betty, et au contraire l'attitude compréhensive d'un personnage masculin qui cuisine, se réjouit à l'idée de la paternité, et se montre spontanément affectueux. Par ailleurs, l'univers diégétique, malgré la richesse et l'accumulation des références

---

92. Virginia Woolf, *A Room of one's Own*, St Albans, première publication 1929.

visuelles et musicales, est construit en l'absence de contexte temporel, social, et économique précis (qui soit lié aux actions/situations des personnages par un lien de causalité). Par exemple, et en dépit d'un style de vie bohême, les personnages ne semblent jamais manquer d'argent, ne sont jamais privés de toit, peuvent acheter la voiture ou la petite maison de leurs rêves. En fait, dans la version longue, les motivations de Zorg, lorsqu'il décide brusquement qu'un cambriolage de banque résoudra ses problèmes de couple, sont pour le moins obscures. Quoique, sous les traits du propriétaire, puis de l'éditeur, l'existence de forces sociales répressives et d'une hiérarchie culturelle, intellectuelle et économique injuste soient évoquées, à de rares exceptions près (au tout début du film, Betty déclare avoir quitté son travail de serveuse parce que son patron lui a manqué de respect) c'est contre Zorg qu'elles s'exercent d'abord ; rebelle par 'défaut', lorsque Betty s'attaque au propriétaire par exemple, c'est moins à cause de son attitude libidineuse que pour punir le manque de déférence avec lequel il traite Zorg. Dans le film, rien ne suggère que le personnage féminin serait particulièrement empêché de poursuivre une vocation individuelle qui lui soit propre : en fait, le scénario n'envisage même pas cette possibilité. Si Betty n'est pas une révolutionnaire, si sa révolte n'est pas dirigée consciemment contre les injustices d'un système patriarcal ou élitiste, ses motivations, et les causes de ses déviances de comportement sont réduites à l'expression de la frustration puis de la névrose. Elles deviennent imputables à un déséquilibre 'purement' psychologique, présenté comme une incapacité à se conformer à un rôle sexuellement déterminé, mais temporellement, socialement et culturellement indéterminé. Lorsque Betty s'écrie "La *vie* se met contre moi", elle fait directement référence à la maternité qui lui est refusée, à son corps qui la 'trahit' et la met en échec. Ainsi la représentation se limite-t-elle à une 'crise' de la féminité isolément mise en exergue : la 'nature féminine' du personnage devient un paramètre incontournable avec lequel Betty doit se réconcilier si elle veut échapper à la névrose.

Les informations fournies sur les deux personnages ne sont pas du même ordre : Zorg est mécanicien, il a été camionneur et plombier. En outre, il est écrivain et sait jouer du piano. Betty est une 'apparition', surgissant sans passé et en dehors de tout contexte, comme si, telle Vénus, elle avait été déposée par la mer sur la plage devant la maison de Zorg. A travers le scénario et l'approche esthétique, Beineix excelle dans la construction d'un portrait mythique de la féminité et crée un espace diégétique parfaitement 'suturé', un univers en soi, où les rôles, les différences et les relations entre les sexes apparaissent logiques et naturels.

## Mythe et continuité

Imprévisible, irrationnelle et hyper-sexualisée, Betty est l'incarnation d'un mythe familier :

> " De tous les mythes, aucun n'est plus fermement ancré dans le coeur de l'homme que celui du 'mystère féminin'. (...) Il fournit une explication facile à tout ce qui apparaît inexplicable. " [93]

Malgré l'aura de mystère qui entoure Betty, le film présente aussi les deux personnages comme simultanément différents et complémentaires. David Platten loue notamment la capacité de Beineix à évoquer "the ying and the yang" :

> " L'un des aspects les plus réussis de l'adaptation cinématographique est la traduction à l'écran du symbolisme littéraire qui associe Zorg à l'élément liquide et Betty avec le feu. " [94]

Le réalisateur joue remarquablement des effets de filtres, et s'écarte du réalisme en faveur d'une utilisation expressive des couleurs [95]. Il combine un éventail de teintes de bleu - sa couleur favorite - avec des tons orangés, afin de donner aux scènes d'harmonie une atmosphère poétique, et dans *37°2 le matin*, osant le cliché, il aime en particulier filmer sur fond de coucher de soleil sur la mer. La plupart du temps, Zorg est vêtu de bleus et de jaunes pâles, et ses périodes d'intense créativité

---

93. Simone de Beauvoir, *le Deuxième Sexe*, Paris : Gallimard, 1949, tome1, p. 11.

94. D. Platten, p. 77.

95. Les images sont de Jean-François Robin.

sont présentées baignées de lumière bleutée. La présence de Betty est plus souvent marquée par des couleurs chaudes et connotée par des références à la chaleur (le titre) et au feu (la pizzeria d'Eddy, qui sert de décor à l'une des crises de la jeune femme s'appelle le 'Volcan'). La jeune femme a les lèvres abondamment maquillées et apparaît fréquemment vêtue de rouge : la scène de l'incendie de la maison de Zorg est un exemple frappant de cet usage des couleurs. La personnalité attribuée aux personnages est en correspondance : tandis que raison et esprit de responsabilité incarnés par Zorg sont connotés par la couleur froide, l'énergie, la violence et l'imprévisibilité qui caractérisent Betty sont connotées par les tons rouges. Ces couleurs sont complémentaires : en dépit de la douceur de son caractère, Zorg est attiré par l'intensité de Betty, de même qu'il aime manger des chilis épicés.

Par contraste, l'absence de couleur symbolise l'ennui et la mort. Après sa première rencontre avec Bob, l'épicier de Marjevol, qu'il croise dans la rue chargé de bouteilles de lait, Zorg le décrit à Betty comme un albinos, et la jeune femme admet que le portrait dressé par Zorg a quelque chose de répugnant. Tandis que l'état psychologique de Betty s'aggrave, Eddie remarque qu'elle semble 'perdre ses couleurs', et dans sa blancheur anesthésiante, la chambre d'hôpital où aboutit la jeune femme préfigure sa fin tragique.

La notion d'une relation de couple, même éphémère, se définissant par son intensité, et se fondant sur la complémentarité s'exprime donc à travers un symbolisme des couleurs, mais aussi des décors, de la mise en scène et de la lumière, dont David Russell remarque l'efficacité dans les films précédents du réalisateur, *Diva* et *la Lune dans le caniveau*, où ces éléments sont également des extensions de la psychologie des personnages.[96] Combinés au travail de la caméra et aux techniques de montage,[97] ces choix esthétiques concourent à déterminer précisément le positionnement du spectateur

96. David Russell, '*Two or three Things we know about Beneix*', *Sight and Sound*, n°59, Winter 1989-90, p. 42-47.

97. Les décors sont de Carlo Conti, le montage de Monique Prim.

potentiel et informent de façon plus ou moins repérable son jugement. Ils contribuent à la construction d'un espace fictionnel, mais apparemment clos et complet, permettant par là même le développement, peu propice à l'attitude critique, d'une illusion de plénitude et de cohérence spatiale et narrative.

L'une des séquences filmées dans le magasin de pianos, au cours de laquelle sont développés le thème de la complémentarité ainsi que celui du narcissisme évoqués plus haut, est un bon exemple de montage classique et d'application de la technique de la résolution (*suture*). Ici, la position offerte au spectateur par le biais du regard de la caméra, qui est celle de l'omniscience, est une invitation à s'oublier dans la plénitude de l'instant. Zorg s'assoit d'abord seul au piano, et se met à jouer, reproduisant le principal thème musical du film. Betty va alors s'asseoir à un autre piano, placé directement en face, et entonne la seconde voix du morceau. L'alternance de champs et contrechamps transcrit l'échange des regards entre les deux personnages, dont les silhouettes se reflètent de surcroît dans la surface policée des instruments. L'inclusion du thème musical, devenu familier à ce moment du film, mais longtemps exclu de l'univers diégétique, concourt à estomper la frontière qui sépare l'univers de la fiction de la réalité du spectateur.[98]

Tandis que la création d'un environnement poétique permet d'incorporer à l'atmosphère du film les éléments indubitablement confus que contiennent le scénario et la caractérisation des personnages (féminins en particulier), le système de 'suture' permet de mettre en scène un discours mythique présentant la différence des sexes comme naturelle. Zorg a une identité publique - il est mécanicien, il va devenir écrivain - cependant que Betty est associée au mystère, à l'exotisme, et, à la fin du film, réapparaît sous la forme de l'animal magique par excellence : le chat. Dans un livre déjà ancien, Yvonne Péllé-Douel résume les arguments avancés par le discours usé et pourtant persistant de la femme comme mystère : l'expression de Freud, lorsqu'il compare la sexualité

98. La musique est de Gabriel Yared.

féminine à un 'continent noir' a été débattue fréquemment par les théoriciens féministes. Non seulement, souligne Douel, ce discours permet d'entretenir le mythe d'un idéal féminin (né d'un fantasme masculin), mais il est particulièrement résistant aux contre-arguments : en effet, puisque l'inexplicable ne peut être contredit, en insistant sur l'existence d'une indéfinissable *essence* de la féminité, ce discours tente de se placer en deçà du débat critique. En outre, lorsque le mythe de la Femme-mystère prend le pas sur l'existence des personnes, il condamne la représentation féminine à un rôle de fantasme et de complémentarité : la femme devient ce que l'homme n'est pas.[99]

En soulignant la différence d'*essence* (donc la complémentarité) qui existe entre ses deux personnages, et en les associant en particulier à des éléments naturels - le feu, l'eau - Beineix reproduit fidèlement le discours essentialiste. Or, la distinction entre les sexes s'étend aussi à la définition des rôles. La plaisanterie faite au dépend de Zorg (c'est un travail d'homme), quand celui-ci se débat sans succès avec le sommier d'un lit démonté, est un des rares contre-exemples d'un scénario étrangement passéiste dans son attribution des rôles. Les hommes de *37°2 le matin* ont une identité sociale et économique, ils ont des professions, des moyens de transport, des vocations. Les femmes sont limitées aux impératifs dictés par leur sexe : elle se préoccupent de leur apparence, sont en quête de partenaires sexuels, désirent avoir des enfants, sont sujettes à la jalousie et à la névrose (la vie de Bob l'épicier par exemple, se révèle être un enfer conjugal partagé avec une épouse frustrée et nymphomane). A moins que les aspirations ne soient, comme dans le cas de Betty, perverties par la névrose et le complexe de virilité, les moyens de réalisation de soi varient également selon le sexe des personnages, comme l'illustre la rencontre nocturne de Lisa et Zorg. L'amie de Betty vit dans un hôtel vide de clients et se plaint de mener, en l'absence d'un partenaire, une existence similairement vide de sens. C'est à l'hôtel que Zorg, souffrant d'insomnie, est de

99. Yvonne Péllé-Douel, *Etre Femme,* Paris : Seuil, 1967.

nouveau tenté par l'écriture. S'étant retrouvé nu, dans la cuisine déserte, à l'aube, il s'attable et commence à composer. Il est cependant interrompu par Lisa, qui apparaît, radieuse, et annonce avec jubilation qu'elle vient de faire l'amour.

Le rôle joué par les enfants est une illustration supplémentaire d'une définition sexualisée de la vocation. Dans l'univers créé par Beineix, les talents s'annoncent précocement et chez les enfants de sexe mâle, comme avec le fils de Bob, (une manière, pour le réalisateur, et puisque le personnage principal est écrivain, d'ajouter au film une touche autobiographique valorisante et attendrissante ?) qui réinvente, dans la salle de bain ou dans le réfrigérateur, des maquettes intégrales de décors de films. C'est également d'un petit garçon qu'il s'agit dans le cas du petit virtuose qui vient jouer du piano dans le magasin. Par contre, lorsque Zorg lui-même se met au clavier, et que Betty vient l'accompagner, ajoutant à la mélodie une seconde voix jouée sur une unique touche, la surprise admirative avec laquelle le jeune homme commente cette performance minimale en dit long sur ce qu'on peut espérer du personnage féminin dans ce domaine.

## Conclusion

Pour un auteur comme David Platen, les films qui appartiennent à la tendance 'néo-baroque' ne peuvent pas être jugés d'après une grille conventionnelle de critères d'analyse. En effet, selon cette opinion répandue, non seulement le mélange de références et de catégories qui caractérise l'approche adoptée par les réalisateurs implique la création d'un système de représentation original, mais leurs oeuvres s'inspirent d'aspects d'une culture populaire généralement associés à la jeunesse, et concernent également des thèmes qui demeurent marginaux parce que jugés sans valeur ou tout simplement mécompris par la critique.[100] Il est indéniable qu'en jouant sur un registre inhabituel de références, Beineix réussit à créer un univers et une atmosphère qui sont propres à ses films, et qui, en particulier dans le cas de *37°2 le matin*,

100. D. Platen, p. 71 et suivantes.

combinent remarquablement le réalisme, le poétique et le symbolique. Cette juxtaposition, parfois qualifiée de postmoderne,[101] fonctionne cependant superficiellement, comme écran à un discours essentialiste qui n'implique pas de véritable mise en question des catégories et définitions conventionnelles. En dépit d'une apparente résistance à se conformer, les personnages de Beineix ne sont ni des rebelles, ni des victimes d'une exclusion sociale. Leur existence n'est motivée ni par le changement, ni par le conflit ou l'expérimentation, mais par ce concept d'un bonheur individuel caractéristique des années 80, et qui ne se démarque ici que par l'aspiration à demeurer à la périphérie de la vie contemporaine dans ce qu'elle a d'excessif et de mouvementée ; en d'autres termes, et pour rejoindre l'analyse proposée par Powrie dans *French Cinema of the 80's*,[102] il s'agit de la vision nostalgique d'un rythme de vie différent, d'une existence en marge de ce que Zorg appelle "la foire". Simultanément, le discours illustré par le film et le langage filmique en matière de représentation des sexes, répartition des rôles et sa description de la folie, est un discours fondamentalement régressif, qui repose sur un système de valeurs réactionnaire et reproduit de manière littérale et décontextualisée certains aspects des schémas psychanalytiques.

Si l'étude des possibles réactions et interprétations du public ne fait pas partie des objectifs de cette analyse textuelle, on peut néanmoins rappeler l'impossibilité de déterminer précisément quelles ont été et quelles seront les lectures du film. Il est concevable que, comme dans le cas de l'héroïne du film de Beineix, le spectateur et la spectatrice, confronté(e) à un personnage grossièrement élaboré, investisse une enveloppe vide, s'identifie en palliant aux lacunes, et trouve, par-delà la mise en scène d'un discours essentiellement réactionnaire, une satisfaction subversive dans l'expression de l'insoumission incarnée par le rôle : on peut lire en Betty un exemple de

---

101. Fredric Jameson, '*Diva and French Socialism*', in *Signatures of the Visible*, New York : Routledge, 1990.

102. Phil Powrie, *French cinema in the 1980's*, Oxford : Oxford University Press, 1997.

personnage féminin non conventionnel dans la mesure où sa présence est bruyante, agressive, colérique, violente. Mais c'est justement ce côté excessif du personnage qui rend son effacement progressif et fatal plus intéressant, plus 'cinématique'.

Comme on l'a signalé plus haut, depuis les années 70, l'approche psychanalytique s'est révélée précieuse dans l'analyse critique des représentations des sexes à l'écran, dans la mesure où les schémas proposés sont utilisés comme une méthode parmi d'autres et non comme la source d'un système de références prouvées et vérifiées. La même circonspection est de mise quand la psychanalyse devient source d'inspiration. Alors que dans la majorité des cas, la méthode psychanalytique permet aux théoriciens du film de faire émerger des discours latents, exprimés de manière inconsciente, l'analyse de certains genres, le film noir en particulier, prend en compte l'intégration intentionnelle de certaines notions de psychanalyse vulgarisée. Si cette récupération se fait souvent à des fins 'essentialistes' - en présentant, par exemple, à travers un discours pseudo scientifique certains comportements comme sexuellement déterminés par 'nature'-, on peut aussi l'envisager comme critique ou ironique. Dans le cas de *37°2* le matin, la lecture peut sembler ambiguë. Malgré une expérience personnelle de l'analyse, et en dépit de la fréquence du symbolisme sexuel dans ses films, Beineix prétend n'avoir que peu d'intérêt pour la psychanalyse et pour les théories freudiennes [103]. Pourtant la récupération de certains des schémas psychanalitiques est indiscutable dans le cas de *37°2 le matin.* Ce film, apparemment plus 'réaliste' que les précédents films de Beineix, mais néanmoins caractérisé par la richesse de son intertextualité, invite-t-il une lecture distanciée et ironique d'un discours pseudo-psychanalytique et réactionnaire ? [104] A travers

103. Entrevue dans *la Revue du cinéma*, n° 48, April 1989, p. 51.
Le décor de *Diva* par exemple, connote fréquemment l'un des thèmes principaux du film, qui est le passage à l'âge adulte (scènes du phare notamment).
104. Comme le font désormais certaines publicités - des scènes de *37°2* ont d'ailleurs été récupérées pour des spots publicitaires.

les références manifestes à ce type de discours, peut-on lire en fait d'un exposé satirique de certaines conventions de la représentation féminine à l'écran ? Certes, certaines des scènes suggèrent le pastiche freudien, mais lorsque l'on prend en compte non seulement la subtilité et la fréquence avec laquelle s'expriment *implicitement* (dans les codes visuel notamment) certains éléments du discours, mais aussi les autres films de Beineix ainsi que le livre de Djian dont s'inspire *37°2 le matin*, la lecture ironique devient difficile. La persistance réductive de l'archétype transparaît d'ailleurs dans la suite de la carrière de Béatrice Dalle, que l'on a retrouvée fréquemment dans des rôles hypersexualisés de personnages névrotiques ou obsessifs.[105] Le choix de Jim Jarmush n'est pas innocent lorsqu'il demande à l'actrice de jouer le rôle d'une aveugle dans l'épisode parisien de *A Night On Earth.* A travers cet humoristique conte moral, Jarmush dénonce une exploitation par le regard dont les cinéastes français, et Beineix parmi eux, se font trop fréquemment les complices.

A propos du cinéma des 'néobaroques', Revie conclut :

> " Ils témoignent d'une conception de la sexualité (...) où le féminin reste perçu comme un mystère de la nature : une tendance trop souvent présente dans le contexte du postmodernisme. "[106]

En d'autres termes, un film comme *37°2 le matin* peut être considéré comme l'expression avortée d'un postmodernisme

---

105. Notamment dans *la Sorcière,* de Nero Bellochio, ou encore dans *A la Folie* de Diane Kurys. Dalle apparaît également dans *A Night on Earth*, de Jim Jarmush, dont l'épisode parisien peut être lu comme un commentaire ironique sur la construction du regard, et les degrés 'd'*objectification'* et d'exploitation raciale et sexuelle dont le cinéma français a produit des exemples flagrants. L'actrice joue ici le rôle d'une jeune Parisienne aveugle et délurée, qui est prise en taxi par un jeune chauffeur noir. Ce dernier, qui vient lui-même d'endurer les sarcasmes racistes de deux passagers (voyants, males et arabes) abuse cependant de la situation et ajuste le retroviseur afin d'observer à loisir la séduisante passagère au décolleté plongeant. Le voyeur est cependant puni par son vice : arrivée à destination, la jeune femme descend de voiture mais attire volontairement l'attention du chauffeur qui, dans sa distraction, cause un accident en redémarrant.

106. Ian Revie, p. 38.

qui, dans son incapacité à se détacher d'un schéma de causes à effets basé sur l'existence d'essences, se trahit lui-même. Le titre, en apparence obscur, est significatif : *37°2* est la température du corps féminin la plus propice à la conception. *37°2 le matin* présente l'image séduisante et actualisée d'un discours essentialiste pourtant suranné, où le personnage féminin, personnage-signe, incarne le destin tragique de l'être biologique que son sexe prédétermine.

## 4 - Le romantisme pervers : *Merci la vie*, Bertrand Blier, 1990

*Merci la vie*, comme *les Valseuses* (1974), commence avec un chariot de supermarché. Les personnages de Blier aiment en effet s'approprier cet emblème de la société de consommation, et le chariot se trouve transformé en un moyen de transport incongru mais approprié à l'univers de films qui se situent à la croisée du 'road-movie' et du récit picaresque. Mais cet objet familier prend ici une valeur symbolique supplémentaire, car si, comme le premier succès du réalisateur, *Merci la vie* est basé sur les pérégrinations d'un duo, il s'agit cette fois d'un duo de personnages féminins. [107]

Les films de Bertrand Blier s'inspirent de traditions théâtrales françaises bien établies - la comédie, le café-théâtre (où il a recruté bon nombre de ses acteurs), mais également le théâtre de l'absurde et le surréalisme. Commercialement, la comédie est le genre qui domine le cinéma français, mais le style de Blier, satirique et grinçant, est trop particulier pour que ses films puissent être associés au genre sous ses traits les plus répandus. Ce n'est pas seulement la direction d'acteurs, mais aussi une volonté d'expérimenter, de tester les possibilités du médium, et de créer un espace proprement cinématographique qui tendent à attirer l'attention de la critique française dans le cas de ce réalisateur ; son influence parmi les jeunes metteurs

---

107. La filiation avec le premier succès du réalisateur est particulièrement évidente. Le film *les Valseuses* suit les périgrinations de deux 'loubards', joués par Gérard Depardieu et Patrick Dewaere, dont le film lança les carrières.

en scène des années 90 est indéniable. [108] L'un des attraits et l'un des aspects les plus controversés du travail de Blier est la manière dont il aborde les questions de la représentation des sexes et les rapports entre hommes et femmes. Dans ses films précédents, le réalisateur a exploré la façon dont se construit l'identité masculine d'une manière complètement non-conventionnelle : dans *Tenue de soirée,* Depardieu termine travesti en prostituée. Les personnages masculins sont souvent vulnérables, perdus, incapables de rentrer dans le moule social et de s'adapter à la norme de masculinité. Jill Forbes remarque cependant à son sujet :

> " Son exploration de la masculinité a un côté sinistre : elle est marquée par une misogynie profonde et systématique. " [109]

Dans ce mélange d'anticonformisme et de misogynie, on retrouve un trait caractéristique de la tradition de satire anarchisante qui a fleuri dans les années 70, et dont les films de Blier gardent la marque. A l'époque, ce style se développa dans le café-théâtre et dans des publications comme *Hara-Kiri* et *Charlie-Hebdo.* Ce type de magazines, nés d'un désir de subvertir et de dénoncer l'hypocrisie des conventions et des institutions établies, attaquaient sans relâche, et dans le style le plus débridé, les modes de vie et de pensée bourgeois - un programme bientôt repris par le cinéma français sous la forme de comédies satiriques.

Si la vulgarité, le langage cru et le sexe faisaient partie des armes utilisées pour stigmatiser la bigoterie de la bourgeoisie et son culte des conventions et des convenances, ce sont aussi les représentations dépréciatives de la femme, les images avilissantes de la sexualité et du corps féminin véhiculées et exploitées par ce genre qui en sont la principale faiblesse. [110] Non seulement sexualité, amour et romance étaient considérés

---

108. Jacques Audiard et Marion Vernoux par exemple, dont les premiers film, respectivement, *Regarde les hommes tomber,* et *Personne ne m'aime*, sortis en 1993 et en 1994, font clairement référence au travail de Blier.

109. Jill Forbes, *French Cinema after the New Wave*, London : BFI, 1992, p. 185.

110. Certaines publications utilisaient également l'imagerie raciste.

sous l'angle des règles bourgeoises de la propriété privée et de l'hypocrisie sociale, mais la plupart des auteurs et activistes qui ont créé cette tradition de critique et de satire sociale étaient des hommes. Ces deux aspects du mouvement expliquent en partie, en dépit d'un nombre important de lecteurs et spectateurs-femmes, son manque d'intérêt et de respect pour la question féminine.

Parce qu'ils ont constamment recours à l'ironie et à la dérision, il est en outre souvent difficile d'approcher la production de ces auteurs satiriques de manière critique : comment critiquer ce type d'expression sans passer pour un bigot ? Comment mettre sérieusement en question un texte qui ne prend rien au sérieux, ne respecte rien, ne se prend pas lui-même au sérieux ? Le problème se pose avec des films comme *Merci la vie*. Avec sa prédilection pour le ringard et le dérisoire, Blier crée à partir d'un alliage d'ironie et de pastiche, et il est parfois décrit comme un précurseur, au cinéma, d'un certain esprit postmoderne. [111] A priori, il est donc difficile de trouver des critères pertinents à partir desquels analyser le contenu de ses films, dont le message est généralement ambigu, [112] quoique, comme l'indique son entretien avec Serge Toubiana pour les *Cahiers du Cinéma*, Blier lui-même se défend, à propos de *Merci la vie,* d'une utilisation gratuite de la dérision. [113]

A l'accusation de misogynie, qui est la critique la plus fréquemment associée aux films de Blier, on peut répondre en se fondant sur l'argument du non-réalisme et de l'ironie, et considérer que les rôles féminins, accessoires et symboliques, sont des éléments dans une configuration plus large, destinée à choquer et à dénoncer. La question de la misogynie qui

---

111. Voir notamment les articles publiés dans *Bertrand Blier and Misogyny*, *Stirling French Publications*, Stirling : Stirling University, 1996.

112. Susan Hayward critique cette dimension du travail de Blier qu'elle décrit comme "pastiche parading as a parody", *French National Cinema*, London : Routledge, 1993, p. 267.

113. Entrevue avec Serge Toubiana, *Cahiers du Cinéma* n°441, mars 1991, p. 22-25

caractérise le travail du réalisateur est abordée par ailleurs de manière originale par Sue Harris et Russell King, qui proposent une série d'arguments mettant en doute la validité de l'accusation : le réalisateur, préoccupé principalement par l'exploration de la crise contemporaine de la masculinité, s'est intéressé presque uniquement à des personnages masculins. D'après King et Harris, l'univers diégétique créé par Blier est vu à travers les yeux de 'héros' mal dans leur peau, marginalisés, à la sexualité problématique. Ainsi, les films du satiriste refléteraient-ils la vision déformée, dans une société patriarcale en crise, d'une féminité incomprise et ressentie comme une menace.

Aux sources de la violence et du cynisme se trouvent le 'mal-être' masculin, l'inabilité à comprendre le désir féminin, et la frustration. (...) C'est l'amalgame entre les convictions du réalisateur lui-même, l'histoire, la narration, les protagonistes, qui risque de poser problème ici, lorsqu'on confond la misogynie *du film* à celle qui est représentée *dans* le film.[114]

Les films plus récents, *Trop belle pour toi* (1989) en particulier,[115] indiquent un changement de direction dans le travail du réalisateur, en ce qu'une plus grande attention y est portée aux personnages féminins. *Merci la vie* est cependant le premier film de Blier où les rôles principaux sont tenus par des femmes. Ce serait donc la première fois que le réalisateur consacrerait vraiment son attention aux questions de représentations de la femme, et appliquerait son talent à explorer et à dévoiler les failles de la construction de l'identité *féminine*.[116]

---

114. Russell S. King, *Bertrand Blier's Men Behaving Badly : The Question of misogyny*, dans : *Bertrand Blier and Misogyny, Stirling French Publications*, Stirling :Stirling University, 1996, p. 3.

115.Dans *Trop belle pour toi,* Blier met en scène l'histoire d'amour qui lie un homme (Gérard Depardieu) époux d'une femme magnifique (Carole Bouquet), à sa secrétaire, une femme d'apparence complètement ordinaire (Josiane Balasko).

116. Le fait que cet angle ne soit pas du tout abordé dans la longue interview accordée aux *Cahiers du Cinéma* témoigne de l'absence de la critique féministe dans la théorie du cinéma français actuelle.

Le film illustre en outre une nouvelle approche : l'aspect purement comique a perdu de l'importance, par contre jamais le travail de Blier n'a été aussi expérimental du point de vue de la forme et de la structure narrative.

La question se pose de savoir si, d'une part, *Merci la vie* échappe à la vision réductrice de la féminité comme expression d'un malaise masculin, et si d'autre part l'anticonformisme de Blier reste au niveau de l'expérimentation, ou si l'écriture cinématographique qu'il crée pour ce film est suffisamment innovatrice et critique pour explorer véritablement la question d'une identité féminine et de sa représentation.

## Adolescence et féminité

Les spécialistes de la littérature contemporaine s'entendent en général à remarquer que l'un des attraits de la fiction dite postmoderne réside dans sa capacité à mettre en question les modes de représentation conventionnels. Ihab Assan souligne l'importance de cet aspect de la fiction contemporaine du point de vue des questions de *gender* :

Il s'agit de déconstruire, de déplacer, de démythifier un ordre des choses logocentrique, ethnocentrique, et phallocentrique. [117]

De même, Dina Sherzer décrit certains écrivains français comme :

> " (...) des écrivains hommes et femmes, qui évitent la linéarité et la chronologie, non pas à cause de détails particuliers touchant à des histoires personnelles ou des récit psychologiques, mais parce qu'ils sont des manipulateurs postmodernes qui explorent les possibilités et les limites de la représentation (...). " [118]

En s'éloignant des concepts habituels de temps et de lieu par exemple, un auteur crée un espace où il est possible de représenter avec plus de justesse des individus qui restent en marge de l'ordre patriarcal et établi - des adolescentes par

---

117. Ihab Hassan, '*Making sense, the trials of post-modernism*', *New Litterary History*, n°18, 1987, p. 445.

118. Dina Sherzer, '*Postmodernism and Feminism*', in *Postmodernism and contemporary fiction*, sous la direction de Edmund Smyth, London : Bratsford 1991, p. 158.

exemple. La même étude sur la littérature contemporaine propose des descriptions de la fiction postmoderne [119], qui s'appliquent aisément à un film comme *Merci la vie* où les spectateurs, comme les personnages, ne peuvent jamais 's'installer' pour longtemps dans un mode de discours ou dans un point de vue en particulier.

Le film joue sur la multiplicité des références et leur décontextualisation, sur la multiplicité des styles et des époques et sur le mélange d'une esthétique de l'hyperréalisme avec le sapement des conventions du réalisme, ou, pour employer un terme utilisé par Brian McHale, une esthétique de 'déréalisation' ; [120] le réalisateur s'inspire en outre de média habituellement considérés du domaine de la culture populaire, et se montre méfiant vis-à-vis des valeurs attachées aux conceptions modernistes de l'histoire et de la science. Le film illustre ainsi l'approche décrite par McHale :

> " Le sujet est décentré ou se désintègre ; la fiction résiste au désir d'interprétation et de synthèse du lecteur, privilégiant au contraire une réalité de contradictions qui ne peuvent être résolues par un discours basé sur une logique unique ; elle se présente comme une pluralité de discours et de mondes. " [121]

## L'art du zapping

Dans un article publié à l'époque de la sortie du film sur les écrans, en 1991, Serge Toubiana remarque :

> " Jamais Blier ne s'était aventuré si loin dans la complexité du récit, jouant de la multiplicité des formes, pour raconter son histoire - si on peut appeler cela une histoire. " [122]

Le succès des films qui précédent, *Tenue de soirée* et *Trop belle pour toi,* a donné au réalisateur une confiance accrue, une plus grande liberté d'action et l'accès à des moyens financiers

---

119. Notamment : J. Mepham, '*Narratives of Postmodernism*', dans *Postmodernism and Contemporary Fiction,* p. 138-157

120. Brian McHale, 'Change of Dominant to Modernist to Postmodernist Writing', dans : *Postmodernist Fiction,* sous la direction de Fokkema & Bertens, London 1987.

121. B. McHale, p. 145.

122. Serge Toubiana, *Cahiers du Cinéma* n°441, mars 1991, p. 20.

plus importants. *Merci la vie* est donc non seulement superbement photographié, [123] mais aussi extrêmement inventif :

> " *Trop belle* a été un déclencheur pour aller dans une autre direction, la confiance du public m'a donné un coup de pied au cul.(...) Si c'est pour faire la sempiternelle comédie de cul un peu audacieuse, j'ai démontré que je savais le faire, avec tous les cas de figure possibles. Maintenant il faut aller plus loin, on est dans une période tout à fait intéressante où le public est intelligent, ouvert, ce qui fait qu'on peut lancer des expéditions, tenter des choses... En fait je me fous de plus en plus des histoires, ce qui compte c'est d'avoir un thème intéressant, et cela se joue au niveau de la forme. " [124]

Sous certains aspects, *Merci la vie* demeure classique : l'image est claire, lisible, et la photographie soignée ; image et bande-son sont synchronisées ; d'une image à l'autre, l'angle du regard correspond, et reste la plupart du temps cohérent avec l'action ; les mouvements de caméra adhèrent également à l'action. C'est principalement dans la structure narrative du film - spatiale et temporelle - que la réalisation se montre audacieuse. [125]

Le film suit les tribulations de deux jeunes filles d'environ 18 à 20 ans, Camille et Joëlle, jouées respectivement par Charlotte Gainsbourg et Anouk Grinberg. [126] Les deux personnages se rencontrent (ou 'entrent en collision', pour utiliser l'expression de Toubiana) bizarrement, dans une station balnéaire déserte. Elles décident de prendre la route ensemble, par esprit d'aventure et aussi pour échapper à la vindicte des amants de Joëlle qu'elle a apparemment contaminés avec le virus du SIDA. Pour Camille, il s'agit en outre d'essayer de comprendre les mystères de l'amour et l'énigme du couple parental. Parallèlement aux aventures des deux filles, le réalisateur semble mener sa propre enquête auprès de celui qui fut à la fois le docteur et le souteneur de Joëlle (Gérard

---

123. Le directeur de la photographie est Pierre Rousselot.
124. Bertrand Blier, entrevue avec S. Toubiana, p 22-25.
125. Le scénario est de Blier, le montage de Claudine Merlin.
126. Le rôle était à l'origine destiné à Béatrice Dalle.

Depardieu). Les pérégrinations des deux héroïnes les conduisent jusque chez les parents de Camille, dont elles repartent en compagnie du père de cette dernière. Elles se retrouvent également mêlées au tournage d'un film sur la seconde guerre et l'occupation, et peu à peu, tous les personnages se trouvent aspirés et ballottés d'une époque à l'autre. Le récit se développe donc sur différents niveaux de fiction, entre une soi-disant réalité, un film dans le film, et un niveau qui semble appartenir au rêve ou au cauchemar ; entre le présent et le passé, entre un passé récent et un passé historique... Il n'est jamais certain dans quel mode ou dans quel univers les personnages opèrent à un moment donné. Pour citer Blier lui-même :

> " Cela rejoint le picaresque, un picaresque de cinéma, visuel. Cela faisait longtemps que j'avais envie de faire du mélange d'époques... Quand on est auteur, le travail consiste à se libérer des structures, à faire éclater le récit, le temps, ces conneries qui font que le cinéma est ennuyeux, vous rend prisonnier d'un réalisme... " [127]

Chacun des univers qui composent le film possède une atmosphère propre, astucieusement construite à travers la composition des images et un remarquable emploi des couleurs. Pourtant, les frontières entre ces différents univers, celui de Joëlle, de Camille, du Docteur, de la guerre..., de même que les frontières temporelles et spatiales, sont effacées. Comme on l'a noté plus haut, il n'est ainsi jamais certain que le film n'est pas un rêve ou un cauchemar, un pur produit de l'imagination de Camille par exemple, ou bien plutôt qu'il s'agit d'un film dans un film : coincé dans son fauteuil roulant, le père, sous les traits de Jean Carmet, dévale à toute vitesse et en plein jour une rue en pente, et passe à travers la vitrine d'un magasin. Lorsqu'il ressort de l'autre côté de la boutique, il est devenu Michel Blanc, et c'est la nuit. Comme Beineix, Blier ne s'embarrasse donc pas de réalisme (dans l'un des passages de *Diva*, Beineix passe également du jour à la nuit sans raison de logique temporelle), et comme les films du *cinéma du look*, *Merci la vie* est caractérisé par des atmosphères hybrides où le banal (un

127. B. Blier, entretien avec Serge Toubiana, p. 25.

chariot de supermarché) côtoie le poétique (des mouettes apprivoisées). Autour de Camille est planté le décor surréel d'une ville déserte et ensablée, mais le script nous informe qu'elle est là pour la prosaïque raison qu'elle doit réviser son bac. Les personnages passent d'un univers à l'autre, d'une époque à l'autre, et même d'une réalité à l'autre, en changeant parfois de statut, parfois d'apparence : au début du film, alors qu'elles se trouvent seules dans l'appartement du bord de mer, dans la station désertée, les deux filles devinent une présence dans le bâtiment voisin. Se sentant observées, elles se lancent à la poursuite du mystérieux voyeur, et découvrent un jeune peintre décorateur qui travaille au noir dans un appartement vide. Les trois personnages glissent d'une époque à une autre, afin d'aller danser dans un 'bal populaire' des années 1930. Abandonné par les deux filles, le jeune homme n'apparaît plus avant la fin du film, et de nouveau à l'époque contemporaine ; il est cette fois le petit ami de Camille, arrivant dans la même station balnéaire, maintenant grouillante de touristes, pour y passer ses vacances avec la jeune fille et ses parents. En contrepoint, tandis que le père de Camille par exemple, qui est tour à tour acteur, horloger et soldat, emprunte, selon les cas, les traits de Jean Carmet ou de Michel Blanc, la mère de Camille apparaît tour à tour sous les traits d'Irène Jacob ou d'Annie Girardot.

A travers ce jeu sur les degrés de réalité, le film crée un effet de miroir et rapproche ses personnages de son public : sous certains aspects, regarder un film est après tout une expérience comparable à celle du rêve. [128] Or, comme dans un rêve, les héroïnes sont souvent ballottées par l'histoire, et comme le spectateur, perdent le contrôle des événements. Comme le spectateur, elles ont conscience d'être projetées d'une réalité à l'autre, au risque d'être piégées dans un niveau de fiction plutôt que dans l'autre. Dans une chambre d'hôpital, une nuit, alors que l'atmosphère devient froide et menaçante, et que l'image s'est teintée de bleu (le bleu des écrans

---

128. Cf. Christian Metz, *The Imaginary Signifier*, Screen 16/2, printemps 1975, p. 17-46.

d'ordinateurs), Camille décide de s'échapper. Elle réveille Joëlle et lui expose la gravité de la situation : l'univers autour d'elles est en train de perdre sa couleur, il est temps de s'enfuir. Les deux filles, en quittant leur chambre par la fenêtre, dont l'encadrement est aussi le cadre de l'écran, semblent sur le point de quitter l'univers du film pour entrer dans celui du spectateur. [129]

*Merci la vie* est un film de mise en abîme, pour lequel le réalisateur met en scène son double - un réalisateur de film, qui tourne un film dans le film - tandis que la fille de Serge Gainsbourg, la chanteuse d'*Inceste de citron* a été choisie pour jouer dans ce film qui traite, entre autres thèmes, de l'inceste. Le qualificatif postmoderne n'est pas seulement justifié, dans le cas de *Merci la vie*, par le jeu sur les niveaux de fiction, mais aussi par le fait que le film est émaillé de références filmiques et de pastiches de genres qui sont autant de clins d'oeil aux spectateurs. Le réalisateur fait référence à ses propres films (*Hitler connaît pas* 1963, *Les Valseuses*, 1974, *Préparez vos mouchoirs*, 1978) et aux oeuvres d'autres metteurs en scènes. Il est difficile de ne pas évoquer Truffaut lorsqu'on parle d'adolescence ; *les Quatre cent coups* finissait avec la mer, *Merci la vie* commence avec la mer. Le film rend également hommage à Fellini lorsqu'il filme l'arrivée des deux filles dans la petite ville où on tourne un film, ainsi qu'à Buñuel, notamment dans son utilisation de deux acteurs pour jouer un même personnage. Le personnage du père, semble aussi faire référence à Tavernier dont le film *L'Horloger de St Paul* traite d'un conflit de générations. Quant à la scène finale de *Merci la vie,* elle ressemble à une variation douce-amère sur un thème hitchcockien : oubliant le père cloué sur sa chaise roulante, la mère et la fille vont ensemble prendre une douche. *Merci la vie*

---

129. Même dans le contexte plus large, celui de la réalité à l'extérieur de la salle de cinéma, les frontières semblent curieusement estompées : Blier déclare avoir écrit le film en pensant à sa propre fille, et alors qu'il venait de perdre son père. *Merci la vie* fut en outre l'occasion pour Blier de découvrir l'actrice qui dans le film joue le rôle de la copine et de l'amante du père - Anouk Grinberg - dont il est devenu l'époux.

évoque même Lelouch, dans la manière dont sont tournées les séquences de guerre. Mais si les costumes et les décors époque 1939-1945 sont soignés, dignes du 'cinéma de qualité', la vision de l'histoire que nous est ici présentée est loin d'être académique.

Ce film dans le film complique un peu les choses, car il permet aux deux filles de remonter le temps, jusqu'à la guerre et à l'occupation allemande. Blier s'aventure dans un genre cinématographique qu'on ne lui connaissait pas, celui du film historique. Sauf que le réalisme n'est pas sa tasse de thé, si bien qu'il flotte une impression de fausseté absolue. C'est l'histoire racontée par ceux qui ne l'ont pas connue, mais qui en ont entendu causer, qui en ont vu des bribes à la télé avant de zapper pour aller voir ailleurs. [130]

L'histoire est donc soumise à une double distorsion : celle du temps, de la mémoire, et celle des média qui sélectionnent, simplifient et manipulent les images. *Merci la vie* tente de représenter des faits passés tels que des adolescents d'aujourd'hui, mal informés et pas vraiment intéressés par des événements trop lointains, peuvent se les imaginer. Il ne s'agit donc pas de traduire une expérience directe, mais une représentation filtrée et déformée, un récit de seconde main, fragmentaire et imprécis. Pour ce faire, le film se réfère aux images les plus présentes pour les adolescents : celles de la télévision et de la publicité. Comme Beineix, il utilise avec talent les possibilités offertes par l'usage des filtres, les couleurs exagérément contrastées, mais aussi les différentes teintes et les combinaisons de tonalités monochromes. A partir des règles d'une esthétique le plus souvent associée avec le monde de l'image commerciale, les deux réalisateurs réussissent ainsi à cultiver une certaine poésie.

« Le clip, j'aime bien ça. Il y a des trucs à prendre là dedans, le film est une espèce de clip qui dure deux heures au lieu de trois minutes. Il y a des choses à prendre dans tout ce qu'on

---

130. S. Toubiana, *Cahiers du Cinéma,* p. 21.

critique, la télévision par exemple. Des leçons à tirer : le zapping notamment... »[131]

Plus le film avance, plus les passages d'une époque à l'autre sont nombreux, et plus les séquences sont courtes, le rythme enlevé. Le film passe d'un style à l'autre, s'inspirant tantôt des genres cinématographiques établis, tantôt de la télévision. Comme dans certains de ses précédents films, la caméra sert parfois d'interlocuteur, un personnage (le docteur joué par Depardieu en l'occurrence) s'adressant directement à l'objectif, au public. La pratique est évocatrice à la fois du café-théâtre, du burlesque, et de la télévision. Le même personnage est plus tard filmé comme pour une entrevue télévisée : cadré en plan américain, il parle à la caméra de derrière son bureau, et semble répondre aux questions d'un reporter. Nous le poursuivons également alors qu'il déambule dans son hôpital où, suivant le style du reportage 'à chaud', la caméra semble suivre, avec quelques difficultés, l'homme en blouse blanche qui marche d'un pas pressé tout en racontant son ascension dans le monde médical. A la croisée entre télévision et inquisition, les autres hommes de la ville sont interrogés, se confessent et témoignent, monologuant en gros plan, comme dans un documentaire télévisé. Dans l'un des épisodes du récit, Blier s'essaye même au film d'horreur dans le style de *l'exorciste* : Joëlle, en transe, entre en lévitation et manque de se faire aspirer par un au-delà cauchemardesque. Au début du film, c'est le western, ou le film d'aventure (le *road-movie* par exemple) que le réalisateur se plaît à évoquer. Moquant les conventions sexistes d'une scène classique - le départ du héros - les héroïnes s'éloignent ensemble sur la plage, laissant derrière elles l'amoureux transi auquel elles ont expliqué qu'elles partent à l'aventure, à la découverte d'un monde trop dangereux... pour les hommes.

Avec *Merci la vie,* Blier tente donc de faire passer un message sans pontifier, sans ennuyer, de parler de choses importantes tout en restant, de son propre aveu, aussi distrayant que le cinéma américain ou la télévision. Cette approche fait

131. B. Blier, *Cahiers du Cinéma*, p. 26.

sans doute de *Merci la vie* son film le plus intéressant du point de vue de la forme, même si la lecture peut en fait en sembler ardue : même le spectateur de télé le plus blasé ne zappe pas à ce rythme et sans cesser de regarder l'écran, pendant près de deux heures...

Si le réalisateur n'hésite pas à emprunter à la culture populaire, à la 'pub', au 'clip', au film grand public, il ne s'agit pas d'un simple exercice cosmétique. L'un des aspects forts du film, dans sa première partie au moins, réside dans l'habileté avec laquelle le film crée, avec des éléments extrêmement variés, un espace qui puisse refléter le monde de l'adolescence - un espace transitoire -, où l'imaginaire mêle le sentimental et le cruel.

## Le picaresque au féminin

Si la structure du film est plus expérimentale encore que par le passé, *Merci la vie* n'en est pas moins écrit, comme la plupart des films qu'il a réalisés auparavant, dans le style picaresque qu'affectionne Blier. Mêlant la comédie, la satire et la critique de société, le réalisateur construit un récit d'aventures burlesques et cruelles auquel il soumet des personnages intrépides mais aussi vulnérables et souvent dépassés par les événements. Le film commence avec...

> " ... une situation apparemment réaliste, pour s'engager dans une série d'épisodes qui deviennent de plus en plus fantastiques, jusqu'à une conclusion des plus improbables. " [132]

Ce style semble particulièrement adapté à ce que Blier aspire à mettre en scène - l'individu face à la société et à ses règles (ou à ses dérèglements) - dans la mesure où, par contraste avec des films comme *Tenue de soirée* (1986), qu'il décrit comme un cas de figure particulier, Blier souligne que *Merci la vie* est "une histoire beaucoup plus universelle que les autres". [133] Tout en s'inspirant d'autres modes d'expression ou de communication, *Merci la vie* se rapproche donc aussi d'une certaine tradition du film comique : celle des réalisateurs qui,

---

132. J. Forbes, p. 172
133. *Cahiers du Cinéma* n°441, p. 22.

comme Chaplin, peuvent traiter de l'universalité de la condition humaine et, grâce à l'humour, échappent au sentimentalisme pontifiant. [134] Le mode picaresque semble d'autre part propice à la description du monde de l'adolescence, puisqu'il fait une large place à l'imaginaire, aux élans passionnés mais aussi au ridicule. Camille et Joëlle n'ont pas de nom de famille ; il ne s'agit pas simplement d'un couple apparemment mal assorti d'adolescentes sur la route, mais d'un symbole de la jeunesse en route vers l'âge adulte :

> "Là, j'étais parti sur un road-movie avec deux filles, et je me suis retrouvé dans une espèce d'apocalypse de la pensée". [135]

Le film abonde en symboles, métaphores et références, et aborde, sous la forme d'oppositions, d'associations et de contrastes, une série de thèmes liés à la jeunesse, à la formation de l'identité, au sens de l'existence :

La vie/la guerre et la mort
L'amour et l'innocence/la science, la maladie, l'exploitation
L'adolescence/l'âge adulte
Les émotions, le spontané/le construit, Hollywood
Le rêve/la réalité

L'éventail thématique est large, mais l'approche est particulière puisque ce film met en scène deux personnages féminins. *Merci la vie* n'est pas le récit de n'importe quel voyage d'initiation.

C'est peut-être ça le sujet du film : la liberté. C'est d'abord ce qui mène les deux filles : le goût de l'aventure, l'envie forcenée de vivre libre... Mais l'aventure a souvent un goût de tristesse, de mélancolie. La mélancolie et la mort sont au coeur même de ce film. [136]

Si le récit est parfois drôle, mais plus souvent cruel, c'est que, fantaisistes ou non, les aventures des deux adolescentes se déroulent non seulement dans un monde d'adultes, mais surtout dans un univers patriarcal, avec ses règles, ses modes de représentation, ses normes. Malgré la distance que crée son

---

134. Notamment célébrée par Barthes à travers le personnage de Charlie Chaplin : Roland Barthes, *Mythologies*, Paris : Seuil, 1957.
135. B. Blier, entretien avec Serge Toubiana, p. 26.
136. B. Blier, *Cahiers du Cinema,* p. 26.

parti pris de dérision, le réalisateur a néanmoins le mérite de reconnaître et de prendre en compte le poids oppressant du mythe de la féminité, l'importance des processus de représentation, du regard et de 'l'objectification'. Comme le remarque Sue Harris :

> " (...) Blier fait preuve de compréhension et de sympathie vis-à-vis de la condition de la 'femme libérée' au sein d'un monde qui reste, en apparence en tout cas, un monde masculin. Lorsqu'il traite de misogynie - un thème récurrent dans ses films - il me semble qu'en fait, il dénonce une misogynie qui imprègne les relations contemporaines entre hommes et femmes, explorant la question *visiblement*, ce qui est rare dans un monde du cinéma dominé par les hommes. " [137]

Le film ne présente pas une image unique de la jeune fille, un modèle, puisqu'il tourne autour de deux personnages qui sont très contrastés, et souvent imprévisibles. Ainsi, comme on va le voir, si Joëlle, qui a une 'histoire', est consciente d'être un *objet* de séduction et déjà 'prisonnière de l'image', ce n'est apparemment pas le cas de Camille. Pour différents, les personnages de Blier n'en sont pas pour autant de simples opposés - la naïve et la rouée. Non seulement les personnages sont complexes, mais leur relation présente un rare cas de figure au cinéma : l'amitié féminine.

### « Laurelle et Hardie »

Toubiana compare les héroïnes de *Merci la vie* à Laurel et Hardy :

> "La grande Charlotte, boudeuse, au jeu intériorisé. La ronde, plus pulpeuse Anouk, offerte au monde, extravertie." [138]

Charlotte Gainsbourg est grande et mince, avec les traits encore hésitants et l'expression maussade de l'adolescente. Anouk Grinberg par contre, avec ses formes rondes, et malgré

---

137. Sue Harris, '*Image, Position, Performance : Misogyny and the female subject in the films of Bertrand Blier*', in *Bertrand Blier and misogyny*, p. 16.

138. Toubiana cite des personnages masculins : comme on en discutera plus loin, les exemples de duos féminins sont en effet beaucoup plus rares.

sa voix et son visage enfantins, a une apparence plus conventionnellement 'féminine'. Le jeu des deux actrices, bien qu'elles jouent toutes deux avec naturel, est également contrasté, en correspondance avec la personnalité attribuée aux deux jeunes femmes en tant que comédiennes et en tant que vedettes : comme toujours, le jeu de Charlotte Gainsbourg, basé sur l'intériorisation, ne semble pas intentionnel ; Anouk Grinberg par contre, une actrice ayant une longue expérience du théâtre, a un jeu plus délibéré et parfois consciemment forcé : à la fin du film, dans la scène où le réalisateur lui demande d'être plus dramatique, Joëlle semble se mettre à pleurer sur commande. En dépit du contexte très souvent irréel, toujours ambivalent, et malgré ce que les apparences physiques, en terme de cinéma, laisseraient croire, les deux personnages sont plus complexes qu'il ne semble de prime abord. Forbes observe que Blier :

> " ... renverse les conventions selon lesquelles, au cinéma, le physique et le psychologique se correspondent. Au cinéma, il va de soi que le corps est l'expression de l'esprit et que dans le cas contraire, c'est-à-dire quand un personnage se déguise, la déviation est rendue manifeste. [139] "

Dans le cas des *Valseuses* par exemple, Depardieu, malgré son apparence plus masculine et sa stature, joue un personnage plus vulnérable que celui qu'incarne P. Dewaere, malgré la fragilité apparente de ce dernier. [140]

Le fait que le jeu sur les apparences ne soit pas aussi net dans le cas des héroïnes de *Merci la vie* est peut-être une indication de la force des conventions lorsqu'il s'agit de représentation féminine : c'est bien la 'pulpeuse' Joëlle qui se montre plus sensuelle. C'est plutôt dans l'approche psychologique des personnages que les apparences premières sont trompeuses : Camille vouvoie, Joëlle tutoie ; Camille est une jeune fille-enfant qui a du mal à quitter l'adolescence (elle a notamment passé, et raté son baccalauréat trois fois), et elle réside dans l'appartement du bord de mer de ses parents petits-

---

139. Jill Forbes, *French Cinema after the New Wave*, London : BFI, 1992, p. 176.
140. *Ibid.*

bourgeois. Joëlle est une “fille perdue”, un personnage Peter-panesque, qui n’a pas de famille, pas de maison, mais qui a roulé sa bosse, qui connaît la rue et les hommes. Pourtant, c’est aussi cette dernière qui se révèle romantique, naïve et vulnérable, cependant que Camille, plus méfiante, tend à la protéger.

Les différences de comportements et les réactions parfois imprévisibles servent aussi à souligner ce que les deux héroïnes ont en commun : leur jeunesse, autrement dit, leur mal-être et leur désir de vivre. La première fois que Joëlle apparaît, elle est vêtue d’une robe de mariée. Un peu ridicule, elle semble aussi très vulnérable, une vulnérabilité soulignée par le jeu de la caméra, lorsque, après le départ de l’agresseur, sa silhouette isolée et sans vie est cadrée en plan large, perdue au milieu d’un espace ouvert et désertique. L’apparition de Camille est également mise en scène avec soin. La jeune fille surgit de derrière une dune de sable, et pendant un instant, seuls sa tête et le haut de son torse sont visibles, environnés de vagues, de ciel et de sable. Avec ses longs cheveux flottant au vent, elle ressemble un peu à une Vénus sortant des eaux. Pourtant, leur rencontre permet aux deux personnages d’échanger des premières répliques qui n’ont rien de romantique ou de tragique. De son halo de tulle blanc, Joëlle traite Camille de “grosse conne”, et Camille - qui vient de jeter sur Joëlle un casier de poissons morts - déclare qu’elle ressemble à un poulpe. Les mouettes leur font un public moqueur. Presque immédiatement, *Merci la vie* illustre donc les contradictions inhérentes à la jeunesse et que partagent ses deux personnages. Les deux jeunes filles sont à la fois gracieuses et maladroites, et font preuve de la même brusquerie - une agressivité superficielle qui évoque plutôt la timidité et la peur de l’autre qu’une véritable violence.

Certes, les aspirations des deux filles diffèrent radicalement, et sous-entendent des milieux sociaux différents : Joëlle veut une robe de mariée, Camille veut réussir ses examens. Tandis que dans son univers sépia, Joëlle émerge brutalement d’un rêve romantique et cliché - le mariage en blanc - Camille, qui s’abîme dans une rêverie boudeuse, vit dans un monde en couleur. Mais Camille porte des vêtements aux couleurs de l'univers de Joëlle et arbore, elle aussi, les signes de rêves révolus - ceux d'une jeunesse rebelle qui, après 68, a abandonné ses idéaux au profit de la société de consommation ; si elle pousse un chariot de supermarché, comme des années plus tôt, les héros anarchistes des *Valseuses*, ce chariot est plein de boîtes de poudre à laver ; quant à l'ancien loubard, Depardieu, il joue désormais le rôle d'un médecin arriviste et corrompu.

Si Joëlle et Camille n'ont pas la liberté d'action de leurs prédécesseurs des *Valseuses*, ce n'est pas seulement dû à leur sexe, mais aussi parce que leurs aventures ont le SIDA en toile de fond. Les héroïnes de *Merci la vie* sont donc prises au piège entre des idéaux qui s'effritent : l'idéal illusoire du bonheur petit bourgeois, (l'appartement en bord de mer, le baccalauréat, l'ennui, et les parents qui ne s'aiment plus), et l'idéal romantique, avec ses corollaires - l'exploitation de la femme et la maladie. Ce qui unit les deux personnages de *Merci la vie* c'est, malgré tout, leur curiosité, leur désir d'aventures, et surtout leur habileté à partager un même imaginaire.

Les films qui traitent d'amitié masculine abondent. Par contre, l'amitié féminine est rarement mise en scène. Molly Haskell, puis Lucy Fischer, ont souligné que l'absence de ce motif est un bon indice de la différence de traitement des sexes au cinéma. [141] En outre, alors que dans le cas des hommes, les relations d'amitié sont valorisées, elles sont représentées comme risibles ou triviales dans le cas des femmes. Fischer, qui fonde son analyse sur une étude de Lillian Rubin, déclare catégoriquement :

> " Les stéréotypes sont faux : les relations d'amitié entre femmes sont plus communes et plus profondes que les amitiés masculines. Le dénigrement de l'amitié féminine à travers les images négatives

---

141. Molly Haskell, *From Reverence to Rape : the Treatment of Women in the Movies*, Baltimore : University of Chicago Press, 1974. Lucy Fischer, *Shot counter shot,* chapitre 7, '*Female friendship*, p. 217.

qui circulent résulte de la projection, par les hommes, du malaise qui marque l'amitié masculine. »[142]

D'après Rubin, le succès des relations amicales féminines s'explique notamment par les expériences de la petite enfance, et la répression de l'esprit de compétition. Pourtant, parmi les stéréotypes qui accompagnent la représentation de l'amitié au féminin, le thème de la jalousie et de la compétition pour un homme est celui qui revient le plus souvent. Les héroïnes de *Merci la vie* semblent échapper à ces clichés : leur première aventure consiste littéralement à 'partager' un homme, et à ce point du film, le lien d'amitié prend nettement le pas sur la possibilité d'une romance hétérosexuelle. D'ailleurs, Camille exprime clairement son souhait au début du film : c'est bien d'une *amie* dont elle a besoin : " Reste avec moi. T'es la copine que j'attendais. Comme un cadeau tombé du ciel".

Les escaliers pour mettre en scène la mise en place d'un rapport d'égalité et de confiance : les filles commencent par se suivre, et finissent par s'asseoir sur la même marche. Blier déteste le sentimentalisme : la déclaration d'amitié de Camille est un peu ridicule, et se fait sur fond de violons. Il n'empêche que dans cette première partie du film en particulier, le réalisateur ne cesse, par le cadrage et les mouvements de caméra, de souligner le lien de complicité qui s'établit entre les deux personnages, multipliant notamment les plans moyens ou les gros plans des deux visages ensembles. Ce que *Merci la vie* illustre remarquablement, c'est la capacité qu'ont les deux héroïnes à ouvrir la porte de leur imaginaire et à le faire partager : c'est d'abord Camille qui suggère une amitié, plaidant à l'oreille de Joëlle ; c'est ensuite Joëlle qui éveille la curiosité de Camille, murmurant par dessus son épaule, sur la terrasse. Ainsi, les deux univers, sépia et coloré, entrent en collision et fusionnent, et Camille s'emploie ensuite à empêcher Joëlle de dériver, de glisser hors du cadre.

142. Lucy Fischer, p. 217. Lillian B. Rubin, *Just Friends*, New-York : Harper & Row, 1985.

## L'espace transitionnel...

*Les 400 Coups* reste une référence incontournable dans le domaine du cinéma de l'adolescence, et malgré la complexité kaléidoscopique du récit de *Merci la vie*, lorsqu'on analyse la manière dont le film construit un espace multiforme, on ne peut s'empêcher d'évoquer le film de Truffaut. Dans son étude sur *Les 400 Coups*, Anne Gillain se base sur la problématique de l'espace potentiel établie par D.W.Winnicott - une problématique que reflète également *Merci la vie* :

> " La clef de voûte de la réflexion de Winnicott est sa théorie de l'espace transitionnel. (...) L'espace transitionnel est un lieu potentiel, situé entre réalité intérieure et réalité extérieure dont la constitution, au cours de l'enfance, détermine le futur de notre rapport au monde. " [143]

La mise en relation de la réalité du dedans et de la réalité du dehors, explique Winnicott, crée une tension que l'être humain ne peut soulager qu'à travers l'existence d'une "aire intermédiaire d'expérience" : l'espace du jeu au cours de l'enfance, de l'imagination et de la créativité chez l'adulte.

Dès le début de *Merci la vie*, qui commence sous le signe de la dilatation spatiale, le film joue sur la désorientation du spectateur, et crée un espace ambigu, à la croisée du rêve et de la réalité, de l'espace diégétique ou non, du monde de l'enfance et du monde adulte.

Les premières images nous montrent Joëlle en train de se faire battre par un homme. En dépit du tragique de la situation, exalté par la composition dilatée de l'image, l'ensemble sonne délibérément faux. Filmée d'abord en plan très large, la scène se déroule au centre de l'image, et à la *croisée* de deux routes désertes et poussiéreuses, sur fond d'horizon montagneux - un décor de film d'aventure, où l'aventure a tourné au cauchemar. La violence de la scène et le contexte évoquent à la fois le *western* et le *road-movie*, à la manière du cliché : les personnages sont isolés dans le vaste paysage, et un unique pylône rompt l'horizontal de la composition de l'image,

---

143. Anne Gillain, *Les 400 coups*, Paris : Nathan, 1991. D.W. Winnicott, *Jeu et réalité : l'espace potentiel*, Paris : Gallimard, 1975.

baignée d'une teinte sépia, comme une vieille photographie. Du champ spatial 'cruellement' [144] immobile naît une impression d'irréalité : la profondeur de champ n'est qu'une illusion - avec un peu d'attention, le spectateur s'aperçoit vite que l'horizon est un décor peint. De même, Joëlle est "déguisée", elle n'est qu'une "mariée pour rire", et malgré son costume, elle ressemble encore à une enfant. L'autre par contre, le mauvais type, appartient tout entier au monde des adultes : il n'est pas là pour "rigoler".

D'entrée, *Merci la vie* s'éloigne des conventions temporelles et spatiales. Non seulement ce plan général d'ouverture, ou *establishing shot*, censé nous situer le récit, est un 'faux', mais le film commence par une 'scène de fin' : avant de s'effondrer, Joëlle prononce, comme s'il s'agissait de ses derniers mots : "Merci beaucoup les mecs. Merci... *Merci la vie*". Sur ce, le générique de début commence à se dérouler sur l'écran.

Contrairement à l'uniformité des tons et au manque d'éclat de la première scène, la suivante nous plonge dans un univers en mouvement, un univers d'aquarelle aux couleurs contrastées : le jaune du sable, le bleu de la mer et du ciel, et le mouvement des vagues composent le cadre. Dans ces premières images, rien n'indique au spectateur ni l'échelle du cadrage, ni la présence de Camille, qui émerge de derrière une dune, toute proche. Le ciel et la mer se partagent l'écran : par-delà le sentiment d'infini (donc, aussi, d'indéfini) évoqué par la confusion des éléments, ces images témoignent du lien poétique qui lie l'enfance avec la mer, [145] symbole à la fois du maternel et de l'aventure. A l'atmosphère plutôt morbide du tout début succède une impression de liberté (le vent souffle dans les cheveux de Camille), renforcée par la présence d'un hors-champ (une vaste étendue de plage ?) rendue plus sensible par le travelling arrière de la caméra le long d'une palissade qui nous sépare du personnage.

---

144. L'expression est de H. Agel, *l'Espace cinématographique*, Paris : Editions Universitaires, 1978, p. 58.
145. Henri Agel, p. 113.

Or, si ces deux mondes - l'un Sépia, l'autre coloré - qui vont bientôt entrer en collision, ne sont pas sans points communs, c'est que dans l'un comme dans l'autre cas la composition est minimaliste, fondée sur quelques éléments qui créent des lignes horizontales ou verticales. Dans les deux séquences qui suivent la rencontre des deux filles, le décor devient de plus en plus cubiste : les bâtiments modernes de la station ressemblent à un jeu de cubes en béton, et les mouvements à angles droits de la caméra se font l'écho de ce décor. Les scènes suivantes sont dominées par la présence de l'escalier qui mène à l'appartement de Camille, un escalier jaune vif qui se découpe en lignes aiguës sur le ciel tout bleu comme dans une peinture abstraite. Cet escalier ajoute à l'atmosphère d'irréel et de théâtralité, et surtout, il est un symbole privilégié du transitionnel :

> " (...) lieu transitoire de ponctuation et lieu de scène, chemin spatial et parcours temporel, enfin volume à plusieurs directions. Sa fonction 'd'espace trajet' domine ainsi largement celle 'd'espace cadre' puisque même lorsqu'il est le cadre d'une action, chute, révélation, séduction, cette action est l'expression d'un trajet, physique ou symbolique, à l'intérieur du cadre de l'escalier et le dépassant. La façon de filmer l'escalier permet au cinéma de construire l'espace représenté, mais aussi l'espace imaginaire et symbolique du film. C'est un lien de continuité à la fois entre les segments, pour l'action qu'il met en place et pour les personnages qu'il relie, le monter ou le descendre, se situer sur son échelle de gradation est, comme le mouvement de caméra qui souvent accompagne ce déplacement, un montage spatial vertical et temporel vers le devenir. " [146]

Comme le labyrinthe des couloirs déserts et ensablés que parcourent plus tard les personnages, l'escalier est donc une passerelle entre deux niveaux de fiction, le signe d'un devenir ou d'une initiation, et l'image semble hésiter entre la couleur (lorsque Joëlle monte l'escalier), et le monochrome (lorsqu'elle prend peur et dévale les marches dans l'autre sens).

---

146. Odile Bächler, *En montant l'escalier*, *IRIS* n°12, *Architecture et Cinéma,* p. 93.

L'idée du 'zapping' enfin, l'idée du croisement, de la collision entre différents niveaux de réalité, entre le monde adulte et le monde de l'enfance, est reprise comme une métaphore filée par certains éléments visuels : les changements de coloration, mais aussi les lignes électriques qui s'entrecroisent dans le ciel, ou le carrefour des routes où Camille découvre Joëlle, et plus tard, les courts-circuits provoqués par les deux filles lorsqu'elles assiègent le jeune peintre en bâtiment.

Par-delà la performance esthétique, le contexte est d'autant plus important que les personnages qui s'y meuvent sont des personnages féminins. L'espace créé pour les scènes que je viens d'évoquer est un espace inquiétant, aux lignes tranchantes et aux angles aigus. Il s'agit cependant d'un espace du possible, qui ne définit pas d'emblée les personnages et qui ne se limite pas au cadre.

> "Par son ambiance", expliquait l'architecte Robert Mallet-Stevens, "le décor définit les individus qui y vivent ; la peinture, les meubles, les bibelots expliquent le personnage". [147]

Dans les sobres décors des premières séquences, les deux personnages apparaissent isolés et restent 'indéfinis', tout juste esquissés. De rares détails signalent pourtant l'existence d'une réalité très familière - le chariot de supermarché, les paquet de lessive, la robe de mariée, les escarpins blancs à talons - mais hors de contexte, semblent déplacés. Dans l'univers d'une adolescente, comme dans une station balnéaire à la morte saison, ces objets-clichés, qui, dans nos sociétés, délimitent conventionnellement l'univers de la 'Femme', n'ont pas de fonction ou d'existence véritable. Le chariot de Camille sert à promener des mouettes, Joëlle marche pieds nus et sa robe de tulle ressemble plus à un tutu de ballerine qu'à une robe de mariée. Débarrassées de ces symboles patriarcaux (Camille prête à Joëlle un T-shirt et un short), en liberté dans un espace transitionnel, il semble donc possible que ces deux

---

147. R. Mallet-Stevens, *'le Décor'*, 1929, reproduit dans *IRIS* n°12, *Architecture et Cinéma*, p. 130.

personnages, quoique féminins, aient le pouvoir de 's'inventer' (ou, dans le cas de Joëlle, de se réinventer).

## ... ou les sortilèges d'un horizon bouché

Si le film commence sous le signe de la dilatation de l'espace, l'univers qui est créé n'a cependant pas grand-chose à voir avec celui aventureux et optimiste des romans d'aventure pour adolescents. Malgré ses aspects picaresques et comiques, *Merci la vie* est un film sombre, où les rues tortueuses d'une petite ville de province remplacent vite l'horizon ouvert de la plage. Henri Atgel, décrivant le décor claustrophobique du film de Bertolucci, *La Stratégie de l'Araignée* (1970), compare le décor de rues étroites avec le "provincialisme veule" dénoncé par le film. [148] Dans *Merci la vie*, les rues humides de la ville n'ont pas l'aspect ludique du labyrinthe de couloirs ensablés que parcourent les deux filles au début de l'histoire. L'impression de claustrophobie que construit le réalisateur est renforcée ici non seulement par l'atmosphère nocturne, mais par le thème de l'interrogatoire, de la complicité et de la trahison que le réalisateur développe parallèlement avec le thème de la guerre et de l'occupation : tandis que le docteur, de dos, dirige sur eux le faisceau de sa lampe de bureau, les citoyens sont 'interrogés' un par un, légèrement en plongée, et en plan rapproché.

Au fur et à mesure que le film se déroule, l'espace se peuple de symboles de la fatalité : l'horlogerie, la gare, les rails du chemin de fer le long desquels les résistants s'enfuient, le train des prisonniers... Le décor du film qu'on tourne dans la petite ville est une dangereuse illusion, et même l'escalier du début est à la fois symbole de transition et symbole de destin, (...) l'inexorabilité de ce devenir est inscrite dans la structure de l'escalier comme dans celle du film. [149]

Blier essaie de représenter en images les zones troubles de l'inconscient, du rêve, du désir. Le film trahit l'intérêt que porte le réalisateur au surréalisme, et son admiration pour l'oeuvre de

148. Henri Agel, p. 92.
149. Odile Bächler, p. 93.

George Bataille en particulier. Indissociable de la destinée des personnages, le désir est ici représenté comme la force anarchique qui oppose l'être humain aux règles et au contrôle social.

L'importance avouée du rôle joué par le désir n'implique cependant pas nécessairement l'abandon des rapports de pouvoir et d'oppression. Profondément, les éléments symbolisant la fatalité, présents dans tous les niveaux de fictions, dénoncent l'impression première de narration et d'espace débridés : derrière le récit picaresque se cache une 'méta-narration' à travers laquelle le réalisateur contrôle la destinée de ses personnages, et où émergent finalement les tendances réactionnaires du discours et des stratégies de représentation des sexes.

## Oedipe ou le romantisme pervers

Dans certains de ses essais sur le cinéma, Christian Metz décrit comment le film de fiction classique crée un univers proche du rêve, où l'inconscient peut s'exprimer selon les schémas identifiés par la psychanalyse. Ces schémas sont aussi en partie le reflet de la société patriarcale dans laquelle ils sont construits, et la critique féministe s'est attachée à prouver comment ils servent à renforcer ou à maintenir les valeurs de cette société. Dans le cinéma hollywoodien par exemple, les stades de l'Oedipe tendent à être recréés au profit du spectateur masculin : la réalisation du manque - qui correspond à la séparation d'avec la mère - la poursuite et la possession d'un nouvel objet de désir (la Femme) qui comblera ce manque. La possession de la femme est donc montrée comme une condition de la construction de l'identité masculine. Dans cette configuration, l'identité féminine est définie par rapport à, et comme complémentaire de l'identité masculine ; l'existence de la femme est dépendante de sa reconnaissance par un homme, en commençant par le père.

Depuis l'article de Laura Mulvey, les critiques se sont préoccupés, en se basant sur des analyses psychanalytiques, d'exposer les pratiques cinématographiques qui, dans le contrôle de l'espace et du regard notamment, reflètent les stratégies mises en place pour renforcer la prééminence d'une identité dite masculine sur une identité dite féminine. Ces stratégies sont d'autant plus efficaces que les films ont également colonisé la culture de romance, et que, comme le signale notamment Shulamith Firestone, l'amour romantique est devenu un composant essentiel des schémas de pouvoir et de dépendance caractéristiques de nos sociétés occidentales :

> " L'idéologie de l'amour romantique a été créée pour renforcer un état d'inégalité socio-économique qui se désintègre. " [150]

Une opinion dont le réalisateur Rainer Werner Fassbinder s'est fréquemment fait l'écho :

> " L'amour est le plus efficace et le plus insidieux des instruments de répression sociale. " [151]

*Merci la vie*, présenté comme un exemple de cinéma anticonformiste, se veut l'illustration d'une utilisation du médium qui échappe à la normalisation du désir. Comme on va le voir, le film dénonce sans vergogne, à travers les déboires du personnage de Joëlle notamment, les pièges du romantisme. Le réalisateur cherche à exprimer visuellement le désir lorsqu'il n'est ni banalisé, ni refoulé, ni 'résolu' (contenu et contrôlé par l'histoire comme dans le cinéma classique). *Merci la vie* peut être vu comme une exploration de la possibilité d'un cinéma qui, comme le rêve, ne connaît ni le tabou ni la négation. Ainsi les scènes de violence et de torture, imprégnées d'un surréalisme à la George Bataille, et infligées aux personnages masculins comme féminins, peuvent être comprises comme la marque du franchissement d'une frontière, et de l'entrée dans un domaine du fantasme où la dégradation peut être une forme de transcendance. Linda Williams remarque que dans le cinéma surréaliste :

> " La violence physique est utilisée comme catalyseur, afin de créer des formes de violence textuelles, d'engager un processus de développement de la vision intérieure. " [152]

---

150. Shulamith Firestone, *The Dialectics of Sex*, London : The Women's Press, 1972, p. 139.
151. Rainer Werner Fassbinder, dans '*Six Films by Douglas Sirk*', *New Left Review*, n° 91, juin 1975, p. 92.

Par-delà le jeu des images ostensiblement outrageantes ou dégradantes, le film se présente ainsi comme une exploration des discours et des représentations des sexes à travers le langage cinématographique même. Ostensiblement, le film adresse les questions touchant au contrôle de l'espace, au regard et à leurs corollaires psychanalytiques : le thème revient comme un leitmotiv, à travers les mouvements de caméra et directement, sous la forme d'un voyeur, d'un miroir, d'une caméra, jusqu'à la scène de torture où l'oeil du père est arraché. Le film s'attaque donc explicitement à la problématique de la féminité et de la représentation et, puisqu'il met en scène des jeune filles, à la question du développement d'une identité féminine dans un monde dominé par l'image.

### A la poursuite du voyeur

*Merci la vie* ne résulte pas simplement dans la création d'un espace complexe : la relation des personnages principaux avec l'espace changeant où ils se meuvent est tout aussi complexe que cet espace lui-même, et l'étude de ces relations d'après les principes établis par Laura Mulvey [153] produit des conclusions à la fois complexes et ambiguës.

Dans son interview avec Serge Toubiana, Blier souligne que le scénario fourni aux actrices était suffisamment imprécis pour qu'elles aient souvent la possibilité d'improviser dans la mise en scène. Il n'a pas non plus hésité à jouer sur le placement et la fixité du cadrage pour désorienter et surprendre le spectateur condamné à imaginer un hors-champ qui lui échappe. La caméra ne suivant pas nécessairement les déplacements des personnages, ce sont alors les personnages qui *entrent* dans le champ, souvent de manière imprévisible. Dans un plan du début du film par exemple, le chariot qui contient Joëlle entre dans le cadre par la droite, alors que dans le plan suivant,

---

152. Linda Williams, *Figures of Desire, A Theory and Analysis of Surrealist Film,* Chicago and London : University of Illinois Press, 1981, p. 101.
153. Laura Mulvey, '*Visual Pleasure and Narrative Cinema*', *Screen* 16/3, automne 1975.

Joëlle, et Camille qui pousse le chariot, entrent par la gauche de l'écran.

Pour leur première aventure commune, les deux héroïnes de *Merci la vie* se lancent à la poursuite d'un mystérieux voyeur, qu'elles terrorisent et traquent à travers les couloirs désertés d'un bâtiment en construction. Elles finissent par 'coincer' leur proie - un jeune peintre-décorateur - sur un lit, où elles entreprennent de le séduire. La scène semble venir en contrepoint des premières images où Joëlle se fait battre par un de ses amants : ici, comme le jeune homme semble résister, Camille le 'calme' d'une gifle. Finalement, le garçon propose d'emmener danser les deux amies, et admet qu'il est amoureux de Camille. Les trois personnages sont transportés dans un bal populaire des années 1930, où Camille encourage le jeune homme à faire la cour à Joëlle. Plus tard, chacune leur tour, les filles observent, ou font l'amour avec le garçon dans une voiture - Joëlle avec expérience, Camille par curiosité. Lorsque le jeune amoureux propose de les accompagner dans leurs aventures, les filles refusent en expliquant que ce serait trop dangereux pour lui. Tandis qu'elles s'éloignent sur la plage, le jeune homme reste immobile et les regarde partir. Comme l'a remarqué Mulvey à propos du cinéma classique, c'est le personnage masculin qui, d'habitude, s'approprie l'espace et initie les actions, cependant que le personnage féminin est dans le rôle passif d'objet du désir de l'homme, l'objet à découvrir, à poursuivre, à contrôler et à posséder. Or ici, et sans qu'il y ait de travestissement (le jeune homme s'étonne d'ailleurs et demande : - Ils sont où ?" - Qui ?" - Les mecs !") ce sont bien les héroïnes qui jouent en quelques scènes l'épisode mythique de la capture.

Mais l'ambiguïté est généralement cultivée dans les films de Blier. Dans un film classique, l'héroïne en pleurs regarderait partir son héros jusqu'à ce qu'il ait disparu à l'horizon. Dans *Merci la vie*, la conclusion de la séquence que je viens de décrire est caractéristique, mais doublement, imprévisible : ayant joué la scène des adieux, le jeune homme hausse les épaules et retourne à ses occupations sans plus de cérémonie...

Un peu plus tard, alors que les deux filles arrivent dans une petite ville endormie, Joëlle fait partager à son amie l'excitation et la sensation de puissance qu'elle tire de cet instant : en arrivant ainsi au petit matin, elle a l'impression de "prendre la ville". Encore une fois, la scène est ambiguë : la remarque de la jeune fille exprime certes un sentiment de conquête, mais elle fait aussi référence au passé sordide du personnage ("prise" par tous les hommes de la ville, qu'elle a laissés contaminés) et, en parallèle, au passé - réel ou fictif - de la ville, c'est-à-dire à l'occupation (la prise de la cité par l'armée allemande aussi appelée, à l'époque, 'la peste brune'). En outre, ce moment est un moment rare : le personnage de Joëlle n'est pas normalement associé à l'appropriation de l'espace. Cet instant de rémission devient possible parce que la ville et ses habitants sont endormis, mais dans le reste du film, le personnage a besoin du regard des autres, celui des spectateurs, relayé par le regard et le désir des personnages masculins dans le film, pour exister.

### Désir et 'objectification'

Ce que suggèrent les deux scènes que je viens d'évoquer, c'est que le film permet de construire un espace suffisamment complexe pour rendre compte des ambivalences inhérentes à la problématique du regard : questions de pouvoir et de contrôle de l'espace, mais aussi double nature de la scopophilie - le plaisir de regarder, et le plaisir d'*être regardé*. [154]

---

154. Depuis L'article de L. Mulvey, les théoriciens du cinéma se sont attachés à l'étude non seulement des questions de pouvoir et de projection des fantasmes dans une société à dominance patriarcale, mais aussi à la double nature de la scopophilie. Voir notamment : Gaylin Studlar '*Masochism and the Perverse Pleasures of Cinema*', in *Film Theory and Criticism*. Mary-Anne Doane, *'Theorizing the female spectator'*, *Screen* n°23, Sept/Oct 1982. Linda Williams, '*When the Woman Looks*', in *Film Theory and Criticism*, p. 561. Laura Mulvey, '*Afterthoughts on Visual Pleasure and Narrative Cinema*', *Framework* n°15, 16, 17, 1981.

Cette dualité, qui reflète la dualité désir/manque, est à l'origine de la narration classique, [155] et par conséquent, comme le signale Theresa de Lauretis, elle est aussi une composante essentielle du cinéma. Ainsi le placement du sujet dans certaines positions de signification et de désir constitue-t-il la base de la narration cinématographique. [156] L'une des audaces de *Merci la vie*, c'est que la mise en scène n'hésite pas à dévoiler les 'dessous' de l'histoire, et si toute narration cinématographique sous-entend un désir, un regard, un voyeur, le voyeurisme selon *Merci la vie* est multiforme, instable. Les personnages de ses films parlent souvent à la caméra ; c'est le cas dans certaines scènes de *Merci la vie*, comme c'était le cas dans *Trop belle pour toi* par exemple, lorsqu'un Depardieu irrité se tourne impatiemment vers le public pour signaler que le film est fini. Le réalisateur n'hésite donc pas à interpeller le spectateur-voyeur confortablement installé dans la pénombre et l'anonymat de la salle de cinéma. Dans les premières scènes de *Merci la vie,* la caméra, relais du regard du spectateur, se fait voyeur. Mais plutôt que de rendre la présence de la caméra aussi imperceptible que possible, le réalisateur nous en rappelle subtilement, mais constamment, l'existence. Le point de vue est donc rarement celui d'un personnage en particulier, les filles sont observées de l'extérieur et souvent à distance. Lorsque Camille apparaît pour la première fois dans les dunes, elle est filmée de derrière une palissade. La caméra suit le parcours sinueux de la barrière, disparaît derrière de temps à autre, perdant parfois de vue Camille, comme si l'objectif devait rester caché de la jeune fille. Dans la suite du film, comme on va le voir, *Merci la vie* n'hésite pas à dénoncer les effets pervers de l'image et du cinéma, dont le personnage de Joëlle devient la victime. D'une certaine manière, malgré son 'mal-être', l'adolescent - puisqu'il/elle se transforme encore - n'est pas encore fixé dans un corps et une image finis, garde un peu de cette plénitude et de cette insouciance dont a joui l'enfant

155. Roland Barthes *S/Z*, Paris : Editions du Seuil, 1976, p. 88. ("A l'origine de la narration, le Désir")
156. Theresa de Lauretis, *Alice Doesn't : Feminism, Semiotics, Cinema*, Indiana University Press, 1984, p. 133.

avant le stade du miroir. Mais s'il y a nostalgie d'un univers sans systèmes de représentation, où les individus - les femmes en particulier -, seraient libres de s'inventer, cet univers préexiste au cinéma et à la télévision. Il serait illusoire de penser que, parce que les personnages sont seuls dans leur univers diégétique, cet univers est 'innocent' : avant même qu'elles n'aient découvert un voyeur dans le film même, les jeunes filles sont déjà 'sous observation', transformées en objets par le regard des spectateurs ; comme le remarque cyniquement Joëlle :

> "Deux filles sur une terrasse, n'importe lesquelles, même des tartouilles et des bigleuses, y'a forcément un mec qui mâte".

La scène suivante montre cependant que le réalisateur est tout aussi attentif à ce que Gaylin Studlar décrit comme "les plaisirs pervers du cinéma". [157] Le film n'est pas un réquisitoire sur la réification ou l'*objectification* par le regard : en accord avec la définition de Roland Barthes, [158] certaines séquences de *Merci la vie* semblent avant tout destinées à rappeler au spectateur que le désir est à l'origine de la narration.

La scène se passe sur la terrasse de l'appartement où vit Camille. Les couleurs sont chaudes et l'atmosphère est paisible. Les séquences précédentes nous ont montré que les alentours étaient déserts ; pourtant Joëlle, qui est en train de se sécher les cheveux, remarque soudain : "Ça doit leur faire plaisir comme scène, à tous ces dégueulasses". La scène joue ensuite sur l'ambiguïté de la remarque : comme le souligne Camille, "Y'a personne à dix km à la ronde" ; or, comme auparavant dans les dunes, la présence de la caméra devient alors plus sensible. Tandis que les deux filles cherchent à localiser le voyeur potentiel, on passe progressivement d'un plan rapproché à un plan d'ensemble, qui inclut finalement un pan de mur, comme si l'objectif s'éloignait et se dissimulait pour ne pas être repéré. Pendant ces quelques instants, par l'intermédiaire de la caméra ce sont donc bien les spectateurs qui sont décrits comme les "dégueulasses", les "amateurs de croustillant". Même lorsque

---

157. Gaylin Studlar, p. 773.

158. Roland Barthes, *S/Z*.

les deux filles localisent précisément le voyeur du bâtiment voisin, l'ambiguïté demeure, car la caméra ne reflète jamais le point de vue des personnages, mais reste au contraire dans un rôle d'observation. L'ambiguïté est accrue par l'attitude de Joëlle, qui contredit ses remarques. Malgré le mépris qu'elle affiche pour les voyeurs, elle n'en est pas moins visiblement excitée à l'idée d'être observée. En fait, la scène semble suggérer que ce voyeur n'est peut-être que le produit de l'imagination de Joëlle, un fantasme auquel elle donne forme pour tromper l'ennui : afin de prouver à Camille l'existence du soi-disant voyeur, elle se 'met en scène', s'offre au regard, jusqu'à ce que ce regard se matérialise. A la fin de la scène, lorsque Joëlle demande à son amie « Et, dans la fenêtre ouverte, est-ce que tu le sens, le mateur ? », elle ne prend même pas la peine de regarder dans la direction indiquée. Lorsqu'enfin Camille se laisse convaincre et commence à y croire, Joëlle a réussi à susciter le désir et la curiosité, elle a amorcé le début d'une histoire et elle murmure à l'oreille de Camille : "Tu la sens, l'histoire qui s'accélère ?".

La séquence que je viens de décrire est caractéristique du réalisateur et de son amour de la contradiction, et peut être sujette à de multiples interprétations. Malgré le ton ironique et le contexte irréel, le fait que Joëlle s'offre ainsi aux regards (elle prend des poses aguichantes, et marche d'un bout à l'autre de la terrasse, comme sur une scène, ou, étant donné la présence des barrières qui délimitent la terrasse, comme dans un zoo...) est discutable, puisque cela suggère une décision du personnage féminin, qui engage elle même et sans nécessité apparente, le processus de sa propre 'objectification'. Dans son étude sur 'l'objectification' et le regard, informée par les écrits de Mulvey et Gledhill, Gaylin Studlar insiste sur la double nature de la scopophilie. Elle rappelle non seulement qu'il y a plaisir à regarder et à être regardé, mais que ces deux plaisirs scopophiliques sont ouverts aux femmes comme aux hommes. [159] Reprenant à son compte le principe de résistance

159. G. Studlar, p. 783. L'auteur prend comme exemple certaines scènes de *Morocco*, où le personnage joué par Gary Cooper se soumet

établi par Michel Foucault, l'auteur souligne aussi que, dans une société patriarcale où le désir, l'image et le regard sont 'confisqués' au profit des hommes, le fait de soutenir ou d'initier le regard est une preuve de 'résistance', la possibilité (pour la femme) de mettre en question sa propre 'objectification'.[160] Or, les deux héroïnes de *Merci la vie* ne se contentent pas de renvoyer le regard, elles se lancent littéralement à la poursuite du voyeur, qu'elles finissent par piéger.

*Merci la vie* place d'ailleurs régulièrement ses personnages principaux dans le rôle d'observateurs : ainsi, au bal, Camille, qui préfère danser seule, regarde danser Joëlle et le jeune peintre en bâtiment et encourage ce dernier à faire des avances à son amie, comme plus tard, elle encourage son propre père (Camille ayant été transportée jusqu'à une époque antérieure à sa naissance) à faire des avances à sa mère. Lorsque le voyeur se déclare amoureux de Camille, il la contemple, extatique, tandis que les deux filles commentent et l'observent avec curiosité et après le bal, dans la voiture, font de lui un objet d'expérimentation amoureuse. Cette relation triangulaire n'en reste pas moins insatisfaisante car telle est la nature élusive du désir : Joëlle désire le jeune homme, mais lui est amoureux de Camille, et le désir de cette dernière, qui semble attirée par l'un et par l'autre, reste diffus.

La première période d'expérimentation est de courte durée. Très rapidement, le personnage de Joëlle est soumis au processus de réification qui définit le personnage de cinéma féminin conventionnel. S. Toubiana décrit les deux personnages de *Merci la vie* comme "le regard intérieur" (Camille) et le "regard extérieur" (Joëlle). "Joëlle est plus une enfant du Grand Bleu que de Lelouch", explique Blier, "elle est

---

avec plaisir au regard appréciatif de Marlene Dietrich, et souligne l'existence de "désirs et ambivalences antérieurs au stade de l'oedipe, et qui jouent un rôle dans la genèse des pulsions scopophiliques, fétichistes et masochistes".

160. Michel Foucault, *Histoire de la Sexualité*, tome 1, Paris 1977. G. Studlar, p. 783.

fascinée par les lumières, le premier degré du cinéma". [161] En fait, plus on avance dans le film, plus les deux personnages semblent illustrer deux extrêmes de la problématique du regard : Camille résiste à son emprise, elle ne fait pas confiance au producteur de film et trouve le regard ébloui de l'amoureux transi embarrassant et vaguement répugnant. Qu'elle vienne chercher son père, prenne la fuite par la fenêtre, échappe à un amant pervers ou aux soldats allemands, Camille ne se laisse pas facilement enfermer, et accompagnée ou non de Joëlle, ses déplacements restent ceux d'un personnage qui découvre, s'approprie l'espace, initie les actions. Au contraire de Camille, qui apparaît méfiante, Joëlle, malgré son apparente expérience, est un personnage 'pathétique', prêt à tout pour attirer l'attention et l'affection, donc facilement trompé, séduit par ce qui n'est que surface et illusion. L'une des scènes les plus caractéristiques est celle de la vitrine : Joëlle, qui déambule sous une pluie battante, tombe en admiration devant une devanture de magasin de robes de mariée. Séduit par cette apparition, le commerçant libidineux la fait entrer dans la boutique et lui offre une robe. La réification du personnage féminin est poussée jusqu'à la dérision : les spectateurs observent la scène en flash-back et c'est le propriétaire du magasin qui raconte, sa voix off servant de fond sonore aux images qui montrent Joëlle. La situation de voyeurisme - observer sans être vu - n'est pas réaliste et cependant exemplaire : non seulement Joëlle n'est pas présente quand l'histoire est racontée, mais dans le flash-back même, elle est en 'extase' devant la vitrine du magasin et ne semble donc pas avoir conscience d'être regardée. Même après être entrée, elle semble à peine remarquer la présence du commerçant qui lui parle et lui retire son manteau. En outre, comme la caméra filme de l'intérieur du magasin, c'est Joëlle qui se retrouve tout d'abord en 'vitrine', offerte aux regards du commerçant et des spectateurs, mais trop absorbée pour s'en rendre compte. Avec la pluie qui lui coule sur le visage, derrière la vitre, les images évoquent une publicité érotique pour savon de douche, et

161. S. Toubiana et B. Blier, p. 25.

lorsqu'une fois dans le magasin, elle ôte son manteau, Joëlle, qui reste apparemment inconsciente de l'effet produit, en émerge encore plus mouillée, et vêtue d'une combinaison si légère que l'eau l'a rendue transparente.

Joëlle existe par le regard, s'expose à l'objectif (dédoublé, puisqu'il y a un film dans le film) de la caméra et aux regards des hommes (et des spectateurs), et se laisse enfermer dans le rôle de *to-be-looked-at-ness* dénoncé par Mulvey. La première scène s'était conclue sur une image de Joëlle étendue sur le sol, sans vie ; or, à peine rétablie, elle cherche à nouveau à attirer le regard. Bien qu'elle semble parfois à peine au seuil de l'âge adulte, sa propension à se transformer, à s'adapter à l'image qui lui est présentée ou imposée, et à devenir l'incarnation de 'la Femme', en fait vite un objet de désir, un personnage passif et exploitable. Ainsi, le docteur ayant découvert que Joëlle a une maladie sexuellement transmissible (le SIDA probablement), se sert d'elle pour établir sa fortune. Il lui donne l'aspect d'une femme fatale, et lui ordonne de séduire tous les hommes de la ville auxquels il la 'présente' comme on présenterait une pièce de collection. Plus tard, c'est le producteur américain qui la remarque, l'emmène dans une loge, face à un miroir, pour lui proposer un rôle dans un film. Le réalisateur l'exploite ensuite sans vergogne, lui 'vole' ses émotions et ses larmes dans une scène qui est une parfaite illustration non seulement du cinéma comme mensonge, mais à travers le cinéma, de la culture patriarcale telle que la définit S. Firestone, lorsqu'elle souligne que ce sont les émotions des femmes et l'amour féminin qui en nourrissent la machine culturelle : "Les femmes ne sont pas seulement la base émotionnelle de la culture, elles en sont aussi l'inspiration". [162]

## Le romantisme pervers

Les quelques renseignements qui nous sont donnés sur leurs situations, quoique fragmentaires et fantaisistes, sont une base essentielle de la différence entre les deux personnages : Camille est une 'fille à papa'. Elle a des parents qui possèdent une

162. Shulamith Firestone, p. 148.

résidence secondaire, et elle passe ses vacances à la plage. Son père la présente fièrement à ses collègues lorsqu'elle réussit son baccalauréat (en rêve ou en réalité). Il manque à Joëlle, par contre, la sécurité matérielle et familiale ainsi qu'une appartenance sociale, il lui manque une identité concrète - Joëlle est une 'fille perdue'.

La question de la définition freudienne et lacanienne de l'oedipe dans le cas de la petite fille a été discutée plus haut. La petite fille se détache de sa mère pour se définir par rapport à l'homme, construisant son 'identité' sur le concept du manque (du pénis). D'après ce processus, la femme se définit donc *à travers* l'homme, n'existe que par rapport à l'homme, doit être reconnue par lui et dépend de son regard. Encore une fois, ce processus doit être envisagé dans le contexte d'une société patriarcale, dans laquelle la femme s'intègre en renonçant à l'indépendance et au pouvoir (au phallus).

Dans le cas de Camille, une parodie de la phase d'hostilité avec la mère est présentée dans le film lorsque cette dernière l'accuse d'avoir précipité sa décrépitude physique. Au même moment, Camille gagne le respect de son père car elle vient de réussir son bac (ironie ou pas, les deux pôles - le physique et l'intellectuel - sont donc clairement dissociés pour être assignés à l'un et à l'autre des parents). De son côté, Joëlle passe son temps à essayer de gagner la reconnaissance et l'attention d'un homme. Les innombrables amants de Joëlle sont presque tous des hommes d'un certain âge : le film est peuplé de 'pères', et Joëlle s'identifie à leurs fantasmes. De la Lolita à la femme fatale, en passant par la mariée pour rire, Joëlle s'adapte et se transforme pour devenir ce que Lapsley et Westlake dénomment - en français - *la femme* : l'être idéal qui va combler le vide, le 'manque à être' de l'homme. [163] Lorsque le docteur, qui a entendu parler d'elle, décide de retrouver Joëlle, il interroge les hommes qui l'ont rencontrée. Cette série de témoignages sur un personnage apparemment insaisissable lui

---

163. Jacques Lacan, cité par Rob Lapsley et Michael Westlake, '*From Casablanca to Pretty Woman*', dans *Contemporary Film Theory.*

donne un moment cette aura de mystère qui fait du personnage féminin une énigme.

Dans *Le Deuxième Sexe,* Simone de Beauvoir analyse en détail la relation entre complexe de castration (au sens de non-accession au pouvoir) et la différence de conception que l'homme et la femme se font de l'amour.

Enfermée dans la sphère du relatif, destinée au mâle dès son enfance, habituée à voir en lui un souverain à qui il ne lui est pas permis de s'égaler, ce que rêvera la femme, c'est de se confondre avec l'être souverain (...) L'adolescente commence par vouloir s'identifier aux mâles ; quand elle y renonce, elle cherche à participer à leur virilité en se faisant aimer par l'un d'eux ; ce n'est pas l'individualité de cet homme-ci ou de celui-là qui la séduit ; elle est amoureuse de l'homme en général.

Ainsi s'explique, poursuit de Beauvoir, le penchant des femmes pour tout ce qui touche à l'amour, au romantisme, au sentimental :

> " Puisqu'elle est de toutes façons condamnée à la dépendance, (...) elle choisit de vouloir si ardemment son esclavage qu'il lui apparaîtra comme l'expression de sa liberté. Elle posera l'être aimé comme la valeur et la réalité suprême. L'amour devient pour elle une religion ". [164]

Parmi les aspects de la société contemporaine auxquels Blier déclare régulièrement la guerre dans ses films, les conventions bourgeoises et leur corollaire, le sentimentalisme, viennent en première place. Dans *Merci la vie* comme dans ses films précédents, Blier attaque le sentimentalisme à coups de dérision en jouant sur la redondance : il bombarde le jeune homme amoureux d'un halo de projecteur digne du music-hall, et lorsque Camille murmure : "Tu la sens, l'émotion qui passe ?", des violons sirupeux se font entendre en musique de fond. Le langage, vif et souvent cru, est une autre manière d'éviter tout sentimentalisme, comme l'illustre la première réplique de Joëlle, qui vient de se faire pitoyablement abandonner sur la route dans sa robe de tulle blanc : "Mais qu'est-ce que c'est que ce bordel ?"...

---

164. Simone de Beauvoir, *le deuxième Sexe*, Paris, Gallimard, 1949, tome 2, p. 478.

Avant tout, les films de Blier s'attachent à déconstruire les normes établies, particulièrement celles de l'amour romantique et du couple hétérosexuel présentés comme des éléments indispensables à l'existence humaine. [165] L'idée d'un partenaire idéal, avec lequel seront établies des relations privilégiées, et qui comblera le 'manque à être' dont souffre tout humain (et, censément, la femme en particulier), est constamment mise en question dans des films, qui en dénoncent aussi l'hypocrisie : ce sont les conventions comme le mariage qui permettent à la société bourgeoise capitaliste d'ériger ses normes en lois.

Dans la scène du magasin évoquée plus haut, la robe de mariée devient la parfaite illustration d'une culture du recyclage et de l'à peu près symbolisée par l'image télévisée et/ou publicitaire. Pour reprendre le concept du mythe tel que le définit R. Barthes, [166] la fonction et la signification originale du vêtement (mariage, virginité) ont été effacées au profit d'une simple connotation, et derrière la robe blanche, symbole de l'amour romantique, se cache l'un des principes essentiels de la culture bourgeoise et patriarcale : le couple hétérosexuel, officiellement uni, socialement reconnu (à l'exclusion d'autres types de liens), économiquement conforme. Le signe reste un aimant suffisamment puissant pour que Joëlle ne puisse en détacher son regard, malgré sa vulgarisation : il ne s'agit que d'une robe parmi d'autres robes du même genre, un objet de consommation, mis en vente et présenté dans la vitrine d'un magasin spécialisé.

En parfaite contradiction avec les conventions du genre romantique, l'illusion nuptiale est tournée en dérision dès le départ, et *Merci la vie* commence avec une scène très explicite : Joëlle y est bel et bien vêtue d'une robe de mariée, mais elle se

---

165. Dans *Tenue de soirée* par exemple, Blier met en scène deux couples successifs, l'un hétérosexuel, l'autre homosexuel, qui échouent (dans le couple homosexuel, l'un des partenaires prend le rôle conventionnellement réservé à la femme, et le couple connaît les mêmes problèmes qu'un couple hétérosexuel). Le film se termine avec un ménage à trois, où les partenaires se contentent d'*imaginer* une existence meilleure dans laquelle ils élèveraient un enfant.
166. Cf. Roland Barthes, *Mythologies*, Paris : Seuil, 1972.

fait battre et abandonner par un homme. Le genre de la comédie ou du drame romantique est traditionnellement construit autour du désir d'un état de plénitude, de bonheur parfait, [167] et dans le film d'amour conventionnel, cette promesse de bonheur prend la forme du partenaire adapté avec lequel s'établira une relation idéale. D'un point de vue psychanalytique, Lacan réfute la possibilité d'une telle osmose : elle est contraire à la problématique même de la formation du sujet. A sa suite, les féministes en dévoilent les dangers pour la femme qui devra "s'anéantir" dans la relation [168].

> "Aussi choquante que puisse sembler la proposition [de Lacan], elle est moins contraire au sens commun qu'il n'y paraît d'abord" remarquent Lapsley et Westlake :
>
> "Au quotidien, elle se vérifie, en ce que l'amour romantique, vu de l'extérieur, apparaît illusoire, basé sur une vision de la vie commune future qui manque profondément de réalisme, sur une idéalisation mutuelle par deux personnes amoureuses ; dans la représentation de leur amour, les deux amoureux se représentent comme existant quelque chose qui, en réalité n'existe pas." [169]

C'est particulièrement grâce à sa structure narrative que le film d'amour cache ce qu'il a d'illusoire. Les histoires d'amour romantique mettent en scène la poursuite de l'objet aimé et sa conquête. Ce sont les obstacles entre l'individu et la promesse de bonheur, et la manière dont il surmonte ces obstacles qui sont décrits, et non pas la jouissance de ce bonheur. L'obtention de l'objet aimé (mariage, relations sexuelles), est constamment repoussée, et coïncide généralement avec la fin de l'histoire, la conclusion - ils furent heureux et eurent beaucoup d'enfants - restant une simple promesse.

*Merci la vie* commence avec la fin - Joëlle n'a pas été épousée, elle est laissée pour morte par son amant - et on apprend bientôt que non seulement elle a eu des relations

---

167. Lapsley et Westlake signalent que non seulement cette conception du bonheur est particulièrement occidentale, mais qu'il s'agit d'un phénomène récent. Lapsley et Westlake, p. 186.
168. Voir 'A Love Letter', in *Feminine Sexuality*, sous la direction de Juliet Mitchell and Jacqueline Rose, London, 1982.
Le terme 's'anéantir' est emprunté à Beauvoir
169. Lapsley and Westlake, p. 158.

sexuelles avec la majorité des habitants mâles d'une petite ville mais qu'elle est atteinte d'une maladie sexuellement transmissible - sinon le SIDA, du moins la syphilis. Naïvement, Joëlle se laisse encore séduire par un symbole de l'amour romantique - la robe nuptiale - bien qu'elle n'ait suivi aucune des 'stratégies' classiques qui recommandent la préservation de la virginité pour le prince charmant.

Ce n'est donc pas par hasard que Blier l'anarchiste choisit de mettre en scène une 'fille perdue' : comme le remarque de Beauvoir, ce type de personnage personnifie à la fois une certaine générosité (elle se 'donne' sans compter), et le refus des conventions et de la morale :

> " (...) s'il couche avec une prostituée, il [l'homme] croit sonder les abîmes mêmes de la vie, de la mort, du cosmos ; il rejoint Dieu au fond des ténèbres moites d'un vagin accueillant. Parce qu'elle est, en marge d'un monde hypocritement moral, une sorte de paria, on peut aussi considérer la 'fille perdue' comme la contestation de toutes les vertus officielles ; son indignité l'apparente aux saintes authentiques. " [170]

En dépit du ton ironique et du pathos familier chez Blier, la caractérisation demeure ainsi discutable dans le cas du personnage de Joëlle, qui, tandis que la réalité d'une oppression sociale et économique est en partie évacuée (dans les flash back, apparemment inconsciente d'être exploitée, la jeune fille semble se prostituer principalement par amour pour le docteur) incarne les aspects archétypiques : comme la femme fatale, la prostituée est à la fois l'expression d'une certaine rébellion et d'un fantasme masculin.

Joëlle, avec sa jeunesse, sa naïveté (à peine déguisée par le verni de ses expériences et de son langage cru) et sa générosité, est une victime désignée : exploitée en tant que femme, en tant qu'amoureuse, et en tant que malade. Si l'un des hommes dont elle tombe amoureuse refuse d'avoir avec elle des relations sexuelles, ce n'est ni par pruderie ou pour les besoins de la

---

170. Simone de Beauvoir, tome 1, p. 305. Cette citation de Beauvoir est curieusement évocatrice non seulement de la scène de torture dans *Merci la vie,* mais aussi de *Mon homme* dans lequel Anouk Grinberg joue le rôle d'une prostituée au grand coeur.

romance, mais parce qu'il est docteur, ambitieux, et qu'il sait la jeune fille malade. A travers ce personnage, Blier ne se contente pas d'exprimer son horreur des effets du SIDA, mais dénonce aussi son exploitation, tant par le monde médical que par les médias. Ultime touche de romantisme grinçant, Joëlle se voit offrir le plus 'beau' des rôle : celui de l'héroïne tragique, qui meurt à la fin du film (à ce stade de *Merci la vie,* la réalité, le rêve, le cauchemar et le film dans le film sont devenus indissociables). Le rôle a beau être séduisant, Joëlle n'a pas envie de mourir, et comme dans la première scène, où elle s'écriait - Merci, la vie !", elle se rend compte que la vie n'a pas tenu ses promesses, qu'elle s'est laissée leurrer.

Figure récurrente, le personnage de l'exploiteur se confond avec celui du père. Après tout, le scénario suggère que la vulnérabilité de Joëlle, tant économique qu'émotionnelle, a pour origine l'absence de ce père à travers lequel, puisqu'elle grandit dans une société patriarcale, la petite fille est censée se construire une identité. Or, l'approche devient ici particulièrement ambiguë. Le film dénonce certains processus d'exploitation, mais il ne condamne pas pour autant le principe : ce qu'il faut, semble-t-il, c'est un "gentil" papa.

## Le regard du père

Quoique Blier tente, avec *Merci la vie*, de créer un espace où le fantasme est librement exprimé, mis en scène sans retenue ou fausse pudeur, la question de l'origine et de la nature du fantasme, et celle de l'élément autobiographique (à l'époque, Blier a dépassé la cinquantaine, il est divorcé et père d'une adolescente) ne se posent pas moins. Certes, dans certains aspects du scénario, à travers la relation des personnages à la caméra, et la manière dont ils sont présentés au regard du public, s'articule un discours à la fois ironique et fréquemment critique sur la représentation traditionnelle de la femme à l'écran. Mais par-delà ces commentaires et l'effet subversif du ton ironique, émerge également, et de façon graduellement plus appuyée, un discours moins soucieux de la représentation féminine que des déboires et des fantasmes d'une masculinité en crise. Ainsi Blier se replie-t-il peu à peu sur son thème de prédilection, et sur l'acceptation implicite de certaines formes de contrôle et de domination, retournant au bout du compte à un schéma similaire à celui décrit par Powrie à propos de *Tenue de soirée* :

> " *Tenue de soirée* témoigne (...) d'une tendance nostalgique, et se présente comme une réponse misogyne au discours féministe. La misogynie est, comme souvent dans le cinéma de Blier, une provocation, mais cette provocation est essentielle à une remise en cause difficile et finalement ratée de la masculinité (...). " [171]

Progressivement, les deux personnages féminins deviennent des accessoires (Joëlle le 'moyen' par lequel Camille espère réussir) dans la poursuite utopique du bonheur qui a éludé le père de Camille.

Dans un article intitulé *Daddy's Girl*, Ginette Vincendeau met en parallèle le scénario père-fille au cinéma avec les relations de pouvoir et d'oppression sur lesquelles se base une société dominée par la figure du Pater Familias. [172] Dans *Merci la vie*, les filles sont quelque peu vengées : à la suite de Joëlle, surgit un personnage répugnant, un 'père-amant' libidineux, comparable aux tortionnaires allemands de la suite de l'histoire (il interroge brutalement Camille, et lui plonge la tête dans les W-C) ; mais, après un efficace coup de genou, Camille et Joëlle volent sa voiture et parviennent à s'enfuir. De plus, tous les anciens amants de Joëlle ont été contaminés. Seul le docteur, archétype du 'salaud' (il est docteur comme il est résistant, par calcul et par ambition), se tire indemne de l'histoire. En contrepoint cependant, Blier développe le thème de la relation incestueuse père-fille à sa manière. Ce thème n'est pas neuf dans le cinéma français, et Blier lui a déjà consacré un film, *Beau père* (1981), dans lequel le personnage joué par Patrick Dewaere essaie désespérément de *résister* aux avances de sa belle-fille de *douze ou treize ans*. Vincendeau a étudié ce motif dans le cinéma des années 30 où il apparaît souvent, et elle en identifie les principales caractéristiques. Or, on retrouve ces mêmes éléments dans le film de Blier. Vincendeau remarque

---

171. Phil Powrie, p. 171.

172. Ginette Vincendeau, 'Daddy's Girls : Oedipal Narratives in 1930's French Films', *IRIS* n°9, p. 73.

notamment que dans le schéma classique, la femme d'âge mûr, ou figure maternelle, et l'homme jeune, autre figure qui met en danger la position du père dans le processus oedipien, sont plus ou moins évacués. Comme on l'a vu plus haut, dans *Merci la vie,* le premier personnage rencontré par les héroïnes est un jeune homme plutôt gauche, dont les deux filles font un objet d'expérimentation. Pour la volage et sensuelle Joëlle comme pour la vierge Camille, l'expérience semble être plutôt décevante, et les deux filles abandonnent leur amant d'un moment pour continuer leur quête. Lorsque le jeune homme réapparaît à la fin du film sous les traits du petit ami de Camille, celle-ci lui reproche agressivement de manquer de respect à l'égard de son père. La figure maternelle, qui apparaît brièvement dans le film, est encore plus maltraitée : jeune femme, elle est montrée sous les traits d'une femme insensible et frigide, l'épouse 'castratrice' ; femme mure, elle est devenue colérique et amère, et dans la partie film/cauchemar, elle 'passe à l'ennemi' et s'allie aux tortionnaires allemands. Au premier niveau de la narration, il serait difficile, dans ces conditions, de blâmer l'époux lorsqu'il a des fantasmes incestueux ou se laisse tenter par une escapade extra-maritale. Au début de son article, Vincendeau souligne que la relation incestueuse telle qu'elle est évoquée dans les films, n'est pas nécessairement une relation biologique ; comme dans *Merci la vie,* nombre de films où les personnages prennent les rôles de père et de fille, sont construits autour d'un même schéma, mais symbolique.[173] Dans *Merci la vie*, cette relation n'est possible qu'une fois sacrifiée, ou du moins minimisée, la relation qui lie les deux personnages féminins : la satisfaction du désir du père, et le désir de la fille de lui plaire, prend 'naturellement' le pas sur l'amitié entre les deux filles. La relation entre les deux personnages féminins se trouve ainsi réduite, ramenée vers des schémas de relations bien plus conventionnels : Joëlle trouve un papa/amant, Camille trouve une amie/maman, et progressivement, les plans montrant le duo picaresque - les

173. Vincendeau, p. 72.

deux héroïnes se partageant le cadre - sont remplacés par des images du couple Michel Blanc-Anouk Grinberg.

Dans la seconde partie du film, Camille consacre en effet ses efforts à essayer de sauver son père. Elle décide non seulement de l'extirper de son existence pitoyable, mais aussi de lui donner une seconde chance, en remplaçant la peu séduisante figure maternelle par son amie Joëlle. La scène de la rencontre entre Joëlle et le père de Camille, qui est un excellent exemple de réification d'un personnage féminin par le regard et par la caméra, est à la fois ironique et dérangeante par ce qu'elle représente de fantasme exclusivement masculin. Dans la veine des personnages représentatifs d'une masculinité en péril, le père de Camille est un homme vieilli, timide, et terrorisé par sa femme. Camille lui présente Joëlle comme un cadeau (littéralement), et encourage son père à 'regarder et à toucher'. La caméra prend le point de vue du père, et comme il est assis dans une chaise roulante, le spectateur est invité à contempler avec lui la poitrine de la jeune fille [174] vers laquelle il tend des mains tremblantes. Comble du fétichisme, à ce moment précis, le père de Camille, dont c'est la profession, porte des lunettes d'horloger à double foyer. S'il semble difficile de présumer d'une attirance réciproque, Joëlle ne s'en prête pas moins volontiers au jeu, et la relation devient plus plausible lorsque le personnage masculin est rajeuni d'une bonne vingtaine d'années, Michel Blanc succédant à Jean Carmet. Les deux personnages entament alors une relation passionnée dans le contexte de la seconde guerre mondiale. Mais en tournant ainsi le dos aux conventions, le couple déviant ne peut voler que quelques moments de répit (leurs ébats ont d'ailleurs lieu dans une gare désaffectée), avant d'être exposé à la répression de la 'Loi'. 'L'Ordre et la Loi' s'incarnent sous les traits d'un officier allemand qui, ayant capturé les amants et séduit l'épouse, fait arracher l'un des yeux du père pour l'introduire ensuite dans le vagin de Joëlle. *Merci la vie* brode donc à

174. Pendant tout le film, les vêtements et les bretelles des T-shirts que porte Anouk Grinberg semblent d'ailleurs destinés à exposer ses épaules.

plaisir sur le motif oedipien, mais ce faisant, ce ne sont plus tant les aventures de deux amies que le 'fantasme du père' qu'il met en scène, et dans cette configuration la participation *de facto* des personnages féminins fait elle même partie du fantasme.

Blier donne ici libre cours à l'amour de la contradiction et de l'ambivalence qui caractérise sa filmographie. Non seulement les scènes qui viennent d'être décrites restent empreintes de cette dérision dont le réalisateur ne se départ jamais, mais après une succession de plus en plus débridée d'événements, la séquence finale survient pour contredire ce qui la précède. Cette dernière séquence nous ramène au point de départ géographique du film, à la station balnéaire. Nous sommes cette fois en été, en pleine saison, et la plage, qui a perdu tout son mystère, fourmille de vacanciers. En contraste avec l'espace ouvert des images du début, l'atmosphère est plutôt étouffante, ce qui est souligné par le travail de la caméra, dont l'objectif cadre étroitement les personnages. Camille arrive en voiture, en compagnie de ses parents et de son petit ami. La mère conduit la voiture, alors que, comme à la fin de *Préparez vos mouchoirs* (1978), le père, impotent et apparemment sénile, est de nouveau en chaise roulante. Les jeunes gens se disputent tout en le débarquant. Le contexte est claustrophobique, étouffant et bruyant, l'ambiance est à la mesquinerie, et Camille, perdant son calme, se met à crier. Déconfit, le petit ami part faire les courses au supermarché, cependant que la mère et la fille, réconciliées, montent à l'appartement pour prendre une douche. Pendant cette brève scène, c'est la mère qui prend le rôle de chef de famille, de médiateur et de conseiller habituellement réservé au père. Au début du film, Camille découvrait Joëlle sur la plage et la comparait à un poulpe. Ici, c'est le père qui reste derrière, oublié sur le sable comme une méduse échouée, cloué entre les roues inutiles de sa chaise d'infirme, tandis qu'autour de lui, entrant et sortant du cadre à toute allure, filent les silhouettes colorées de jeunes vacanciers en skateboard et à vélo. La représentation de la décrépitude paternelle est sans concession (et, comme dans *Préparez vos mouchoirs,* l'homme jeune semble tragiquement inconscient du sort qui le menace), et le ton ironique porte ici la marque à la fois du pathos et du masochisme qui informent la représentation de la masculinité dans le cinéma de Blier. Inutile, impotent, incontinent et malodorant, le père devient une figure de l'*abjection* dont le rejet est cruellement confirmé par le dernier plan, statique et interminable, qui repousse l'infirme à la limite du cadre pour laisser la place au générique de fin

## Conclusion

Cinéaste anticonformiste et admirateur du surréalisme, Blier refuse de considérer le film comme un vecteur de normalisation, un miroir qui nous renverrait une image tempérée, acceptable, de nos rêves et de nos désirs. Dans le cinéma classique, les passions sont exploitées, canalisées, les désirs sont adaptés, rendus acceptables ou punis et effacés. Le travail de Blier célèbre au contraire le désir dans ce qu'il a d'absurde, d'imprévisible et d'anarchique. Mais le fantasme de l'un peut passer par l'objectivation et la négation de l'autre, et derrière les désirs les plus fous peuvent se cacher les envies de pouvoir les plus conventionnelles.

Le ton général de *Merci la vie*, sa structure, la composition des images et les emprunts nombreux et inventifs faits à d'autres médias - la télévision, le clip musical, la publicité - semblent destinés à recréer un univers transitionnel particulier à la fin de l'adolescence. L'espace ouvert et abstrait, la fragmentation narrative, semblent promettre la possibilité de mise en scène de deux personnages féminins qui échapperaient aux clichés cinématographiques les plus répandus. Or, comme le montre non seulement le déroulement du (ou des) récit(s), mais aussi la manière dont évolue le travail de la caméra, *Merci la vie* abandonne peu à peu l'univers de la jeunesse au féminin pour dépeindre le monde incestueux des fantasmes d'un homme d'âge mûr. Même en considérant le fait que le thème de l'inceste est traité sous le signe de l'ironie, et que Blier, en s'incluant lui-même dans son film, a l'honnêteté de ne pas cacher le contrôle exercé par le réalisateur qui projette forcément ses fantasmes, *Merci la vie* garde la saveur d'une occasion manquée. Avant que la fin du film ne nous montre une autorité patriarcale en pleine décomposition, les autres composantes du récit - l'amitié entre les deux filles, le rôle des autres personnages - s'estompent ou deviennent progressivement des accessoires dans la construction des fantasmes du père.

*Merci la vie* illustre peut-être bien ce que Dina Sherzer identifie comme la différence entre les auteurs contemporains femmes et hommes qu'elle étudie. Ces auteurs, remarque-t-elle, semblent avoir des préoccupations similaires mais :

> " Tandis que certains des textes des auteurs masculins flirtent avec les questions sociales et politiques, ils ne s'en préoccupent pas en profondeur, et ne tendent pas à dénoncer ouvertement les stratégies d'exploitation et d'oppression, (...) les textes des auteurs féminins adoptent une attitude plus claire et des positions plus précises. " [175]

Malgré le recours à 'l'essentialisme' (auteurs hommes versus auteurs femmes), il semble que dans la *situation* présente, la remarque soit pertinente. Dans le genre de la comédie satirique, *Merci la vie* est probablement l'un des films les plus intéressants et les plus riches que le cinéma français ait produit ces dernières années ; il paraît d'autant plus regrettable que l'exploration formelle se soit développée autour d'un soi-disant tabou qui masque un thème cher à l'ordre établi, puisque, comme le remarque Ginette Vincendeau :

> " Ce que le scénario père-fille reflète le plus ouvertement, c'est la relation de pouvoir entre les générations, et par dessus tout, entre les sexes. " [176]

Le monde du fantasme et celui de la réalité sont perméables, et au cinéma, ils semblent se rejoindre. Ils n'en restent pas moins distincts : même lorsque l'exploration sans restriction du désir est au coeur de sa thématique, loin d'être un moyen d'expression spontané, le film, avec ses procédés d'élaboration longs et complexes, est forcément une interprétation et une re-présentation (qui sera à son tour interprétée par le public).

---

175. Dina Sherzer, p. 161.
176. Ginette Vincendeau, p. 76.

Si le talent à user de la dérision peut permettre de mettre en question les aspects les plus tabous de la morale et des conventions établies, les motifs qui sont le mieux mis en relief par le style de *Merci la vie* sont ceux sur lesquels le film semble prendre clairement position - ainsi le faux 'sauveur de vies' incarné par Depardieu qui surgit, comme une présence malveillante, quel que soit le contexte ou l'époque, et à travers lequel est dénoncée l'exploitation de la maladie par la science et la médecine. Dans d'autres cas - la représentation de la femme et le sujet de l'inceste notamment - sa position reste ambiguë. Or, lorsqu'il ne prend pas position, l'ironie, l'imaginaire et le fantasme deviennent vite pour le réalisateur comme pour le spectateur, une excuse et un écran, une immunité contre la critique, ou une "stratégie qui permet de s'assurer la complicité [du public]", [177] et toute une panoplie de représentations régressives ou discriminatoires peuvent alors, sous le couvert de la dérision et de la liberté d'expression, passer pour acceptables.

Fondamentalement, quoique *Merci la vie* se présente d'abord comme le récit des aventures de deux filles en marge de l'ordre établi et de l'âge adulte, le film reste le reflet du *fantasme au masculin*, au point qu'au bout du compte, il exclut une possibilité dont le potentiel subversif est bien plus grand : la possibilité d'expression d'un *désir au féminin*.

177. L'expression est de P. Lawson, 'Last Exit Painting', *Art-Forum*, octobre 1981.

## 5 - Filmer l'exclusion : *Les Amants du Pont-Neuf*, Léos Carax, 1990

> "La virtuosité visuelle des 'Amants du Pont-Neuf' ne réussit pas à faire oublier les insuffisances de la structure narrative, subversive ou non." [178]
>
> "Un reportage au coeur de la déchéance traversé de fulgurations lyriques." [179]
>
> "Un film magnifique" [180]

Après trois ans d'une production mouvementée et plusieurs fois interrompue, la sortie du troisième long métrage de Carrax, en 1990, était attendue avec impatience. Les *Cahiers du Cinéma* publièrent d'ailleurs à cette occasion un numéro spécial pour lequel le metteur en scène reçut carte blanche. La réception fut pourtant mitigée : boudé par le public, le film provoqua des réactions critiques contrastées qui reflètent le caractère paradoxal du projet. Quoique centré sur la vie de trois 'sans abri', *les Amants du Pont-Neuf* est en effet l'un des films les plus chers jamais tournés en France. [181] Initialement, Carax avait obtenu la permission de filmer sur le Pont-Neuf, en réfection, pendant trois semaines, mais Denis Lavant s'étant gravement blessé au poignet, le début du tournage fut retardé, forçant le réalisateur a entreprendre la construction, à grands

---

178. Susan Hayward, *French National Cinema*, New-York and London : Routledge, 1991, p. 253.
179. Claude Beylie et Jacques Pinturault, *Les Films Phares du Cinéma Contemporain*, Paris : Nathan, 1995, p. 114.
180. Renaud Monfourny, Review, *Sight and Sound* 5/1992, p. 9.
181. Le budget original était de 32 millions FF, le budget final aurait excédé 150 millions FF.

frais, d'une copie du pont près de Montpellier. Carax n'a en outre pas hésité à passer de l'approche quasi-documentaire au lyrisme visuel le plus débridé, offrant ainsi le flanc à des accusations de formalisme excessif : ressemblant parfois à un exercice de style, le film a souvent été considéré comme un nouvel exemple de *cinéma du look*, et son réalisateur s'est vu reprocher d'avoir développé, en donnant libre cours à une approche spectaculaire et superficielle, une esthétique de la misère et du désespoir. Ce reproche renvoie au débat qui continue d'opposer réalisme et fiction, et qui, quoique les tenants en soient familiers, reste particulièrement crucial lorsqu'il concerne la société contemporaine et la représentation de l'exclusion sociale :

> " Bien sûr, j'ai été accusé d'avoir réalisé un film à gros budget sur des gens qui n'ont rien, et de m'être détourné du réalisme au profit de la fiction. Pour moi, il s'agit d'essayer d'effacer les frontières qui séparent le fictionnel et le non fictionnel. (...) " [182]

## Réalisme et fiction

Dans l'univers filmique des *Amants du Pont-Neuf*, imaginaire, fiction et réalisme sont intimement mêlés, sans que s'opère cependant une fusion complète : si l'imaginaire et le poétique font intrusion dans le contexte le plus sordide, ils ne le transforment pas fondamentalement, ni ne le font oublier ; il s'agit plutôt de montrer différemment, subjectivement, des environnements familiers, en les plaçant sous un autre éclairage, sous un autre angle : ainsi, le jour, le Pont-Neuf revêt l'aspect d'un chantier de construction à l'abandon, tandis que la nuit, éclairé de manière théâtrale, il prend, malgré les travaux de rénovation et les échafaudages, l'aspect magistral d'une scène d'opéra. Quoiqu'il se soit agit d'un événement imprévu, la reconstitution du pont renforce cet aspect d'artifice et, compte tenu du contexte humain dans lequel se situe le film, rappelle l'approche à la fois humaniste et idéaliste du réalisme poétique. Ces variations de styles souvent jugées outrancières étaient d'autant plus susceptibles de provoquer la réticence des

---

182. Leos Carax, entretien avec David Thomson, *Sight and Sound* 5/1992, p. 10.

critiques que, comme dans le cas des films de Beineix ou de Blier, non seulement *les Amants du Pont-Neuf* est truffé de références cinématographiques, mais sous bien des aspects il s'inspire de genres associés aux médias et à la culture populaires.

Comme le rappellent certaines des photographies, insoutenables, publiées dans le numéro spécial des *Cahiers du Cinéma*, le film s'inspire en partie de personnes et d'expériences réels, de récits et de scènes recueillis auprès de personnes sans abri par le réalisateur et ses acteurs, pour la préparation du film. L'introduction au monde des 'sans abri', au début du film, prend ainsi la forme d'une séquence documentaire sans compromis, où le personnage d'Alex reste le point de référence ténu à l'univers fictionnel (il est inconscient pendant cette séquence, allongé sur le sol, et devient presque invisible au sein du groupe). Alex a été collecté sur la route, de nuit, par un car de ramassage municipal. Le voyage dans le véhicule bondé d'hommes et de femmes à la dérive est filmé en 16mm, et l'objectif se fait discret, capturant des images imparfaites au gré des cahots de la route et des mouvements imprévisibles des voyageurs. La mise au point est aléatoirc, et l'espace restreint est éclairé par une lumière électrique bleutée. Les prises de vue sont fragmentées, et régulièrement obscurcies par des corps trop proches de l'objectif pour être discernés précisément. De même, tous les sons ambiants ont été enregistrés pour former une bande-son contrastée et déroutante, où des bribes de conversation se mêlent aux chansons d'ivrogne, puis à la voix de l'un des employés de la ville qui chante un air d'opéra.

Les images filmées à la lumière crue et dans l'atmosphère déshumanisante du centre pour SDF [183] sont également celles d'un reportage, et en filmant les corps émaciés des clochards que l'on mène à la douche, le réalisateur prend la mesure du fossé qui sépare l'image documentaire des types de représentations auxquelles nous a habitué le cinéma classique et commercial.

---

183. Centre pour personnes 'sans domicile fixe' de Nanterre.

Mais *les Amants du Pont-Neuf* ne se limite ni au style documentaire, ni au style réaliste : la séquence du défilé du 14 Juillet, qui rappelle le style 'montageur' de l'avant-garde soviétique, se compose en partie d'un montage graphique rapide qui entrechoque les images au point d'en faire des motifs presque abstraits. Le réalisateur emprunte encore à un genre très 'construit' lorsqu'il crée des séquences proches du 'clip' musical. Dans les passages que l'on vient d'évoquer, c'est le montage qui conditionne en séquences des suites d'images discontinues ou bien, comme avec le groupe des sans abri, des scènes fragmentaires et des prises de vue à vif.[184] Une séquence comme celle du bal du quatorze juillet repose par contre sur la mise en scène ; les mouvements des personnages y sont chorégraphiés et sont suivis par la caméra, en de lents travellings latéraux, le long du pont qui se transforme en scène. Echappant aux contraintes de la narration, c'est ici le côté spectaculaire du son (du classique au bal musette), de l'image couleur et de la mise en scène qui est exploitée, tandis que la course des personnages, filmée sur fond de feux d'*artifice,* semble dictée par la musique autant que par l'ivresse. En dépit des connotations ironiques (une clocharde, fille de colonel, fête le 14 juillet, ivre, le pistolet au poing, à cheval sur une statue), la scène du cheval, placée en insert et filmée dans un mouvement de plongée vertigineux est plus un exercice de virtuosité qu'un véritable élément de dramatisation visuelle.

Le caractère exalté d'une telle séquence crée un lien avec l'aspect onirique de certains passages qui rappellent le cinéma expressionniste ou de nouveau le réalisme poétique : lorsque Michèle et Alex se saoulent, le contexte se transforme à l'image de leur ivresse, et dans un mouvement aérien, un lent travelling arrière révèle le couple rendu minuscule par les dimensions fantastiques du décor, et riant de manière extravagante.

En dépit des éléments documentaires et du mélange des styles, le film dans son entier est imprégné de fantastique, et se rapproche particulièrement de l'univers du conte et des

---

184. Le montage est de Nelly Quettier.

légendes à travers les caractéristiques dont sont dotés les personnages, et soulignées dans la manière de filmer : dans ses acrobaties et son indifférence au vertige (filmé en plan aérien lorsqu'il escalade les grilles qui barrent l'entrée du pont par exemple), sa démarche claudiquante, et par son attachement pour le pont, le personnage d'Alex ressemble souvent à un Quasimodo contemporain. Le nom, l'accent et les pouvoirs de Hans, en font une sorte de personnage romantique, sorti d'un conte de fées pour hanter les bas quartiers du Paris des années 90. Ogre bienveillant, Hans n'est pas seulement le gardien du pont, il est aussi le détenteur du sommeil et le possesseur des clefs qui ouvrent les lieux interdits de la ville. Dans le musée du Louvre où il s'est introduit la nuit en compagnie de Michèle, et tandis que la jeune femme contemple un tableau de Rembrandt, le clochard est filmé à la lueur des bougies qui donne à son visage l'aspect marqué mais sans âge d'un portrait du maître.

Tandis qu'Alex est associé au feu, et à des images qui sont évocatrices de l'enfer, Michèle est filmée plus souvent à la lumière du jour, et elle apparaît, par exemple, dessinant entourée de jeunes enfants dans un parc ; tiraillée entre le désir de recouvrir la vue et d'échapper à la misère, et sa loyauté envers son amant, elle évoque un personnage d'Orphée au féminin.

Le thème de la mort revient d'ailleurs tout au long du film, à travers la symbolique qui entoure les personnages et qui, on y reviendra, caractérise l'espace qu'ils habitent.

De la séquence finale, même si Carax dénie s'être inspiré de *l'Atalante*,[185] par la manière dont elle est filmée et le jeu apprêté, se dégage une atmosphère d'irréalité qui n'est pas sans rappeler certains passages des films de Jean Vigo ou ceux de Jean Cocteau : mis en abîme, l'univers cinématique comme univers de légende se mêle à des évocations des mythes classiques sur le passage dans l'autre monde, où le pont et le fleuve, dont les images rythment le film comme un motif, prennent une valeur symbolique particulièrement marquée dans

185. Entrevue avec D. Thomson, p. 11.

la séquence de fin. Après s'être retrouvés, le soir de Noël, sur le pont, le couple bascule, enlacé, et tombe dans la Seine. La caméra suit les mouvements ralentis des corps qui s'enfoncent sous l'eau et si le réalisateur semble laisser au spectateur la liberté de croire que les deux personnages réchappent de ce bain glacé, les scènes suivantes sont cependant fortement empreintes d'une symbolique de mort, annoncée par le mât de la péniche qui repêche les jeunes gens, et qui se découpe sur le ciel nocturne comme un crucifix. Le bateau est mené par un couple de mariniers que l'on voit d'abord en photo, comme s'ils n'étaient déjà qu'un souvenir ; filmés ensuite en gros plans appuyés, éclairés d'une lumière contrastée, ils récitent un dialogue très composé, tandis que le bateau chargé de sable - symbole du temps et du sommeil - s'éloigne de Paris pour un ultime voyage vers la mer.

C'est à cause de cette tendance du réalisateur en faveur d'un ton exalté et onirique, et à cause de la virtuosité stylistique et technique dont il fait preuve, que se pose le problème d'un 'esthétisme de la misère'. En présentant un univers filmique marqué par le fantastique, *les Amants du Pont-Neuf* peut sembler se retrancher derrière une fatalité romantique qui transparaît dans certains éléments de la narration : Hans et Michèle sont tous deux tombés dans la déchéance par désespoir d'amour. En contrepoint cependant, la situation d'Alex demeure inexpliquée quoique sans apparente issue, et tant dans le travail de la caméra que dans la gestion de l'espace, le thème de l'exclusion sous-tend tout le film et en marque chaque séquence. De même, et en dépit des envolées lyriques, la dureté du contexte est toujours apparente, et le film est rythmé de séquences où les questions de survie dominent : manger, dormir, se laver, se protéger du froid, voler, fouiller les poubelles... et si Michèle ironise lorsqu'Alex lui propose du poisson cru ("On a plus d'sushi à s'faire"..), elle ne s'inquiète pas moins de l'approche de l'hiver et de la vulnérabilité où la place sa cécité. Le contraste des styles ne crée d'ailleurs pas une série de mondes étanches : la réalité extérieure peut faire intrusion dans l'univers diégétique au cours des séquences les plus lyriques - l'eau du fleuve qui éclabousse l'objectif dans la séquence de ski nautique par exemple - et l'élément le plus banal se retrouver au coeur de la scène la plus poétique : ce sont les fausses flammes d'un radiateur électrique qui chauffent la cabine de la péniche.

Du point de vue narratif, l'aspect onirique du film apparaît également comme un effet de surface : il n'indique pas une adhésion aux conventions du conte, du récit d'initiation ou de la narration classique, et n'engage pas la structure narrative profonde qui reste ouverte, aléatoire. Il n'y a pas ici de statu quo antérieur (le passé d'Alex demeure un mystère, celui de Michèle est obscurci par la trahison de son amant), de solution miraculeuse ou simplement identifiable auxquels les personnages pourraient aspirer. L'acquisition d'argent n'est pas considérée comme solution à long terme ; elle peut aider à adoucir les conditions de vie des personnages, mais elle souligne aussi les différences pressenties par Hans : Michèle peut retrouver sa place dans un monde de la normalité sociale où Alex ne pourrait probablement pas s'adapter.

(Le roman classique) s'organise en général autour d'une intrigue au sein de laquelle un personnage individuel se trouve placé en marge de sa société (et est ainsi "intéressant" dans la mesure où il ou elle sort de l'ordinaire) ; un processus de réconciliation s'engage entre individu et société, dans un mouvement de rapprochement qui souligne ou semble harmoniser les intérêts communs à l'un comme à l'autre, de sorte que ces intérêts communs semblent raisonnables, et, à partir du moment où ils sont révélés, deviennent des évidences. [186]

*Les Amants du Pont-Neuf* échappe à la tentation du scénario conventionnel de réintégration ou de réconciliation des personnages tel que le décrit par exemple Thomas Docherty ci-dessus, lorsqu'il compare les caractéristiques de la fiction postmoderne au modèle classique.

Dans *les Amants du Pont-Neuf,* l'introduction de l'imaginaire dans l'univers de la déchéance ne se présente donc

---

186. Thomas Docherty, *Alterities : Criticism, History, Representation,* Oxford : Oxford University Press, 1996, p. 41.

pas simplement comme la démarche d'un réalisateur qui donnerait libre cours à sa fantaisie pour se faire plaisir et faire plaisir au spectateur ; il s'agit plutôt du contrepoint essentiel aux stratégies de survie quotidienne, ou même d'une stratégie de survie supplémentaire qui traduit la nécessité d'échapper à une réalité insoutenable. L'outrance des scènes d'ivresse, par exemple, reflète l'exaltation ressentie dans la jouissance de l'instant et dans l'oubli momentané d'un contexte que caractérise la précarité et l'absence de futur. L'approche adoptée par le réalisateur des *Amants du Pont-Neuf* est en ce sens comparable au processus décrit par Cairns Craig lorsqu'il étudie la renaissance d'une littérature 'sociale' qui se différencie radicalement de la tradition réaliste ou naturaliste des années vingt. A propos de la fiction écossaise contemporaine, Craig souligne :

> " (...) l'émergence d'une littérature qui se préoccupe de représenter la vie réelle des classes populaires ; non pas comme un élément matériellement nécessaire (et donc occasionnellement intéressant) à de *vrais* problèmes humains qui ne s'expriment que par médiation, dans le contexte *neutre* de la vie des classes moyennes, mais comme le coeur même d'une culture, et comme la référence même aux problèmes de la condition humaine. " [187]

Tout en reconnaissant que le réalisme demeure une technique essentielle dans la représentation des classes défavorisées, Craig insiste sur les limitations inhérentes à l'approche réaliste en tant que "mode d'expression de la passivité" :

> " C'est une approche qui est irremplaçable pour révéler les aspects cachés, négligés, ignorés, de la société ; mais ses personnages, lorsqu'ils sont typiques, sont nécessairement définis par les conditions dans lesquelles ils existent : ils deviennent de simples fonctions de leur environnement. " [188]

Point crucial, quoique le contexte ait été établi en adoptant un style réaliste, en s'éloignant ensuite du réalisme classique, le film ne reflète pas une attitude 'fonctionnaliste'. *Les Amants du*

---

187. Cairns Craig, 'Going Down to Hell is Easy', dans *The Arts of Alasdair Gray*, Edinburgh : Canongate, 1991, p. 90-107, p. 91.
188. Craig, p. 92.

*Pont-Neuf* est avant tout l'histoire d'une rencontre, et se concentre à la fois sur les circonstances physiques et sur le développement des personnages d'un point de vue émotionnel, en décrivant leur besoin d'amour, d'affection et de créativité (elle est peintre, il est acrobate de rue). En ce sens, la description du personnage de Lanark comme "un être éternellement à la poursuite de l'amour et de la créativité, né dans un environnement qui lui dénie les deux"[189] pourrait s'appliquer également à Alex.

Si la fin du film est interprétée comme une mise en scène allégorique de la mort du couple, la vision proposée dans *les Amants du Pont-Neuf*, peut sembler 'typiquement' pessimiste. Dans la fiction naturaliste traditionnelle, remarque Craig :

> " (...) Les tentatives d'échapper à la condition ouvrière sont vouées à l'échec. Quoique ces romans nous forcent à compatir et condamner ces conditions de vie, la structure formelle n'offre aucune voie de sortie. "[190]

En ce sens, la 'trahison' de Michèle à la fin du film, lorsqu'elle semble prête à abandonner à nouveau Alex qu'elle aime, et qui vient de sortir de prison où il a passé trois ans, peut être comprise comme le signe d'un contexte social qui 'reprend ses droits'. En contrepoint cependant, la relation entre les deux personnages, qui s'est développée au long du film malgré les pressions d'un environnement sans douceur ni compromis, est le sujet central du film. Surtout, l'irruption de l'allégorique et du poétique dans les scènes de la fin peut être interprétée comme cette 'ouverture' dont parle Craig, et que ne peut offrir un style purement réaliste : selon cette lecture, renaissant des eaux de la Seine dans un univers de cinéma poétique, les deux amants quittent une réalité figée dans ses règles implicites et s'échappent ensemble dans le déplacement permanent.

La conjonction et le contraste des styles reflète aussi la subjectivité et l'instabilité dans la perception de la réalité : du point de vue des sans abri, l'univers de la 'normalité' est un monde multiple, oscillant entre la violence et l'exclusion, le fantasme et l'inaccessible et parfois même - comme dans les

---

189. Craig, p. 91.
190. Craig, p. 93.

scènes de vols aux terrasses des cafés - le ludique. Du point de vue des personnages traités individuellement, cette perception change encore, et, reflet quoique lointain de l'ordre social dominant, en trahit les différences jusque dans la déchéance et la dépossession : pour Alex, faire partie du système semble impensable, cependant que pour Michèle il s'agit d'un sentiment encore familier.

Créer un univers diégétique multiforme permet donc de maintenir un équilibre entre fonctionnalisme et individualité, de prendre en compte la situation sociale et les pressions extérieures, sans pour autant réduire les personnages au rôle de pions. Parce que le réalisateur a choisi de mettre en scène des personnages qui sont dans une situation extrême de marginalisation et survie, cet équilibre est incertain comme semble incertaine, pour Alex, la frontière entre l'ivresse et l'abrutissement.

La démarche stylistique et narrative consciemment équivoque se reflète également dans le traitement des personnages et de l'espace : des êtres imprévisibles qui habitent un espace transitoire, et qui se définissent principalement par *différence*. En marquant le contraste qui existe entre cet espace et le monde de la 'normalité', le film met en lumière certains des outils de coercition et de normalisation du système, et souligne le pouvoir d'exclusion ou de normalisation du langage, du regard et de l'image.

Dans un article consacré aux principes d'*interpellation* et de *résistance*, Kristin Ross examine les implications du choix d'Althusser lorsque, dans l'illustration de sa théorie de l'interpellation, il situe la scène dans la rue. [191] Contrairement à l'espace professionnel ou domestique, la rue est en effet un lieu relativement anonyme, où l'individu, en répondant à l'appel de l'autorité (dans l'exemple en question, un policier), est à la fois identifié, intégré à l'ordre social, et soumis à ses règles. L'exemple d'Althusser est fondé implicitement sur l'existence de l'homme ordinaire - un individu 'moyen', mâle ou asexué.

---

191. Kristin Ross, 'Streetwise : the French Invention of Everyday Life', *Parallax*, 2/février 96, p 67-77.

Dans la société de consommation, le message publicitaire, mieux 'ciblé', est peut-être devenu un exemple plus pertinent de l'interpellation. Or, dans ce cas également, puisqu'il s'agit de messages qui sont destinés à l'individu en tant que *consommateur/trice*, le discours social et visuel d'identification ne *s'adresse* pas aux *dépossédés*, à ceux qui n'ont pas de pouvoir d'achat. Dans le cas d'une personne sans abri, *l'interpellation* ne prend que son sens policier le plus littéral ; l'identification est 'négative', et équivaut à la mise en action d'une procédure d'exclusion et de déplacement qui semble d'autant plus absurde qu'il s'agit d'individus qui *vivent* dans la rue.

Lorsqu'ils étudient l'organisation spatiale du monde contemporain, les théoristes, Victor Burgin en particulier, insistent généralement sur l'effacement progressif de la frontière entre espace réel et espace imaginaire. [192] Sous ses multiples formes, ce processus représente l'une des stratégies d'exclusion les plus flagrantes et, même s'il s'accélère au vingtième siècle, l'une des plus anciennes. Loin de la fantasmagorie des mondes virtuels de l'informatique, la politique de répression du *vagabondage* illustre de manière brutale la confusion entre espace réel et espace imaginé : en déportant les personnes sans abri du centre vers la périphérie, une communauté urbaine établie se cache derrière un mythe de 'l'invasion', et traite le problème et ses victimes comme étrangers ; ainsi, on dénie non seulement que la pauvreté puisse être produite par le système existant lui-même, mais on s'aveugle également sur les conditions de survie de ceux qui en sont les victimes et dont le sentiment d'appartenance et de familiarité géographique sont ignorés. Le déplacement vers la banlieue oblige ainsi à un retour pénible mais nécessaire (connaissance d'un lieu et de ses habitants, petits boulots, mendicité, et sources de chaleur obligent) vers le *centre*. Ces processus d'exclusion sont remarquablement illustrés dans *les*

---

192. Victor Burgin, *In/different Spaces :Place and Memory in Visual Culture,* Berkeley, California : The University of California Press, 1996.

*Amants du Pont-Neuf*. En même temps, le lieu transitoire, cette 'parenthèse' que représente le pont, devient également un espace de la relativisation ; si certaines catégories - une adresse, un nom et une situation de famille, une profession - perdent leur pertinence, les éléments de différenciation et d'inégalité qui perdurent ne sont pas pour autant, en dépit des avertissements de Hans, à chercher dans le domaine du biologique ou de 'l'essence' : pour les Amants du Pont-Neuf, le fossé le plus difficile à combler ne naît pas de la différence de sexe, mais d'une différence d'origine sociale. Ainsi, ce qui fait la force du personnage féminin, et par contraste, la vulnérabilité d'Alex, sont des traits habituellement attribués aux personnages masculins au cinéma : une capacité à confronter un monde où l'identité se définit socialement, un monde de la représentation et de l'image, de la surface, de la contingence.

## Les limbes

Le début des *Amants du Pont-Neuf* est une invitation à laisser de côté certaines images familières et certains lieux communs du cinéma : les rues de Paris, et ses tunnels, nous sont montrés d'abord d'un point de vue familier - depuis l'intérieur d'un taxi, ou de la voiture de sport qui file, entraînant avec elle un couple d'amants peut-être illicites. Les silhouettes des personnages principaux ne sont qu'entr'aperçues, reflétées du dehors dans le rétroviseur ou le miroir intérieur, ou surgissant dans le halo des phares. La caméra abandonne ensuite ces points de vue traditionnels pour se concentrer sur ceux qui, généralement, ne font partie que du décor (le conducteur de la voiture de sport ne remarque pas la présence d'un corps étendu sur la route, roule sur la jambe d'Alex et ne s'arrête pas), et le thème de l'exclusion imprègne l'atmosphère du film tout entier : les personnages ne pénétreront pas dans une habitation, si ce n'est brièvement, par infraction, ou à peine plus loin que la porte d'entrée.

Alex vole sa nourriture dans les marchés à ciel ouvert, de même que le vol de portefeuilles se fera à la terrasse des cafés.

La nuit, lorsque les habitants de la ville sont couchés, semble plus accueillante et le couple se promène dans les rues de Paris en nocturne. Fascinée par la musique et le mouvement, Michèle se couche sur le trottoir pour observer les danseurs d'un night-club en sous-sol. La caméra plonge au milieu des jambes des danseurs, reflétant le point de vue de Michèle, mais par un raccord invisible, le spectateur se trouve soudain du côté des danseurs, observant, en arrière plan, la jeune femme séparée de la scène par une vitre ; c'est en extérieur, à la foire du Trône, que les deux jeunes gens iront finir la soirée.

Etres déplacés, les deux personnages, lorsqu'ils ne sont pas sur le pont, sont presque toujours en mouvement, toujours perçus comme des intrus : Alex ne cesse de bouger, de se hâter, de courir. Michèle mange son sandwich debout, sur les tapis roulants du métro, dont Alex hante les couloirs à sa suite. Lieu interlope, lieu de transit par excellence, le métro n'est pas seulement l'espace où circulent les gens, mais aussi les sons, la musique, et les souvenirs : tandis que les accords d'un violoncelle [193] se propagent à travers les tunnels, le métro se transforme en une gigantesque mémoire où résonne le passé de Michèle. En opposant à l'uniformité du contexte (les tunnels succèdent à d'autres tunnels éclairés au néon) la complexité du montage et l'aléatoire des directions, le film se présente comme un espace déroutant - un vaste dédale. La caméra accompagne et cadre de près Michèle, qui semble courir sur place, tandis qu'Alex traverse le cadre et se faufile à la manière d'un chasseur en terrain connu. Les deux personnages sont entièrement absorbés, uniquement préoccupés de leur quête, isolés des autres voyageurs qui deviennent autant d'obstacles à la course des protagonistes.

Une technique similaire de raccords graphiques et de directions contrastées est utilisée dans la séquence qui suit, et qui se déroule avec le défilé du quatorze juillet en toile de fond, exacerbant encore le sentiment de marginalisation. Si les clameurs de la foule en liesse et les cris des groupes d'enfants en bonnets phrygiens éclatent l'espace d'un instant à l'ouverture des portes, c'est dans un silence complet que Michèle s'élance de la rame de métro et se met à courir, peut-

193. Kodaly : Sonate pour violoncelle.

être vers le pont. Une multitude s'est massée dans les rues de Paris pour commémorer le bicentenaire de la révolution : la naissance de la nation moderne, l'accession de chacun au rang de citoyen et la reconnaissance de la déclaration des droits de l'homme. Implicitement, la célébration qui regroupe les Parisiens ne peut pas inclure des êtres aussi dépossédés que le sont les personnages des Amants. Autour de Michèle, la foule statique alignée le long des trottoirs, les rangées de soldats et les tanks qui défilent, et les sons ambiants qui se mêlent à la musique obsédante du violoncelle prennent un caractère abstrait, deviennent de simples motifs (les diagonales de képis qui emplissent l'écran) ou des éléments du décor, tandis que, systématiquement, les mouvements du personnage dans le cadre se font dans une direction opposée, à contre-courant. Mais les personnages ne sont pas simplement exclus par une mise en scène qui souligne la situation d'exil social dans lequel ils se trouvent, ils s'isolent de ce qui les entourent parce qu'ils sont entièrement absorbés dans leur propre tourmente, et pour souligner la force du mouvement de convergence qui les sépare du reste de la foule, la course obsédante de Michèle est relayée par de rapides travellings avant sur Alex qui est resté sur le pont.

Autre facette de l'exclusion, l'enfermement est un thème récurrent qui tend à être associé à une symbolique de l'au-delà : dans enfermement, il y a enfer. Au début du film, un groupe de sans abris est emmené, en bus, vers un centre d'accueil : avec ses employés municipaux en uniforme, dont un qui chante un aria, le bus joue le rôle du bateau du Styx, entraînant ses passagers loin de Paris, franchissant la ceinture d'autoroute qui les sépare de la ville proprement dite pour s'enfoncer dans un no man's land de banlieues. Noyé dans la lumière crue et blanche des néons, avec ses corps décharnés, sa violence, l'identité dont les arrivants semblent être dépouillés comme on les dépouille de leurs vêtements, le passage à la douche, puis un sommeil qui ressemble à la mort, le centre d'accueil ressemble à la fois à un enfer contemporain - un univers concentrationnaire -, et aux visions classiques du royaume des morts. La prison apparaît comme une autre antichambre de l'enfer, où le feu et les hommes sont contrôlés : artiste de rue, Alex était cracheur de feu ; en prison, il apprend à travailler à la forge.

Dans chacun des cas, l'exclusion/l'enfermement s'accompagne d'une violation. Au centre d'accueil, les arrivants doivent décliner leur identité ou présenter leur carte ; mais l'interaction entre employés et 'usagers' s'arrête là : les arrivants sont ensuite déshabillés et passés à la douche (épouillés/dépouillés). Dans l'un de ses romans, l'écrivain Angelo Rinaldi donne de ce rituel dépersonnalisant une description qui fait écho aux Amants du Pont-Neuf :

> " Devant nous, au ras du trottoir, glissait sans bruit l'autobus bleu de la police qui ramasse les clochards afin de les conduire au dépôt de Nanterre, où, en les décrassant, loin de leur rendre service, on leur supprime leur dernière référence matérielle, des odeurs qui les relient encore au passé et peut-être à beaucoup plus, dans une aura d'hallucination. (...) Le dimanche (...) était un jour propice aux interpellations par surprise, qui aboutissaient à un épouillage et, pour leurs bénéficiaires, à la fatigue de regagner ensuite, à pied, le centre de la ville, avec le sentiment accru de la nudité de l'âme qu'il y avait dans la puanteur une armure. " [194]

La prison est un autre contexte où les notions de personne et d'espace privé apparaissent fragilisécs : durant la séquence de la visite de Michèle, la voix de la jeune femme qui parle de ses retrouvailles et de son amour pour Alex est ainsi superposée à des images (un emprunt à Bresson) de la fouille corporelle du prisonnier vue à travers l'objectif d'une caméra de surveillance.

Le film nous renvoie ainsi l'image d'une société contemporaine qui n'a rien à offrir aux dépossédés, que la marge ou l'enfermement. Pour Alex être 'à l'intérieur' n'est pas synonyme de confort domestique et de chaleur humaine, mais de l'expérience déshumanisante de la prison ou du centre d'accueil. Le film n'est pas un réquisitoire, mais l'échec social et la culpabilité collective sont exprimés de façon implicite, à travers la métaphore de l'interrogatoire et de la confession notamment qui revient dans les scènes du poste de police et de la prison. L'épisode de l'arrestation d'Alex (la première fois

---

194. Angelo Rinaldi, *Les jours ne s'en vont pas longtemps,* Paris : Gallimard, 1993, p. 232-233.

que le personnage est désigné par son nom de famille), est suivie d'une violente scène durant laquelle des policiers anonymes le brutalisent. Les coups assénés au prisonnier semblent d'autant plus gratuits qu'il existe un témoin oculaire au crime d'Alex, et que sa culpabilité ne fait aucun doute. Il ne s'agit pas d'un interrogatoire en tant que tel : le jeune homme est à genoux, les mains derrière le dos, et ses tortionnaires se contentent d'exiger une confession. La scène suggère donc plutôt une explosion brutale de la mauvaise conscience que génère un système d'exclusion sociale où la criminalisation d'Alex devient une justification *a posteriori* de sa marginalisation.

La vision du monde de 'la cloche' que propose le film n'est cependant pas sans nuances : les employés municipaux, de même que les autres passagers qui l'aideront à descendre du bus, reconnaissent Alex, et à l'hôpital du centre d'accueil, il sera soigné, son pied cassé plâtré. L'objectif enregistre des gestes de violence, mais aussi des gestes de solidarité et d'entraide. A la cruauté déshumanisante des scènes d'arrivée au centre d'accueil succède une séquence filmée dans le matin ensoleillé, où Alex se voit offrir une possibilité d'échappatoire par l'un de ses compagnons qui a décidé d'essayer de rejoindre sa famille dans le Sud. Les sans abri ne sont donc pas présentés comme de simples victimes, ou filmés comme une masse indistincte d'êtres anonymes que l'on observerait à distance. Dans le bus de ramassage, environnée du groupe cahoté des clochards, la caméra traque les marques, les stigmates, les signes distinctifs : le grain de la peau, les blessures, les cicatrices, les tatouages. Au milieu des chants et des bribes de dialogue s'élève la voix péremptoire d'une femme qui répète son nom - "Je m'appelle Madame Jean". L'importance du nom, non pas comme une formalité administrative vide de sens, mais comme reconnaissance et réappropriation d'une identité individuelle, est soulignée dans plusieurs passages du film, et scelle le lien d'intimité qui se noue entre les deux personnages principaux : le nom de Michèle murmuré comme une litanie sur le beau ralenti des pierres qu'Alex amoureux fait ricocher sur la Seine ; un prénom que la jeune femme lui demande, lors de leur première étreinte, de répéter encore ; enfin, sur la plage, grisés par la présence de la mer et par l'espace, Michèle et Alex courent en s'appelant à tue-tête.

La représentation de la marginalité dans ce film est une représentation complexe où se conjuguent l'exclusion et le refus de se conformer, *différence* et *différance*, et où 'l'invisibilité' sociale à laquelle les protagonistes sont condamnés s'accompagne, en contrepoint, d'une quête de rapports humains peut-être plus authentiques. Ainsi, les personnages des *Amants* ont-ils des traits communs aux personnages de la fiction postmoderne dont Thomas Docherty souligne les particularités :

> " (...) Les êtres fictionnels ne seront plus des personnages définis, possédant une identité fixe, un statut social et une psychologie stable - un nom, une situation, une condition, etc. - cela ne signifie pas qu'ils deviendront de simples marionnettes. Au contraire, leurs êtres seront plus complexes, plus sincères, plus vrais en fait, parce qu'ils ne seront plus présentés simplement comme ce qu'ils sont. " [195]

Certes, les personnages du film peuvent être définis par leur condition de 'sans abri', mais il ne s'agit que d'une condition de 'manque', d'une définition à contrario, en *négatif*. L'environnement créé autour de ses personnages, et qui les sépare physiquement du monde alentour n'est pas, comme on va le voir, un univers indifférencié, d'où les 'étiquettes' ont complètement disparu. Cependant, et comme Mona, la vagabonde du *Sans toit ni loi* d'Agnès Varda, les personnages des *Amants du Pont-Neuf* échappent à la plupart des catégories et définitions centrales aux normes sociales aussi bien qu'aux normes cinématographiques dominantes.

Le pont est le pivot du film, le principe à travers lequel le réalisateur développe la thématique dont on vient d'esquisser les grandes lignes et le langage cinématographique qui la souligne. Lieu de transit et de fluctuation par excellence, le Pont-Neuf entouré de grilles devient à la fois un symbole d'exclusion et un lieu d'asile. Alex apparaît régulièrement à l'écran filmé derrière des grilles : la mise en scène souligne son

---

195. Thomas Docherty, p. 49.

exclusion sociale, mais suggère aussi sa séparation du monde des spectateurs, et comme on le verra plus loin, du monde des images, de la représentation, et du désir. Cependant, quand Alex escalade les clôtures qui entourent son domaine, il s'agit moins de l'acceptation implicite de sa propre marginalisation que d'accéder à une certaine reconnaissance, de s'intégrer à un monde familier et sécurisant, où le personnage a sa place : lorsqu'Alex quitte le centre d'accueil et revient sur le pont, il y retrouve Hans, étrange figure paternelle à la dérive, qui s'enquiert auprès du jeune homme pour savoir où il a passé la nuit, et le réprimande. Lorsque le lieu est filmé en plongée, la morphologie du pont lui donne l'aspect d'un espace maternant, où les contreforts en demi-cercles deviennent autant d'alvéoles où les personnages trouvent refuge. [196]

Le symbolisme attaché au pont comme entité physique et comme image est familier : *The Bridge*, le roman de l'écrivain Iain Banks par exemple, exploite la même iconographie, et comme dans *les Amants du Pont-Neuf*, souligne la dimension métaphysique à travers des métaphores et un vocabulaire aux connotations religieuses. Entre la vie et la mort (le héros d'Ian Banks est un homme qui, à la suite d'un accident de voiture, se trouve plongé dans un coma profond), le pont y est un lieu d'attente et de réévaluation, où le temps est momentanément suspendu et où le héros, dépossédé de ses repères habituels, s'interroge sur l'avenir, se retourne sur son passé, et fait amende. [197] Espace de 'l'entre-deux', le pont devient ainsi une sorte de parenthèse, un purgatoire. Marginalisés, les personnages des *Amants* sont des êtres privés de fonction et d'identité sociale, frappés d'une sorte d'invisibilité qu'illustrent les scènes d'ouverture. Alex et Michèle ne sont pas, comme le personnage d'Iain Banks, plongés dans le coma, mais leurs relations à une 'réalité concrète' est représentée comme ténue et d'autant plus vulnérable que leurs sens apparaissent comme 'érodés' : Michèle perd la vue, Alex s'abrutit dans l'alcool, a le pied cassé et est amputé de la main droite à la fin du film (dans

---

196. Les décors sont de Michel Vandestien.

197. Ian Banks, *The Bridge,* London : Macmillan, 1986.

le numéro spécial des Cahiers, Carax a inséré des photographies effrayantes montrant des clochards traités contre des attaques de gangrène). [198]

Entre point de départ et destination, l'espace situé entre les deux extrémités du pont est une sorte de nulle part, et présente cette qualité d'incertitude, d'irrésolution, qu'ont souvent les espaces de prédilection de la fiction contemporaine. Le passage du temps devient ici relatif, les scènes se déroulant le plus souvent à des périodes mal définies : le chien loup, le petit matin, ou encore dans une nuit que les lumières de la ville dénient ou rendent artificiellement crépusculaire ; pour permettre à Michèle de dormir, Alex débranche les lampadaires qui éclairent le pont. De leur côté, Alex et Hans ne peuvent dormir sans prendre de somnifères ; tous deux vivent d'une certaine manière hors du temps, hors du désir : le sommeil, comme les rêves, n'a plus de sens, leur est devenu inaccessible.

Dans ce contexte se construisent des personnages affranchis de certaines étiquettes sociales et cinématographiques : les personnages des *Amants du Pont-Neuf* n'ont plus vraiment de nom de famille et leurs vêtements ont perdu leurs signes distinctifs. Comme la Mona de *Sans toit ni loi*, ils résistent à 'l'objectification' parce qu'ils sont sales, marqués par les intempéries, voire défigurés. Les relations d'amour qui se nouent entre eux semblent échapper à la configuration classique, ce que souligne notamment la manière dont ils sont filmés. Ainsi, dans les moments d'intimité et de nudité même, ce ne sont pas les différences entre masculin et féminin, mais les similarités et la proximité sensuelle et émotionnelle des deux personnages qui s'expriment. L'un comme l'autre apparaissent nus dans le film, mais échappent à la réification et à la 'fétichisation' parce qu'ils sont filmés de loin, qu'ils deviennent des éléments de composition dans un plan général, et parce qu'ils sont traités de la même manière, apparaissant tour à tour dans des scènes similaires, ou partageant le même

---

198. Photos du Dr Patrick Henry, *Cahiers du Cinéma*, numéro spécial 'les Amants du Pont-Neuf', supplément au n°448, septembre 1991, p.8.

cadre. Alex est filmé sous la douche au centre d'accueil pour les sans abri ; observé à distance par une caméra qui ne s'approchera pas, il s'est effondré sur le carrelage et demeure immobile parce que presque inconscient. A son retour sur le pont, il observe Michèle qui se lave sur les bords de la Seine. Comme dans la séquence de *Sans toit ni loi*, lorsque Mona sort de la mer, le personnage des *Amants du Pont-Neuf* est filmé de trop loin pour pouvoir devenir un objet de désir. Encadrée par les pilastres du pont, elle semble s'intégrer au décor, comme un élément, une évocation de cariatide, dans une composition classique.

Les deux personnages sont d'abord filmés séparément, ou s'observant l'un l'autre, mais la caméra rend compte de leur attirance grandissante ; ainsi lorsque, le soir de la fête nationale, le couple célèbre à sa manière : la scène de ski nautique scelle leur union dans l'exclusion, et l'établissement d'une relation de confiance et d'interdépendance que symbolise la corde qui relie Michèle au bateau que conduit Alex. Leur proximité spatiale traduit un sentiment d'intimité et de complicité que le spectateur ne peut pas vraiment partager : présence tangible, la caméra n'adopte pourtant jamais clairement ou définitivement le point de vue d'un personnage plutôt que d'un autre ; elle tend à prendre la position satellite de l'observateur, ou à créer une combinaison de points de vue fluctuante : à la suite de la scène du métro par exemple, le point de vue d'un observateur se mêle avec les points de vue successifs et combinés des trois personnages. Le montage de la séquence entrecoupe des images de Michèle qui court vers le pont, avec celles d'Alex qui, en l'absence de la jeune femme, noie son désespoir dans le vin ; les points de vue convergent littéralement dans la réunion des deux personnages, en un champ/contrechamp que brise l'irruption d'un troisième point de vue, signalant l'approche menaçante de Hans.

Lorsque Michèle et Alex vont voir la mer, ils sont de nouveau filmés de loin, complètement nus, et se découpant sur l'horizon et sur l'écran à la manière d'ombres chinoises, dans une séquence affranchie de tabous et de gêne. Au geste de Michèle (elle court devant Alex et se saisit de son sexe en érection), la scène suivante fait écho, lorsque, avant que le couple ne s'endorme, Alex fait prendre sa pilule à Michèle, en lui passant le comprimé de la bouche à la bouche. Appuyée par les séquences en très gros plan, où le grain des peaux semble se mélanger à la texture du sable et fusionner avec l'ensemble de l'image, cette approche affranchie adoptée pour décrire la relation du couple crée une impression de communion (même si cette impression est illusoire ou éphémère), plutôt que celle, familière, de la polarisation binaire masculin/féminin, où le féminin est voué à devenir le synonyme du manque et de l'altérité.

Comme dans les films précédents réalisés par Carax, la relation qui lie les deux personnages principaux n'est pas simplement un élément de la dynamique narrative, mais aussi une variation allégorique sur le thème de la moralité dans les relations humaines et dans les relations d'amour. La cécité de Michèle dans *les Amants du Pont-Neuf* renvoie directement au scénario et à la symbolique futuristique de *Mauvais Sang* (1986), où celui ou celle des protagonistes qui s'engagent dans une relation sexuelle sans éprouver d'amour pour le ou la partenaire les 'empoisonnent' et les condamnent à la cécité. *Mauvais Sang* ne se voulait donc pas seulement comme une réflexion sur le problème posé par l'épidémie de SIDA, mais aussi comme un questionnement sur les relations amoureuses et sur l'absence d'amour 'vrai' - lorsque le désir sexuel ne s'accompagne pas de sentiments ou les remplace. Thématiquement, le réalisateur s'expose à des accusations de conservatisme ou de réaction. Dans son film suivant, Carax poursuit la métaphore du regard comme outil de pouvoir et mesure du mensonge, mais, comme dans le cas de *Mauvais Sang*, cette réflexion morale qui sert de trame ne semble pas pour autant encourager à la pruderie et à l'abstinence : ainsi, les rapports physiques sont montrés comme dénués de sentiments de malaise ou d'exploitation. Dans *les Amants du Pont-Neuf* en particulier, Michèle fixe d'abord les termes et Alex accorde son désir au sien.

Aux tendances idéalisantes et aux aspects les plus spectaculaires et irréels, s'opposent la persistante présence d'un environnement hostile, les intrusions de la réalité extérieure ainsi que les mises en garde prophétiques de Hans. Sur les bords de la Seine, une nuit, Alex et Michèle s'étendent côte à côte. La lueur des lampadaires donne aux arbres des allures fantastiques, et souligne la texture du sol herbeux où les deux corps allongés se confondent aux taches de lumière. Michèle glisse sa main sous celle d'Alex, puis les deux jeunes gens s'étreignent. Ce moment d'intimité est presque immédiatement noyé dans le chaos sonore et visuel que provoque un passage de bateau-mouche : la lumière crue et éblouissante des phares envahit l'image, tandis que le son du moteur et les commentaires incompréhensibles du guide couvrent la bande sonore de leur tintamarre. Comme le spectateur devant l'écran, le bateau et ses voyageurs restent invisibles, portant cependant à son extrême ce que le regard des autres, auquel des personnes sans abri ne peuvent se soustraire, peut avoir d'intolérable. Hans met d'ailleurs Alex en garde : l'amour a besoin d'un toit. La cloche, explique-t-il plus tard à Michèle, est une condition impossible pour les femmes : elle n'y survivra pas. Les scènes de violence filmées dans le centre d'accueil semblent corroborer cet avertissement. Pourtant, et malgré les dangers inhérents aux conditions de survie, le personnage féminin s'impose tout au long du film comme un être résistant et plein de ressources. "Il faut vivre" : c'est plutôt à travers cette intimation que Hans touche à l'essence de ce qui séparera Alex et Michèle ; elle, a un passé et une éducation bourgeoise, elle peut encore s'intégrer au sein d'une société dont elle connaît les règles. Hans et Alex par contre semblent être tombés au rang des ombres, condamnés à vivre dans les limbes, en marge d'une société dont le système les rejette et dont le modus vivendi leur est devenu étranger. Ce qui rapproche les trois personnages, c'est leur partage de l'espace diégétique et de l'espace délimité par le pont : entre fiction et réalité, et dans un monde de l'entre-deux, se crée un flottement des identités, où certains signes de surface s'estompent, comme s'estompe le passé, et où la dualité masculin/féminin en particulier, "cette opposition binaire qui domine et détermine l'organisation sociale", [199] apparaît dans sa relativité. Alex vole un poisson et le mange cru, Michèle parle de *sushi :* entre *rive gauche* et *rive droite,* le pont est à la fois un trait d'union et la marque d'une séparation. De manière cruciale, les distinctions qui perdurent, et d'où naissent le pouvoir d'un personnage et la vulnérabilité de l'autre, ne sont pas les marques d'une 'essence', mais les vestiges d'une condition sociale, les marques d'une culture acquise dont participe aussi un certain rapport à l'image. Ce qui séparera les personnages, mettant en cause leur loyauté et leur responsabilité l'un envers l'autre se trouve ainsi déplacé de la polarisation masculin/féminin, à une question de personne, de hiérarchie sociale et une interrogation sur l'individu dans la société.

## Pouvoir, image et représentation

Du point de vue cinématique, le fossé qui existe entre les deux personnages s'exprime à travers un jeu de regard ou d'absence de regard dont la caméra se fait le relais, où se transmettent les tensions - dépendance émotionnelle, statut et reconnaissance individuels - et où s'opposent deux perceptions de la réalité et deux sensibilités différentes.

Le Sujet est mis en question ou jugé d'après ses tendances scopophiliques : c'est tout autant le regard (*the eye*) que le Je (*the I*) qui sont mis en cause par l'approche postmoderne. Cette problématique est fondamentale au cinéma ; en fait, elle est un principe même de l'apparatus cinématographique. [200]

*Les Amants du Pont-Neuf* fait écho à cette remarque de Thomas Docherty dans son exploration du thème du pouvoir du regard et de l'image. Délaissant les éléments de définition habituels, la construction des personnages se fait à partir de leur capacité à s'approprier l'univers - un univers parfois musical, mais principalement visuel et spatial - qui les entoure et dans lequel ils doivent fonctionner. La vulnérabilité d'Alex

---

199. Mary-Ann Doane, *The Desire to Desire,* Bloomington : Indiana University Press, 1987, p. 7.
200. Thomas Docherty, p. 152.

se manifeste dans son refus de l'image ; la force de Michèle dans son désir de voir et d'interpréter la réalité : la configuration établie par le film s'écarte ainsi radicalement de la représentation classique des sexes au cinéma.

Dans la première partie du film, Alex, mu par une attirance irrépressible, suit Michèle et l'observe, et le spectateur est invité à partager sa fascination en contemplant la jeune artiste, filmée à distance tandis qu'elle peint ou qu'elle déambule dans Paris. En outre, dans la scène de poursuite du métro où la progression des deux personnages est mise en contraste par le montage en parallèle, Alex apparaît dans le rôle du chasseur, traverse le cadre et les rails du métro, semble prendre le contrôle de l'espace, tandis qu'en comparaison, Michèle semble statique : sa course est filmée en plan moyen ou en plan rapproché, et accompagnée par la caméra en travelling arrière et en légère plongée, de sorte que le sentiment d'impatience et d'impuissance se trouvent soulignés, mais qu'il semble aussi que la caméra 'l'épingle', la condamne à une course immobile.

En contrepoint, c'est pourtant Michèle qui, la première, contemple Alex inconscient, et s'empare de cette image qu'elle reproduit dans l'un de ses dessins. Le lendemain, profitant de ce qu'elle s'est endormie, Alex vient observer la jeune femme inconnue qui est apparue sur le pont ; mais, éludant la curiosité du jeune homme, le visage de Michèle reste caché sous son bras replié, et quand Alex décide d'inspecter subrepticement le portfolio de la jeune artiste, il se retrouve confronté avec lui-même. Lorsqu'un peu plus tard, le jeune homme exprimera le souhait de posséder ce portrait, Michèle n'acceptera de le lui céder qu'à la condition qu'il pose pour elle.

La question des rapports entre représentation, iconographie et féminité est une question d'autant plus fondamentale au cinéma qu'elle implique un médium dont les caractéristiques (tridimensionnalité, fragmentation, mouvement ou fixité...) décuplent le potentiel de réification ou d'*objectification* du sujet à l'écran. Dans ce système de représentation dont on a discuté dans le chapitre consacré à *37°2 le matin,* c'est l'absence de distance, la proximité de la femme à son corps (donc l'assimilation d'une essence féminine à une existence physique et biologique), à la fois encouragée et amplifiée par une saturation d'images et une fascination pour le corps féminin comme signe, qui rend à la femme l'acte de création et d'interprétation de la réalité problématique. Mary Ann Doane décrit la position attribuée à la femme, spectacle/spectatrice, en terme de "Proximité plutôt que distance, passivité, participation et identification excessives (*overinvolvement and overidentification*)" [201] et au cours de son analyse et de sa réfutation de l'équation femme/signe [202], elle remarque :

> " L'intimité entre signifiant et signifié nie la distance qui définit le langage phonétique, et c'est l'absence de cet espace ou de cette distance cruciale qui définit simultanément hiéroglyphe et femme. C'est précisément pour cette raison que Freud a évacué la femme de sa lecture de la féminité. Trop proche d'elle-même, empêtrée dans sa propre énigme, elle ne pouvait prendre de recul, prendre suffisamment de distance pour regarder vraiment. " [203]

Expression de la distanciation et du désir, le regard féminin, parce qu'il met en cause une interprétation patriarcale de la réalité où la femme ne représente que 'l'autre', est par conséquent classiquement présenté comme une menace. Au cinéma, "La fille bien est aveugle" (*the good girl is blind*), remarque Linda Williams, qui ajoute :

> "Ici, tout conspire à condamner le regard féminin désirant et curieux." [204]

Ce n'est pas seulement par son extraction sociale, mais surtout en tant qu'artiste, que l'héroïne des *Amants* possède la distance nécessaire à l'appropriation de l'image et à l'interprétation de la réalité : en fait, la menace de la cécité rend son appartenance à la société vide de sens. Contrepoints du

---

201. Mary-Ann Doane, p. 3.
202. Voir le chapitre consacré à *37°2 le matin*.
203. Mary Ann Doane, 'Film and the Masquerade : theorizing the female spectator', dans *Issues in Feminist criticism*, Bloomington : Indiana Press, 1990, reprinted in *Film Theory and criticism*, Baudry, Mast & Cohen, Oxford and New York : Oxford University Press, 1992, p. 759-760.
204. Linda Williams, 'When the woman looks', in *Film Theory and criticism*, p. 561 & p. 567.

regard d'embusqué d'Alex, le début du film en particulier est parsemé de vignettes, rares exemples de point de vue subjectif, qui sont autant d'invitations à partager le don d'observation de la jeune femme, son attention au détail, comme c'est le cas par exemple avec le gros plan sur l'avant-bras d'un jeune punk endormi dont la main repose gracieusement, comme en suspens, ou encore pendant les séances de pose d'Alex, lorsque la caméra s'attarde sur les traits du jeune homme.[205] Dans ce contexte, la cécité à laquelle la jeune femme est condamnée n'apparaît pas comme une punition, mais comme une tragédie : en perdant la vue, Michèle perd son art, sa raison de vivre. C'est la maladie et le désespoir qui conduisent la jeune femme au vagabondage et à la marginalisation, avec pour seul réconfort (un réconfort que Hans lui offre en l'emmenant au musée, et que Julien lui dénie en refusant de poser) l'espoir de construire une collection d'images intérieures qui resteront marquées dans sa mémoire.

Le film est à la fois une exploration de la sensualité et du plaisir visuel, et une observation métaphorique sur la menace et le pouvoir (voyeurisme, objectification, savoir), que commandent le regard et l'image. Caché derrière sa porte, l'oeil collé au judas, Julien insiste pour que Michèle le laisse l'observer, et la jeune femme, qui fantasme sa vengeance, rêve qu'elle tue l'amant qui l'a trahie, d'un coup de revolver dans l'oeil. Quoiqu'affamée d'images à interpréter et à recréer, fragilisée par la cécité, elle-même résiste aux regards, se cache le visage derrière les mèches d'une chevelure en broussaille, et s'oppose au champ/contrechamp : lorsqu'elle demande à Alex de poser, Michèle intime à son modèle l'ordre de ne pas poser les yeux sur elle.

Dans son chapitre intitulé "*figure and discourse : the resistance to/of cinema*", Thomas Docherty se fait l'avocat d'un cinéma de l'ère postmoderne, qui puisse explorer le potentiel du médium et se libérer des limites du cinéma narratif conventionnel :

---

205. Les Images sont de Jean-Yves Escoffier.

> " Le cinéma offre la possibilité d'adresser plus directement, et non pas simplement *en tant qu'espace conceptuel*, la question de la 'spacialisation' : formellement, le cinéma dépend de la représentation d'un espace figuré tri-dimensionnel, qui n'est pas considéré comme un concept mais *vu*, précisément comme substance. (...) L'esprit postmoderne est évoqué par un cinéma où ce n'est pas la bande son, mais la sensualité de l'image dans sa profondeur, en tant que phénomène spatial, qui domine (...). [206]

D'après Docherty, des films comme *Paris, Texas* de Wim Wenders et *Diva* de Jean-Jacques Beineix sont des exemples d'un cinéma qui à la fois explore et résiste à cette approche. La même ambivalence s'exprime dans *les Amants du Pont-Neuf*, où, malgré le lyrisme visuel, les images sont parfois, comme dans les séquences du métro et du quatorze juillet, déterminées, et leur montage rythmé, par la bande son musicale. Mais c'est grâce au personnage d'Alex et à son environnement de prédilection, le pont, que cette résistance que Docherty désigne comme *'the refusal of figure'* apparaît le plus clairement et que ses connotations en termes de culture et de société émergent.

A travers le personnage d'Alex, la problématique de l'individu et de sa place dans le champ visuel et dans l'univers sensuel est poussée à l'extrême. Au contraire de Hans et de Michèle, la situation d'Alex et sa présence sur le pont ne seront jamais élucidées ou justifiées, mais ses circonstances n'en sont pas moins poignantes. Ici, l'impossibilité d'accéder à tout un monde de confort, à certaines expériences, à certains modes d'expression et de communication est inhérente à une situation d'exclusion qui, en retour, génère un mode de survie basé sur une méfiance et une résistance au discours et à l'image.

Alex ne prend pas le rôle du héros : son but n'est pas d'aider Michèle à retrouver la vue, mais au contraire de la maintenir dans cet état de fragilité et de perte des sens où elle devient dépendante de lui. Alex est un acrobate qui ne peut évoluer que dans un espace limité, Michèle est un peintre qui perd la vue : c'est la convergence paradoxale de leurs handicaps qui fait que

206. Thomas Docherty, p. 154/155.

les deux personnages se retrouvent partageant le même espace socialement et physiquement périphérique.

Alex est un personnage de l'entre-deux : entre figure et discours, il dénie le temps, résiste au déroulement narratif ; il n'a pas de passé, refuse de considérer l'avenir et jusqu'au changement des saisons ; il ne peut pas rêver, il a tendance à s'enfermer dans le laconisme ou dans le silence, et il redoute la tentation présente d'un monde qu'il doit se contenter d'observer. En ce sens, le personnage représente un élément doublement en porte-à-faux : il est trop marginalisé pour bénéficier de la fluidité culturelle et sociale postmoderne créée par la confusion et la profusion des signes et des styles dans une société de *consommation* [207]. Il est également déplacé dans l'univers cinématographique - inadéquat aussi bien dans la configuration classique d'un cinéma avant tout narratif, que dans celle de l'univers filmique postmoderne d'un Docherty ou d'un Deleuze, c'est-à-dire primordialement visuel et spatial.

Le film inclut pourtant des scènes de lyrisme visuel, de célébration de l'imprévu et d'un plaisir d'exister où les deux personnages semblent s'abandonner et prendre ensemble possession de l'espace : la danse sur le pont, la course sur la plage, et surtout, les retrouvailles de Noël. Lorsque les deux protagonistes marchent l'un vers l'autre, ils sont environnés de voitures et de passants, mais se déplacent dans un silence complet, la bande-son devenant muette pour rendre aux images et au mouvement de convergence toute leur force.

Ces moments sont cependant éphémères : après la nuit passée au bord de la mer, tandis que Michèle vante la beauté d'un horizon ouvert qu'elle ne peut plus voir, Alex exige de retourner sur le pont. De même, quand la jeune femme propose d'aller à un bal le quatorze juillet, Alex refuse : "on voit mieux d'ici...". S'il est un espace de l'entre-deux, mal défini, le pont est aussi, par définition, un espace limité, qui exclut la profondeur spatiale et qui donne plutôt l'impression d'une scène, d'un décor (et, comme on l'a signalé dans l'introduction,

---

207. Mike Featherstone, *Consumer Culture and Postmodernism*, London : Sage, 1991. En particulier : p. 23, 24 et suivantes.

il s'agit bel et bien, dans la plupart des scènes, d'une reconstruction) d'où l'aspect tridimensionnel de l'espace cinématographique aurait été en partie gommé. Les premiers plans soulignent l'aspect théâtral d'un lieu qui apparaît baigné d'une lumière blanche et se réfléchit dans la Seine. Comme l'image tend à avoir peu de profondeur de champ, dans les scènes nocturnes en particulier, les berges de la Seine, en arrière plan, se transforment en un scintillement flou de lumières indistinctes.

La caméra, comme les personnages, doit ensuite s'adapter aux contraintes de la configuration spatiale, et l'image se retrouve constamment 'barrée' par les parapets ou sectionnée, organisée par les directions et les lignes de fuite qu'impose l'architecture du lieu. Le pont est filmé en coupe transversale ou longitudinale, avec une alternance de travellings avant et arrière et de longs panoramiques transversaux. De même, les silhouettes semblent s'intégrer à l'environnement, figures allongées ou debout qui deviennent des continuations ou des ponctuations des lignes créées par le pont, avec ses rampes de pierre, ses lampadaires et ses piliers.

C'est peut-être dans la brève scène du night-club que s'incarne le mieux la résistance d'Alex : tandis que Michèle se penche pour admirer les danseurs et pour mieux entendre la musique qui s'échappe du soupirail d'une discothèque, Alex, au contraire, tourne obstinément le dos à la source du bruit et de la lumière - un refus de regarder et d'écouter qui est une protection contre la tentation de l'inaccessible. Dans le contraste des attitudes, se concentre la différence de 'degré d'exclusion' des deux personnages. Alex et Michèle ont probablement le même âge, mais pour l'un des deux, et bien qu'il s'agisse de la culture des gens de sa génération, la discothèque est un monde inconnu et inapprochable. Au delà des mensonges, la volonté d'Alex d'isoler Michèle afin de la garder n'est jamais directement avouée ; pourtant, en rappelant, en contrepoint de leur attirance réciproque, le fossé social et culturel qui les sépare, le film crée un sentiment de malaise, et fait partager aux spectateurs le pressentiment du jeune homme sur la précarité d'une relation qui semble n'appartenir qu'à l'instant présent. Thomas Docherty cite le poète Donne pour illustrer le souhait 'd'arrêter le temps' que semble personnifier Alex :

> "L'amour est une lumière qui croît, ou dont la plénitude est constante". Dans ce texte, le poète veut arrêter le cours du temps et le contrôler comme une présence constante, une présence en soi : il commence avec l'expression 'figé' *(stand still)* un poème qui est une interrogation sur la possibilité d'une immobilité temporelle. Il s'agit pourtant d'une méditation sur un thème typique à cet auteur, celui des limites spatiales du corps." [208]

Mais Alex ne peut éternellement s'isoler et isoler Michèle du temporel, du monde de la communication, de l'image et de l'infiniment reproductible : ayant découvert que la jeune fille peut être soignée, la famille de Michèle lance un avis de recherche, et les murs du métro se couvrent d'affiches où s'étale le visage démesurément agrandi de la jeune femme.

Par une cruelle ironie, Alex sera finalement trahi par les modes de communication qu'il a semblé redouter le moins : c'est grâce à la petite radio qu'il a offerte à Michèle pour qu'elle puisse avoir les nouvelles "sans quitter le pont", que celle-ci apprend qu'elle est recherchée et que sa vue peut être sauvée ; c'est par un message écrit qu'Alex avait déclaré son amour, et c'est aussi par quelques mots crayonnés sur la pierre que Michèle met fin à leur histoire.

Tout au long du film, Alex est associé à l'élément de destruction, le feu, et lorsqu'il tente de détruire les images de Michèle, il transforme le couloir du métro en une vision infernale. Le mythe d'Orphée où Michèle aurait joué le rôle du guide venu chercher Alex pour le ramener vers le monde des vivants, semble se conclure avec la fuite de la jeune femme, qui, en choisissant la guérison et la vue, abandonne aussi celui qu'elle aime et le condamne à demeurer dans les limbes, dans la solitude et l'anonymat. L'allégorie se poursuit cependant, puisque Michèle est hantée par l'image d'Alex qui lui apparaît en rêve : une image intérieure, qui ne 'ment' pas, qui dérange l'apparente harmonie de l'existence qu'elle a réintégrée, et qui

---

208. Thomas Docherty, p. 167.

traduit, parallèlement au thème de la culpabilité collective, le sentiment de culpabilité de la jeune femme en tant qu'individu.

## Conclusion

Entre réalisme et fiction, entre le romantisme et le pessimisme, la conclusion du film peut être interprétée comme une victoire de l'amour sur les circonstances, où les deux amants plongent dans le fleuve pour en 'renaître', lavés de leurs mensonges, débarrassés des attitudes prédéterminées et des préjugés. Considérée avec cynisme, cette fin ressemblerait plutôt à une mise en scène de la mort du couple dont l'amour ne pourra survivre que dans cette ultime mise à égalité. Cette ambiguïté participe de l'approche originale qu'adopte le réalisateur pour évoquer les thèmes de la différence et de l'exclusion : dans l'un comme dans l'autre cas, en décrivant des êtres dépossédés de tout - d'un nom, d'un statut social, d'un toit - mais complexes et profondément humains, le réalisateur ne se laisse pas emprisonner dans la polarisation masculin/féminin, qui, traditionnellement, est l'ultime signe de la dissemblance, l'opposition par laquelle, conventionnellement, se construisent les processus d'identification, de différenciation et de désir.

En outre, et crucialement, en alliant l'exploration du potentiel esthétique du médium avec une dimension politique et sociale, *les Amants du Pont-Neuf* devient une expression, à travers l'image et l'espace filmique même, des tensions complexes - attirance, résistance et rejet - que génère l'exclusion.

La salle de cinéma, entrée payante oblige, est un espace exclusif ; la production dominante reste avant tout destinée à un public moyen et, à l'image de ce public potentiel, se présente le plus souvent comme une projection des rêves offerts par et rendus possibles seulement dans le cadre d'un ordre social établi. Dans l'univers de la cloche tel qu'il est dépeint dans *les Amants du Pont-Neuf,* où images et projections deviennent synonymes de tentation et de danger, un personnage comme Alex n'est pas seulement dans une situation marginale dans l'univers diégétique : parce qu'il lui est périlleux de rêver, Alex devient une personnification de l'exil dans l'espace cinématographique même.

## 6 - La stratégie du retrait : de *Sauve qui peut (la vie)*, Jean-Luc Godard 1979 *à En avoir (ou pas)*, Laetitia Masson, 1995

Une série de premiers et seconds films tournés ces dernières années a retenu l'attention du public et de la critique qui parle de l'émergence d'un groupe de 'nouveaux auteurs' et va parfois même jusqu'à mentionner une 'nouvelle vague'. Il s'agit en effet d'un cinéma qui se démarque nettement du cinéma d'Hollywood ou du cinéma commercial français, ainsi que de l'autre tendance du cinéma français à petit budget - celle d'un cinéma d'inspiration littéraire, héritier de la mouvance 'rive gauche' de la nouvelle vague.[209] Ses références variées évoquent plutôt certains aspects du réalisme poétique, la nouvelle vague, mais aussi le cinéma beur, le travail de réalisateurs populaires et satiriques comme Blier, ou de francs-tireurs comme Michel Pialat, Ken Loach et Mike Leigh, John Cassavetes et Spike Lee à ses débuts. Si on s'en tient cependant à une définition classique de la théorie d'auteur[210], décrire un *groupe* de jeunes réalisateurs, n'ayant réalisé qu'un ou deux films, comme des *auteurs* paraît absurde. Certes, certaines caractéristiques restent pertinentes, collectivement et parfois individuellement, dans le cas des films qui émergent en France

---

209. Voir les films de Eric Rohmer, de Henry Depleschin ou de Danièle Dubroux par exemple.

210. Telle que celle que propose par exemple Peter Wollen : "La théorie de *l'auteur* consiste à choisir un *ensemble* de films, réalisés par un même réalisateur, et d'en analyser la structure". *Signs and Meaning in the Cinema,* Indiana : Indiana University Press et Secker & Warburg, 1974, également dans *Film Theory and Criticism*, 'The Auteur Theory', p. 600.

dans les années 90 ; en effet, non seulement un bon nombre des réalisateurs ont étudié dans des écoles de cinéma ou travaillé avec d'autres réalisateurs avant de se lancer, ils ont aussi à leur disposition un large éventail de références, et il leur est notamment possible de s'appuyer sur une tradition maintenant bien documentée du film d'auteur. Ils peuvent donc s'essayer à exprimer une vision personnelle dès leurs débuts, grâce à une approche qui se fonde justement sur les prémices de la théorie du cinéma d'auteur, et sur l'exploration d'un langage cinématographique propre. [211] L'un des problèmes inhérents à un type de cinématographie qui s'associe en grande partie aux premiers films cependant, c'est la difficulté que rencontrent apparemment bon nombre de réalisateurs à faire suivre un premier film bien reçu par un projet intéressant : les seconds films sont souvent jugés décevants. C'est pourquoi il semble préférable de parler, collectivement, d'une tendance - tendance que semble illustrer toute une partie de la production récente et que l'on pourrait qualifier de 'nouveau réalisme' ou de 'cinéma de critique poétique'. [212] Le type de film qui correspondrait à cette appellation se caractérise par l'attention portée à la création d'un espace filmique et à l'expression d'une vision spécifique, et se démarque du 'cinéma du look' et du 'cinéma de qualité' par un retour aux petits moyens, (ou en faisant de petits moyens une vertu) à des images moins *policées*, un travail de la caméra où la virtuosité se fait plus discrète, où les locations inhabituelles (la province, les régions industrielles, les banlieues...) sont préférées, et où l'improvisation et les acteurs non professionnels trouvent aisément leur place. En majorité, la critique a reçu comme un souffle d'air frais ces films dont certains, comme *La Haine* (Mathieu Kassowitz, 1995), *Y aura-t-il de la neige à Noël ?* (Sandrine Veysset,

---

211. Jusqu'à en faire le sujet même du film : pour son premier long métrage, Didier le Pêcheur a choisi de mettre en scène une comédie peuplée de personnages en quête d'auteur. *Des Nouvelles du Bon Dieu*, 1996.

212. Expression utilisée par Vincent Dieutre, 'L'Horreur Sociologique', dans *Lettre du Cinéma*, n°5, printemps 1998, p. 48.

1997), *Chacun cherche son chat* (Cedric Klapish, 1996), *Marius et Jeannette,* (Robert Guédiguian, 1996) *La Vie rêvée des anges* (Erick Zonca, 1997), ont réussi à s'imposer à l'étranger. Pourtant, et comme le cinéma de la nouvelle vague des années soixante, ce type de cinématographie des années 90 est parfois décrit comme manquant d'envergure et de vision politique. C'est semble-t-il en partie parce que la critique française, habituée aux allégories universalisantes - aux 'métanarrations'- et au symbolisme lyrique du 'cinéma de qualité' en particulier, demeure suspicieuse vis-à-vis du recadrage d'un cinéma apparemment plus concerné d'*histoires* que de l'Histoire. Il est toutefois indubitable que l'on trouve parmi ces films récents des interprétations pertinentes et originales de la société contemporaine, et une volonté de s'interroger sur des aspects fondamentaux de l'organisation économique, sociale et culturelle de leur pays : la 'fracture sociale', l'immigration, l'exclusion, la vieillesse, les relations entre les sexes...[213]

Le présent chapitre, qui est illustré par un premier film qui rentre dans la catégorie que l'on vient de décrire, se concentre plus particulièrement sur la représentation de l'identité sexuelle dans son rapport avec le contexte économique et social. Deux approches se dessinent, semble-t-il, parmi les films des années 90 - réalisés par des hommes et des femmes - en ce qui concerne la question de l'identité sexuelle : la question de la

---

213. Ces films continuent ainsi une tradition du film d'auteur qui, quoique le cinéma dit d'auteur soit souvent accusé d'être élitiste, s'est essayé à présenter des univers et des personnages qui rendent compte d'une diversité sociale. On trouve ainsi parmi les personnages mis en scène dans certains films d'auteurs ceux que le cinéma commercial tend à ignorer ou à dépeindre de manière romantique et transitoire (les qualités exceptionnelles du bon pauvre ou du médiocre de la littérature et du cinéma *mainstream* sont simplement masquées de manière temporaire pour être finalement découvertes ou dévoilées). Stylisés ou non, les personnages mis en scènes par Varda ou Godard par exemple, (ou même ceux de Rohmer, dans un contexte le plus souvent lié aux professions libérales et artistiques) échappent généralement à ce genre de romantisme stéréotypé, leurs qualités et leur humanité allant de pair avec leur apparente banalité et/ou la banalité de leur environnement.

masculinité ou de la féminité est abordée isolément et séparément (*La Haine*, *Regarde les hommes tomber* et *Un héros très discret*, *Personne ne m'aime*... qui se concentrent presque uniquement sur un univers exclusivement masculin ou féminin), ou conjointement, sans discrimination à priori (*En avoir (ou pas)*, *Chacun cherche son chat*...), avec des personnages masculins et féminins qui sont confrontés au mêmes questions et aux mêmes angoisses. Dans le second cas, deux questions s'imposent : s'agit-il d'une part d'un nivellement artificiel des différences ? d'un constat d'égalité ou d'une représentation illusoire et idéalisée ? D'autre part, dans quelle mesure l'approche esthétique adoptée par le réalisateur/la réalisatrice reflète-t-elle ces préoccupations ? Une comparaison entre deux films réalisés à quinze ans d'intervalle et qui, malgré leurs points communs, représentent deux types de discours sur la sexualité et l'appartenance sociale, permettra non seulement de baliser l'émergence d'un nouveau langage cinématographique, mais aussi d'illustrer les articulations du débat entre vision essentialiste et approche 'positionniste'/postmoderne.

Lorsque *Sauve qui peut (la vie)* (1980, Jean-Luc Godard et Anne-Marie Miéville), sortit sur les écrans, Godard le décrivit comme un 'deuxième premier film'. Quinze ans plus tard, le premier film de Laetitia Masson, *En avoir (ou pas)*, semble lui faire écho. *En avoir (ou pas)* aborde sur un mode mineur certains des thèmes qui composent *Sauve qui peut (la vie)*, et les films réalisés à sa suite par Godard et Miéville : rapports de pouvoir, place de l'individu dans la société, identité féminine et masculine, sexualité et représentation. Chez Godard et Miéville, la relation entre les sexes apparaît comme une relation d'opposition et d'incompatibilité à la fois représentative de, et perpétuée par, un système social et économique et un système de représentation fondés sur l'exploitation. Comme *Sauve qui peut (la vie)*, *En avoir (ou pas)* reflète des préoccupations liées aux questions de représentation, et la volonté, en ce qui concerne notamment les images des femmes, de ne pas tomber dans le piège de 'l'objectification'. Dans *En avoir (ou pas)*, la réalité sociale et économique est également décrite comme le théâtre de relations de pouvoir et d'aliénation, mais le jeu des symboliques est moins complexe et moins contraignant que dans les films de Godard, et si ce contexte sert de trame aux questions d'identité et de relations entre les sexes, il n'en dicte cependant pas complètement les termes. *En avoir (ou pas)* donne aux rapports entre sexualité, réalité intérieure et réalité sociale une accentuation différente, avec un constat final nettement plus positif.

- Dans *Sauve qui peut (la vie)* s'entrecroisent les destinées d'une série de personnages : l'alter ego du réalisateur, Paul Godard (Jacques Dutronc), et sa compagne Denise (Nathalie Baye) qui travaillent tous deux dans les médias, et une jeune prostituée, Isabelle (Isabelle Huppert). Ayant décidé de changer de vie, et de se consacrer à l'écriture, Denise choisit de rompre avec Paul, de quitter la ville et de s'installer à la campagne. Paul Godard est un homme au bout du rouleau, qui ne parvient à communiquer ni avec sa fille et son ex femme ni avec la compagne qu'il est en train de perdre. Isabelle vend ses services à des hommes d'affaires, passe une nuit avec Paul qu'elle rencontre à la sortie d'un cinéma, et finit par louer l'appartement de Denise, avec qui elle sympathise.

Dans le film, l'environnement oppressif de la ville s'oppose à des images de paysages ruraux et des ralentis de Denise roulant à vélo sur des routes de campagne, anticipant 'l'accident' de la fin, lorsque Paul Godard se fait renverser par une voiture.

- *En avoir (ou pas)* narre un épisode dans la vie de deux personnages dont les routes se croisent. Alice (Sandrine Kiberlain) est ouvrière, et travaille à la chaîne, dans une usine de poisson de Boulogne, Bruno (Arno Giovaninetti) habite Lyon, où il est ouvrier dans le bâtiment. Mise à pied, Alice décide de quitter le nord et prend le train pour Lyon. Elle loue une chambre dans un petit hôtel au personnel chaleureux dont Joseph (Roschdy Zem), le meilleur ami de Bruno, assure temporairement la gérance. Déprimé, Bruno vient habiter quelques temps à l'hôtel où il rencontre Alice. L'attirance est réciproque, mais Bruno prend peur et refuse de s'impliquer.

A la suite d'un accident (?), Bruno disparaît, et Alice qui a trouvé un emploi dans un restaurant, quitte l'hôtel sans l'avoir revu. A sa sortie d'hôpital, Bruno retrouve Alice et se déclare.

*En avoir (ou pas)*, Alice et Bruno © L. Masson

L'héritage godardien se signale dans le film de la jeune réalisatrice par quelques traits patents : des légendes qui s'inscrivent sur tout l'écran en larges caractères de couleur vive, les parenthèses du titre et la référence à Bogart, mais aussi la série des entrevues, et, faisant directement allusion à Sauve qui peut, l'utilisation du ralenti et de l'image-stop à la fin du film, ainsi que certains moments fugitifs - Bruno traversant une rue encombrée à reculons par exemple... Facétieux clin d'oeil au cinéma classique, le titre vague, ouvert et ambigu, sert de préface à l'atmosphère créée par le film dans son entier ; *En avoir (ou pas)* : du feu ? du travail ? de l'argent ? du courage ? des 'couilles' ? un compagnon ou une compagne ? du talent ? des aspirations ?

Le film est le récit d'une quête, située non dans le domaine de l'extraordinaire ou du génie, mais dans le milieu plutôt banal d'individus sans qualités d'exception apparentes ; des individus qui pourtant, parce qu'ils sont humains et conscients, sont tourmentés par la question du sens de la vie. Dix ans après *Tout va bien* (Godard, 1972), l'ouvrière jouée par Isabelle Huppert dans *Passion* (1982), remarque que dans les films contemporains, on ne montre jamais l'intérieur des usines. Dans *En avoir (ou pas)*, comme dans *Faut-il aimer Mathilde ?* (Edwin Baily, 1994), et dans *La Vie rêvée des anges* (Erick Zonca, 1998), dont les personnages principaux sont originaires du nord industriel, l'usine fait partie de l'univers diégétique, de même que les friteries, les corons ou les HLM.

Dans *En avoir (ou pas)*, comme dans *Faut-il aimer Mathilde ?*, *La Vie rêvée des anges*, ou dans *Je vous salue Marie* (Godard, 1982), des personnages contemporains, issus d'un milieu social ouvrier, sont dépeints avec leurs doutes, leurs contradictions et leur complexité psychologique. Ainsi, lorsqu'il explore les questions d'identité féminine et masculine, *En avoir (ou pas)* prend en quelque sorte le contre-pied de 'l'hagiographie cinématographique' ou d'un certain type de cinéma historique ou de 'qualité' ; en effet, il ne s'agit pas ici de mettre en lumière et de célébrer des femmes dont l'Histoire aurait gardé une trace, parce que leur génie aurait été jugé comparable à celui de leurs contemporains mâles et illustres (ce qui justifie qu'on leur porte attention), mais de suivre les pérégrinations d'une jeune femme ordinaire. Si, parce qu'elle est femme, certaines hiérarchies sociales et professionnelles se présentent comme des obstacles particulièrement difficiles, elle n'en est pas moins l'égale de son contemporain masculin dans les doutes, dans les manquements et surtout dans les aspirations.

*Je vous salue Marie* fait de Marie une lycéenne, qui vit et travaille dans une station essence et joue au basket-ball, et de Joseph un conducteur de taxi fruste et laconique. Cependant, un double effet de distance et de déplacement s'instaure, à travers la stylisation des personnages et l'approche idiosyncrasique du réalisateur d'une part, à cause du hiatus qui existe entre le statut social et contemporain des personnages et ce qu'ils représentent d'autre part (transposées dans un passé lointain, pauvreté et simplicité deviendraient romantiques et viendraient nourrir l'extraordinaire de la situation sans la contredire). Le contexte quotidien le plus banal sert ici de décor au miracle, à la création (et l'ange Gabriel, rendu furieux par le scepticisme des hommes, jure comme un charretier, cependant que Marie, quoiqu'ayant prouvé l'improuvable, ayant enfanté dans la virginité, ne trouve pas sa voix/voie : le film se termine sur un gros plan de sa bouche maquillée, ouverte comme pour un cri, mais silencieuse).

A propos de *Sauve qui peut (la vie)*, Claire Pajackowska remarque que :

> " Alors que traditionnellement un type de conventions est utilisé pour décrire l'univers des relations personnelles - le mélodrame - et qu'un autre style est utilisé pour décrire la réalité sociale, extérieure - le documentaire - Godard crée une nouvelle approche et combine différentes codifications pour représenter 'la fiction de la réalité' et la 'réalité de la fiction'. " [214]

Ce commentaire pourrait s'appliquer en partie à *En avoir (ou pas)*, qui adopte un style documentaire non seulement pour la série anonyme des entrevues de travail du début, mais aussi lorsque c'est l'héroïne qui est filmée dans cette situation, et dans les scènes capturées en extérieur, même quand le sujet d'une scène est un débat intérieur ou une confrontation émotionnelle : le film reflète une prédilection pour les couleurs naturelles et pour les plans moyens où les personnages se mêlent aux passants cependant que la bande-son mixe dialogues et sons ambiants. La caméra n'a pas ici la fonction classique de relais, invitant le spectateur à s'identifier complètement à l'un ou l'autre des personnages pour lequel elle fait fonction de regard de substitution ; au contraire, la caméra adopte le plus souvent le point de vue de l'observateur, singularisant quelques individus dans la foule où ils se perdent de nouveau à la fin du film. Dans la dernière séquence, Alice et Bruno croisent dans la rue une jeune fille qui demande du feu, comme Alice l'a fait plusieurs fois auparavant. De cette jeune inconnue nous ne voyons que le dos, l'espace d'un instant, mais elle signale une histoire qui recommence sans cesse, et, comme les ralentis qui nous permettent de voir Alice une dernière fois, au détriment du voyeurisme, le travail de la caméra invite le spectateur à prêter attention au détail.

---

214. Claire Pajackowska, 'Liberté, égalité, fraternité', dans Hayward et Vincendeau, *French Film, Text, context*, p. 242.

D'un format moins disruptif que les films de Godard, *En avoir (ou pas)* apparaît en fait plus directement ancré dans un certain réalisme. *En avoir (ou pas)* aborde en effet la question existentielle différemment ; il ne s'agit pas, comme dans *Je vous salue Marie* en particulier, de démontrer le mystère à la fois angoissant et merveilleux de l'existence humaine à travers une création, mais de le montrer dans son éparpillement et son imprécision : une conscience de soi, des aspirations, même vagues, qui sont la marque de la condition humaine, qui existent en chacun, mais qui demandent à être réveillées, encouragées et assumées. Lorsqu'il s'agit d'exprimer ou de représenter la quête d'un individu, *En avoir (ou pas)* et *Je vous salue Marie* traduisent néanmoins la même ouverture d'esprit : les aspirations de leurs personnages ne sont pas nécessairement définies et reconnues par les critères conventionnels de l'Art et de la Culture. Dans ce film, Masson, à la suite de Godard, porte un regard intéressé sur des pratiques - le football, la chanson populaire - qui ne sont en général représentées qu'en tant que phénomènes de société mais qui, ici, reflètent aussi une recherche esthétique dont le film rend compte.

Les personnages mis en scène dans *En avoir (ou pas)* incarnent aussi des incertitudes contemporaines familières : la jeune ouvrière qui se fait mettre à pied n'a pas payé sa cotisation syndicale depuis des mois. "Vous vous foutez de tout" s'exclame le père ; "vous n'êtes pas communiste au moins ?" demande le recruteur, avant d'ajouter "Mais non, vous êtes trop jeune". Les questions économiques sont plus problématiques que jamais, mais le travail, comme la lutte pour le contrôle des moyens de production, ont cessé d'être considérés comme l'ultime solution. Les personnages de *En avoir (ou pas)* n'en deviennent pas pour autant cyniques, creux, et matérialistes, comme par exemple les jeunes meurtriers mis en scène dans *L'Appât* (1994). Dans *En avoir (ou pas)*, et comme le suggère le titre, les aspirations, comme le refus et la contestation, apparaissent indéterminés, diffus. Ils ont l'irritante qualité d'imprécision d'une résistance 'foucaldienne' ; mais c'est que justement, il s'agit d'abord de ne pas se laisser enfermer, de ne pas se laisser piéger, dans une catégorie, dans une carrière, un uniforme, une cellule familiale.

Comme les films de Godard et Miéville, *En avoir (ou pas)* porte un regard critique sur certaines des structures de pouvoir qui contrôlent et déterminent les relations entre individus dans notre société - le langage, l'argent, la représentation, notamment au cinéma ; malgré la communauté des intérêts, leurs films reflètent des discours contrastés.

## Pouvoir et langage

*En avoir (ou pas)* commence par une mise en opposition : c'est sur un bruit de vagues évoquant l'espace ouvert que se déroule le générique de début, mais la première image nous catapulte dans le contexte confiné et rigide d'un bureau, au milieu d'une entrevue professionnelle, face à une demandeuse d'emploi. Les séquences qui s'ensuivent mettent en scène un jeu de pouvoir, de paraître et d'aliénation, que traduisent la fausseté et l'inégalité d'un échange à sens unique (c'est le recruteur, et lui seul, qui pose les questions), le caractère forcé et artificiel du langage, et la mise en scène statique.

La caméra filme en plan fixe, cadrant les candidates de trois-quarts, en plan rapproché-buste. Le décor est réduit au minimum : une partie d'un bureau, avec en arrière plan, la veste de chaque postulante accrochée au portemanteau. Non seulement les questions varient peu, mais ce sont des extraits d'entrevues, et non des échanges dans leur entier, qui sont édités bout à bout, renforçant le caractère de standardisation de l'exercice. [215] Comme dans la célèbre séquence de l'entrevue d'Antoine Doisnel avec un psychiatre dans *Les 400 coups*, celui qui pose les questions reste hors-champ, mystérieux, manipulateur et omnipotent.

Signe des temps, l'interrogateur est devenu recruteur de personnel, et les candidates sont confrontées à un pouvoir qui prend la forme d'une voix mâle désincarnée.

---

215. Les images sont de Caroline Champetier, le montage de Yann Dédet.

Dans le bureau du recruteur comme à l'usine, ce sont des hommes qui sont en position de pouvoir. Par contraste, le cadrage et la position de la caméra se transforment dans les scènes qui reflètent un rapport d'égalité : dans les discussions entre Alice et sa mère, entre Alice et son amie ou entre Bruno et Joseph, les personnages, assis l'un à côté de l'autre, se partagent l'espace du cadre et font face à l'objectif - des séquences qui rappellent notamment le style de Doillon.

Au cours de la série des entrevues, le point de vue de la caméra, de trois-quarts, place le spectateur en suspens, entre l'observation et la sympathie. Observateur et voyeur, puisqu'il/elle voit la scène comme s'il/elle était placé du 'bon côté' du bureau, son point de vue, par l'intermédiaire de l'objectif, ne coïncide pourtant pas avec celui du recruteur. Chacune des jeunes femmes compose, s'applique à correspondre au 'profil' de la personne recherchée ; l'entrevue de travail est désormais une technique qui 's'apprend' - il faut savoir se 'vendre' -, et les candidates pourtant avides de plaire se laissent prendre au piège des questions posées par l'interrogateur et commettent des 'erreurs'. Ainsi, les réponses de la première candidate vont-elles à l'encontre d'une 'règle' de base de l'entrevuc professionnelle, celle de 'l'attitude positive' :

"Et votre plus grande qualité ?

- J'm'en vois pas personnellement.

- Mais si.

- Ouais. Bon. Peut-être. Heu, généreuse. Mais autrement, j'm'en vois pas personnellement, de qualité".

*En avoir (ou pas),* entretiens © L. Masson/F.P.I.

*En avoir (ou pas)*, comme *Sauve qui peut (la vie)*, trace un parallèle entre relations de pouvoir et subversion de la notion de choix. Dans *Sauve qui peut (la vie)*, le pouvoir de coercition est illustré notamment par la scène de la gifle : une jeune femme se fait battre par deux hommes qui veulent la forcer à choisir. Dans *En avoir (ou pas)*, au fil des questions, le recruteur ne cesse d'insister non seulement sur l'importance du 'profil' de la candidate, dont la personnalité et les qualités doivent correspondre au poste proposé, mais surtout sur la notion de choix ("Qu'est-ce qui vous a amenée à choisir cette position ?").

Les remarques du recruteur révèlent à quel point il se méprend sur, ou souhaite ignorer, la situation des postulantes, la vraie raison de leur présence.

> " Vous faisiez quoi ?
> - Manutentionnaire.
> - Donc à la chaîne ?
> - Oui.
> - Racontez-moi un peu, comment ça se passait ? "

Ou encore, lorsqu'il questionne la jeune femme qui souhaiterait faire carrière dans la danse ou le music-hall :

> " Et pourquoi vous ne persistez pas dans cette direction ? "

D'une certaine manière, ces séquences d'ouvertures pourraient servir d'illustration au pouvoir tel que l'a notamment décrit Althusser : un pouvoir que l'on ne peut pas nécessairement désigner, et qui s'exerce tant de l'extérieur que de l'intérieur, en amenant l'individu à choisir sa position subalterne, les conditions et la méthode de sa propre exploitation. La situation repose sur un jeu de paraître : les candidates doivent prétendre qu'elles postulent parce qu'elles désirent ce travail, et non pas parce qu'elles sont poussées par les circonstances, la nécessité, le manque d'argent et le chômage. Elles doivent en convaincre le recruteur (qui les croit ou prétend les croire), et lui prouver que si elles postulent, c'est qu'elles possèdent les qualités requises et qu'elles ont la vocation. Or, le travail proposé est loin de représenter l'emploi de rêve : il s'agit de travailler comme standardiste en entreprise. D'où l'absurdité de l'échange avec la première jeune femme notamment :

"Vous avez quelque chose qui vous amène particulièrement à cette profession ? Vous avez un rêve, ou vous aimeriez faire autre chose ?

- Non. Ça a toujours été mon rêve d'être secrétaire, réceptionniste, standard".

La réponse de la jeune femme n'est pas seulement consternante, dans ce contexte, elle manque de diplomatie : trop directe, elle souligne l'absurdité de la question et l'hypocrisie de la situation. Habilement questionnée par le recruteur, la jeune femme suivante, qui voudrait devenir danseuse, fait également - mais dans le sens opposé - un 'faux-pas' : elle avoue avoir une vocation qui n'a rien à voir avec le travail de standardiste, est amenée à admettre son inaptitude, et se trouve réduite à adopter une stratégie de séduction et d'appel à la sympathie :

" J'sais pas, danseuse au Lido, quelque chose comme ça...

- Et pourquoi vous ne persistez pas dans cette direction ?

- Ben, j'persiste, mais pour l'instant heu, j'peux pas m'expatrier, j'peux pas changer de ville pour d'autres raisons, donc en attendant faut bien qu'je vive quoi.

- Alors, pour vos qualités, en tant que standardiste qu'est-ce que vous pensez apporter, heu, de spécifique ?

- C'est une très bonne question... (elle sourit) J'vous remercie de me l'avoir posée... (elle rit) Vous êtes dur avec moi quand même..."

Le montage de cette série d'entrevues, où chaque séquence est 'sectionnée', renforce l'impression de répétition - une candidate suit l'autre - mais fait également écho à la position de pouvoir du recruteur. Ainsi, de même que le montage sectionne les phrases des jeunes femmes, le recruteur contrôle le déroulement des scènes en interrompant le dialogue à son gré, ou en confondant les postulantes avec un discours pseudo-technique :

"Mon patron avait été très satisfait de moi et...

- D'accord. Vous connaissez le modèle Alcatel TCP avec bascule Landry ?

- Ben heu, non. Pas trop. C'était plutôt le standard un peu heu...

- A l'ancienne ?

- Oui".

Face au ton coupant de l'interrogateur, la jeune femme adopte un sourire embarrassé et une attitude gênée. Se reprenant, elle répète ce que dit l'interrogateur, et abonde en son sens :

"Mais enfin, ça ne vous fait pas peur ?

- Mais enfin ça ne me fait absolument pas peur. Heu. Je pense que si on m'explique, je comprendrai très vite... J'espère... "

Les candidates sont confrontées à un interlocuteur invisible, et cadrées sans répit par l'objectif de la caméra immobile ; ainsi, au fil des séquences, se renforce l'impression qu'elles sont prises au piège, 'épinglées', fixées par l'objectif afin qu'aucune de leurs réactions n'échappe à l'observateur (le spectateur et le recruteur).

Mal à l'aise, elles se répètent, hésitent, sourient, rient nerveusement. Leurs réponses sont souvent maladroites, leurs aspirations vagues ou utopiques et parfois un peu ridicules - être chanteuse, être danseuse au Lido, être réceptionniste, monter sa propre affaire, avoir un boulot intéressant et payant...

"Si vous aviez un rêve de carrière, ce serait quoi ?"

- Vivre au Canada et ouvrir quelque chose là-bas. Quelque chose dans la vente, quelque chose qui bouge, et j'emploierais énormément de personnes heu...vivantes".

Malgré leurs maladresses, les jeunes femmes ne sont pas présentées au spectateur comme des objets de dérision ; le début du film peut provoquer des sourires, mais il se caractérise moins par sa drôlerie que par son atmosphère de gêne ; dans cette situation familière dont il/elle a peut-être l'expérience, et parce que son point de vue reste séparé de celui du recruteur, le spectateur, quoique voyeur, peut aussi partager le malaise de celles que l'on soumet à l'interrogatoire. *En avoir (ou pas)* évite d'ailleurs la didactique facile. Les candidates ne sont pas présentées comme de simples victimes, ni le recruteur (ainsi que le directeur du personnel un peu plus tard), comme un inquisiteur et un sadique. Ce recruteur, dont la caméra nous révèle plus loin le visage fatigué, n'est en effet lui-même qu'un élément dans un système plus large ; une entrevue en particulier souligne au passage l'absurdité de la situation économique et sociale de manière plus générale : l'une des postulantes, au chômage, travaille bénévolement pour une oeuvre de charité... qui s'occupe de demandeurs d'emploi.

## Pouvoir et espace

Ces scènes où la relation de pouvoir s'exprime dans le langage verbal et filmique préfigurent la scène de l'humiliation d'Alice (elle est obligée de chanter une chanson pendant l'entrevue), mais aussi les séquences où elle est confrontée à un patron de l'usine, puis, en imagination, à son petit ami. Dans les deux derniers cas, le plan fixe est remplacé par des mouvements de caméra circulaires [216]. L'objectif n'en continue pas moins son rôle d'inquisiteur, et la caméra semble encercler ou traquer le personnage. Dans le bureau du patron (voir photos page suivante), alors qu'Alice s'entend annoncer sa mise à pied, la caméra ne prend pas le point de vue des personnages présents, mais se déplace dans le dos de la jeune fille, en dessinant un demi-cercle, comme dans une stratégie d'approche.

Cette courte scène crée une impression de distance et d'irréalité (celle que ressentirait une personne qui a du mal à 'réaliser' ce qui lui arrive), mais aussi le sentiment d'un malaise, une impression de présence maléfique. Plus tard, alors qu'Alice est rentrée à son appartement et se prépare à communiquer la nouvelle à son ami, la caméra la suit depuis le centre de la cuisine, et boucle un plan à 360 degrés.

---

216. Nota : si, dans les scènes que je viens de mentionner, ils ont pour objet un personnage féminin qui se sent pris au piège, il n'est pas rare au contraire que, par des mouvements de caméra circulaires, un réalisateur tente de représenter un espace 'féminin', un cocon sécurisant, ou au contraire un espace 'femelle' prédateur et inquiétant. Dans le deuxième chapitre de *Shot/counter-shot*, Lucy Fischer compare *The Lady of Shangaï* de Orson Welles, avec le film de Laura Mulvey, *The riddle of the Sphinx*, dans lequel Mulvey utilise longuement le plan à 360 degrés.

*En avoir (ou pas),* mise à pied d'Alice © L. Masson/F.P.I.

Le lieu - l'appartement où vit Alice - n'a pas été précisément situé, mais on entrevoit la cité HLM qui s'étend sous les fenêtres (et dont on verra les immeubles de l'extérieur un peu plus tard, quand Alice retourne chez ses parents). Non seulement le plan à 360 degrés révèle la banalité de l'environnement - une cuisine moderne, insignifiante, sans autres fioritures que les quelques photos ou cartes postales épinglées sur l'un des murs - mais il y enferme le personnage. Or, Alice n'est attirée ni par le rôle de femme au foyer, ni par celui de mère. Elle fait le tour de la pièce, cherche des arguments, raisonne avec elle-même autant qu'avec le petit ami absent, et finit par renoncer : son départ, qui se fait dans la précipitation, prend l'aspect d'une fuite.

L'univers de l'usine apparaît également comme oppressant. La première fois que le personnage principal est présent sur l'écran, il nous est encore inconnu. Comme dans la séquence de l'usine du Jour se lève, et, autre évocation du film de Carné, dans l'atelier de forge des Amants, Alice est en outre rendue méconnaissable par ses vêtements de travail - masque, tablier et charlotte de plastique -, et ne se distingue pas des autres ouvrières.

*En avoir (ou pas)*, l'usine à poisson © L. Masson/F.P.I.

*En avoir (ou pas)* intègre ainsi son personnage fictif dans l'environnement sans glamour qui sert de toile de fond au début de son film (de la même manière qu'au début des *Amants du Pont-Neuf* par exemple, Carax filme Alex dans le car de ramassage pour sans abris). Le poste de travail d'Alice - une chaîne d'emballage de poisson probablement similaire à celle décrite pendant l'une des entrevues - est présenté dans un long travelling latéral qui souligne la répétition des gestes et leur caractère inexorable. Le personnage de Bruno est également présenté sur son lieu professionnel. Malgré l'épreuve physique que représente son travail, et contrairement à l'univers aseptisé et froid de l'usine de poisson, le chantier à ciel ouvert, la camaraderie au café et la présence de couleurs vives rendent l'atmosphère un peu moins déprimante. Les surtouts des ouvriers, comme les maillots de football de la scène précédente, sont rouge vif ; en tant qu'uniformes cependant, ils sont à la fois le signe d'une égalité partagée par un groupe d'hommes (d'origines ethniques diverses), mais aussi ce qui les rend individuellement anonymes et clairement démarqués (comme travailleurs manuels).

Au cours des séquences tournées à Boulogne, les scènes de discussion entre Alice et sa meilleure amie exceptées, la gamme des couleurs, qui se limite principalement à des pastels ternes, concourt à créer un sentiment de claustrophobie qu'illustre bien la séquence de la voiture. Le patron de l'usine envoie son chauffeur personnel pour proposer à la jeune femme, qui attend à l'arrêt de bus devant l'usine, de la raccompagner en voiture. Alice accepte à contrecoeur, et monte à l'arrière. Le visage du chauffeur ne sera jamais visible, mais tandis que pour l'encourager il lui raconte son ascension professionnelle (lui aussi a commencé à la chaîne, dans le froid, comme simple ouvrier), la caméra filme en contrepoint le paysage gris, enfumé, barré par les façades d'usines, que l'on voit défiler à travers le pare-brise : un horizon bouché.

## Pouvoir et argent

Au début de *Sauve qui peut (la vie)*, l'héroïne du film, Denise (Nathalie Baye), demande des précisions sur son salaire, de même que l'héroïne de *En avoir (ou pas)*, Alice, interroge le patron de l'usine au sujet de ses indemnités de mise à pied.

Dans *En avoir (ou pas)*, comme dans *Sauve qui peut (la vie)*, l'argent signale les rapports de pouvoir et crée un lien entre public et privé. Chez Godard, ces rapports (ou encore ce 'commerce' pour reprendre la dénomination du réalisateur) imprègnent, jusqu'à les déterminer, aussi bien la sphère publique et professionnelle que celle de l'expression artistique[217] et que la sphère du 'privé', celle des relations familiales et amoureuses. Des hommes d'affaires organisent le sexe selon les méthodes du travail à la chaîne, ou emploient des prostituées pour parodier le cercle familial. Lorsque la femme et la fille du personnage principal, Paul Godard (Jacques Dutronc), le rencontrent, c'est pour lui réclamer un chèque et un cadeau d'anniversaire, cependant que la prostituée Isabelle (Isabelle Huppert) introduit sa soeur sur le marché de la prostitution, et lui sert de 'souteneur'. Le seul moment d'apparente 'affection' du film a lieu lorsque Paul Godard quitte Isabelle avec qui il a passé la nuit : il lui demande si elle a bien dormi, la paye, et l'embrasse avant de s'en aller. Le thème de la prostitution, chez Godard, sert à cristalliser l'ensemble de l'apparatus de la société de consommation, avec ses rapports de pouvoir et d'exploitation déterminés, au niveau de l'individu comme au niveau de la société, par le système capitaliste.

Dans *En avoir (ou pas)*, les questions d'argent sont omniprésentes[218], mais si elles sont traitées à la fois comme cruciales, discriminatoires et sordides (les entrevues de travail, la mise à pied d'Alice, la machine à sous, les prostituées), elles sont également évoquées sous l'angle de l'absurde : deux filles qui boivent du champagne à la bouteille, devant une friterie (photos page suivante); une chômeuse ramenée dans sa cité HLM par une voiture avec chauffeur personnel... Quand le film évoque les relations entre hommes et femmes, le binôme sexe/argent sert moins à refléter, comme c'est le cas dans *Sauve qui peut (la vie)* les relations humaines en général, qu'à faire émerger un autre type de rapports de pouvoir : celui de l'indépendance économique qui s'oppose à la dépendance émotionnelle. Dans le *Deuxième Sexe*, Simone de Beauvoir remarque que :

217. C. Pajacskovzka affirme cependant dans son article sur Godard que la prostitution n'est pas une métaphore valide de la situation de l'artiste dans la société capitaliste. p. 246-247.

218. *A vendre,* le deuxième film de Masson, traite de la prostitution.

« Au moment où les femmes commenceront à prendre part à l'élaboration du monde, ce monde sera encore un monde qui appartient aux hommes (...). »

*En avoir (ou pas)*, les amies : champagne à la friterie
© L. Masson/F.P.I.

L'homme suzerain la protégera matériellement, il se chargera de justifier son existence : avec le risque économique, elle esquive le risque métaphysique d'une liberté qui doit inventer ses fins sans secours. "[219]

Dans *En avoir (ou pas)*, la protagoniste est confrontée avec ce dilemme spécifiquement féminin : ayant perdu son emploi, Alice se sent pressée d'adopter un rôle de future mère, et de vivre aux dépens de son ami. La réponse de sa meilleure amie, à laquelle elle exprime ses doutes, est celle du « bon sens commun' : "Paraît que ça se fait, hein, d'avoir des enfants".

---

219. Simone de Beauvoir, *Le Deuxième Sexe*, tome I, Paris Gallimard, 1949, p. 21.

Pour Alice, le point crucial est donc de défendre son indépendance émotionnelle et personnelle, mise en danger par la vulnérabilité de sa situation économique.

Dans le cas des personnages masculins, le problème de la dépendance se pose en termes très différents :

> " Dans le rapport du maître à l'esclave, le maître ne pose pas le besoin qu'il a de l'autre ; il détient le pouvoir de satisfaire ce besoin et ne le médiatise pas. (...) L'urgence du besoin, fût-elle égale en tous deux, joue toujours en faveur de l'oppresseur contre l'opprimé. " [220]

Malgré leur situation de pouvoir, le recruteur comme le patron de l'usine trouvent difficilement supportable de devenir des objets de haine. Leur pouvoir est établi par leur position - du bon côté du bureau - et par l'argent - le recruteur peut remplacer la tasse de café d'Alice par une coupe de champagne - mais il n'est pas suffisant pour leur assurer l'indépendance/l'indifférence émotionnelle, et ils essaient de se 'racheter' par le champagne ou la voiture avec chauffeur. Mais dans *En avoir (ou pas)*, comme les émotions ne se marchandent pas, le pouvoir ne peut pas être complètement exclusif. Ce thème est illustré par la mise en parallèle de deux épisodes - les expériences sexuelles des deux personnages principaux, Alice et Bruno, dans la première partie du film, alors qu'ils ne se connaissent pas encore.

Après son entrevue de travail ratée, Alice rencontre par hasard le recruteur qui l'a interrogée. Désireux de se faire 'pardonner', celui-ci lui offre un verre (de champagne), et propose de l'emmener faire un tour (dans sa voiture décapotable). Dans une séquence antérieure, au cours d'une discussion avec sa meilleure amie, Alice est apparue comme une jeune femme consciente de sa sexualité et de ses désirs, et dans le cas du recruteur, c'est elle qui fait le premier pas et l'embrasse. Lorsqu'on retrouve le couple dans la scène suivante, l'homme est allongé dans la voiture, et c'est Alice qui occupe le centre de l'image et qui a pris le 'contrôle' de la situation : " C'est moi qui vous baise, d'accord ?"

---

220. Beauvoir, p. 20.

La scène suivante nous montre les deux personnages le lendemain à l'aube, et elle est filmée sur la plage, avec des tons pastels et des textures - le sable, le ciel matinal, l'herbe blonde animée par la brise - qui se combinent pour créer une atmosphère de douceur. Cette séquence sans coupure est amorcée par un travelling latéral sur les dunes, de la droite vers la gauche, contre le vent, avant de révéler au loin les deux personnages assis sur la plage, de dos. La caméra ne s'approchera pas, et le son du bref dialogue se mêle au bruit de la mer et du vent. Le recruteur demande à Alice ce qu'elle compte faire elle répond qu'elle ne sait pas. L'homme a alors un geste bref d'autant plus étrange que la jeune femme ne réagit apparemment pas : il semble qu'il lui agrippe les cheveux et lui tire la tête en arrière ; le geste est ambigu et pourrait exprimer aussi bien une envie de contrôle qu'un désir inassouvi, ou que la frustration et la jalousie de celui qui est confronté à quelqu'un qui a encore la liberté de choisir. [221]

L'homme s'éloigne ensuite vers la droite, continuant ainsi la trajectoire commencée par la caméra. Avant de partir, il hésite puis tend à la jeune femme quelques billets : “Tenez. Ça pourra vous servir”. A ce que le geste pourrait avoir de sordide, s'oppose le contexte et l'ambiance - la plage, le vent, le son des vagues - ainsi que le vouvoiement respectueux dont les deux personnages ne se départiront jamais. Alice contemple les billets à bout de bras, contre le ciel : cet argent est peut-être son passeport pour la liberté.

L'attitude et la situation du personnage masculin est tout à fait différente. Le problème le plus urgent pour Bruno, car, quoiqu'il s'agisse d'un travail éprouvant, il a un emploi, n'est pas le chômage mais la solitude et le manque d'amour. Le personnage se présente comme un individu complexe, qui ne

---

221. La même frustration se retrouve dans *Sauve qui peut (la vie),* où une femme qui refuse de choisir se fait gifler, ou encore dans *Faut-il aimer Mathilde ?*, où le caractère imprévisible de l'héroïne provoque la fureur des personnages masculins. A la fin du film, Mathilde prend la route avec ses enfants, finit par s'arrêter dans un village inconnu du sud de la France, et décrète, d'un ton satisfait et définitif, qu'elle s'est perdue.

s'aime guère, n'a pas confiance en lui-même, et que la peur de la dépendance émotionnelle paralyse : lorsqu'il déprime, les amis de Bruno se demandent s'il ne serait pas tombé amoureux ; sa petite amie a rompu leur liaison parce qu'il a peur de la solitude, mais refuse de se commettre dans la relation :

"T'es parfaite toi ? T'as jamais besoin de personne ?
- Baiser pour se réchauffer, ça suffit pas"

Aux premières images vivement colorées dans lesquelles apparaît Bruno, s'oppose très vite la grisaille des scènes de la rue où le jeune homme rend visite aux prostituées. Tandis qu'il passe en marchant lentement d'une prostituée à l'autre la caméra suit Bruno dans un long travelling qui n'est pas sans évoquer la scène filmée dans l'usine, avec les ouvrières travaillant à la chaîne, et même la série des entrevues d'emploi, en ce que les femmes y sont représentées comme interchangeables. Pendant toute la séquence qui concerne les prostituées, le cadrage reste partiel, les corps et la vision sont fragmentés. Dans la rue, Bruno et les prostituées apparaissent en plan rapproché-buste ; dans la chambre d'hôtel, ce sont les hanches de la prostituée qui sont d'abord cadrées. L'approche est donc typiquement 'fétichiste', mais le décor, la lumière, et surtout les dialogues, viennent en contrepoint, pour démentir ce que les images pourraient contenir d'érotisme ou de pornographique. Le langage de la prostitution est insolite parce que tout en intégrant le tutoiement et les termes d'affection, il n'en reste pas moins le langage du 'commerce' ("Tu viens chéri ? 200 balles la pipe..."), un contraste souligné par le fait que Bruno choisit de suivre une prostituée qui a utilisé une expression ("Allez, regarde, il fait pas beau, on va s'réchauffer chez moi") que l'on entendra de nouveau, lors de la conversation du jeune homme avec son ancienne petite amie ("Baiser pour se réchauffer, ça suffit pas"). Par son aspect sordide, la scène de la chambre d'hôtel accentue le hiatus entre la réalité extérieure, et le besoin de contact amoureux de Bruno.

Le 'chez moi' est une chambre d'hôtel apparemment sinistre, et la caméra cadre immédiatement le but de la 'transaction' : le lit, et les jambes de la prostituée qui étend un drap. La jeune femme ne fait pas de digressions : "Un quart d'heure avec capote" ; "Tu veux que j't'attache ?, J'peux faire ta mère si tu veux ?"..., et aux gestes érotiques de son client, elle répond par une attitude neutre et des gestes mécaniques. Comme dans *Sauve qui peut, (la vie)*, la prostitution est ici présentée comme "un type de sexualité aliénante, où le soi s'est séparé du corps." [222]

Dans son article sur l'érotisme et la pornographie, Constance Penley remarque en outre que :

> " Malgré son imagerie pornographique, *Sauve qui peut (la vie)* concerne avant tout le refus et l'échec d'un regard masculin synonyme de contrôle, un regard que *ce film* désigne comme pornographique. " [223]

En effet, dans *Sauve qui peut*, lorsque la prostituée Isabelle apparaît sur l'écran comme l'icône pornographique par excellence - en gros plan, et gémissant de plaisir -, non seulement elle joue visiblement la comédie (son client lui demande de ne pas en faire trop), mais la bande son révèle qu'elle est en fait en train de penser à son emploi du temps de la journée. Dans *En avoir (ou pas)* l'ordre des choses est renversé : c'est le visage de Bruno qui est au centre de l'image, tandis que le visage de la prostituée se dérobe à la caméra, de même qu'elle se dérobe aux baisers ; une fois atteinte la limite du temps imparti, la jeune femme décrète la séance terminée et sort du cadre. *En avoir (ou pas)* ne se contente donc pas de mettre en scène les relations de pouvoir créées par une structure socialement, économiquement et sexuellement inégale, mais en signale également les limites. Ici, de manière cruciale, le 'commerce' ne se substitue pas à l'affection, et les contacts humains ne sont pas toujours dominés par l'économique : dans la petite société un peu idéalisée de l'hôtel de Lyon (qui s'appelle d'ailleurs 'l'Hôtel Idéal'), c'est la femme de ménage qui prête de l'argent au gérant de l'établissement.

---

222. Claire Pajaczkowska, p. 247.
223. Constance Penley, *The Future of an Illusion, Film, Feminism and Psychoanalysis*, London : BFI & Routledge, 1988, p. 84.

## L'échappée

Le caractère contraignant de l'environnement où évoluent les personnages d'*En avoir (ou pas)* est souligné à travers l'évocation de diverses formes de normalisation et de pression. Certaines sont manifestes, et sont traduites explicitement dans le film : face aux chômeuses et aux ouvrières de la première partie du film, ce sont des hommes - recruteur, patrons, chefs du personnel -, qui sont en position de pouvoir, et qui dominent et manipulent le langage. Mais certaines formes de contraintes, plus implicites, se traduisent par un jeu sur le langage non seulement dans le script, mais comme on l'a vu, dans les mouvements de caméra.

En contrepoint, le film illustre scrupuleusement non seulement les tensions créées par cet environnement, mais aussi les résistances qu'il suscite. Au cours de l'entrevue entre Alice et le recruteur, les rapports de pouvoir se trouvent ainsi mis à nu. Cette entrevue ne survient pas immédiatement : contrairement au cas des postulantes du début du film, le parcours de la jeune femme est tracé, de la perte de son emploi à son retour dans l'appartement de cité HLM de ses parents. Le ton n'est marqué ni par le sentimentalisme ni par l'outrance, le film s'attachant à décrire des circonstances banales probablement similaires à celles des autres candidates que le système des entrevues, malgré la curiosité factice du recruteur, condamne à l'anonymat.

La scène de son entretien pour l'emploi de standardiste commence de manière identique à celle des candidates précédentes, sans entrée en matière. Cependant, l'attitude d'Alice est relayée par le montage, et la scène prend cette fois la forme d'un champ/contrechamp qui révèle le visage du recruteur et signale un changement d'intensité : mis au pied du mur, le recruteur mène jusqu'au bout - jusqu'à l'absurde - la logique de l'interrogatoire :

> "Ben oui mais moi je suis *une* fille. On est peut-être cent, mais moi je suis *une* fille.
> - Vous êtes capable d'aller jusqu'où pour avoir ce boulot ?
> - J'ai besoin d'ce travail, c'est tout.
> - Mais pourquoi vous en avez tant besoin que ça ?
> - Mais parce que j'ai besoin d'argent !"

Parce qu'Alice refuse de 'jouer le jeu' - elle se met en colère, montre ses émotions, pleure - les apparences tombent et laissent émerger la relation de force dans sa brutalité (" Vous êtes capable d'aller jusqu'où... ? "). Le recruteur, cette fois exposé par l'objectif, perd le contrôle de la situation ; son sang-froid le quitte, il jure, s'excuse :

> "J'fais mon boulot, j'y peux rien. Y'a quelqu'un qui fait ce boulot, c'est moi... Vous n'allez pas vous effondrer comme ça chaque fois, merde !"

Pour regagner le contrôle, le recruteur est obligé d'aller plus loin ; puisque la jeune femme lui a avoué souhaiter devenir chanteuse, il pousse l'humiliation jusqu'à lui demander de lui chanter une chanson. Alice balbutie et le recruteur se prend la tête entre les mains...

Comme le recruteur, le patron qui annonce à Alice sa mise à pied dénie toute responsabilité, se cache derrière des raisons de nécessités économiques sur lesquelles il n'a pas d'emprise, et suivant une stratégie maintenant familière, essaie de convaincre Alice que cette mise au chômage lui sera bénéfique. Pourtant, ce patron un peu veule n'est pas complètement antipathique, et il lui offre la 'première' cigarette du film : un geste qui se répète comme un rituel, un appel à la conciliation ou le signal d'un besoin de contact ou de communication. Alice ne se laisse pas aisément séduire : la cigarette reste éteinte, elle demande le montant de ses indemnités, et plus tard, elle envoie son sac buter contre la portière de la voiture du chauffeur qui offre de la ramener chez elle.

Comme on l'a vu plus haut, en illustrant le hiatus entre l'enjeu - un emploi de standardiste - et les questions - parler de ses aspirations et de ses rêves à un parfait inconnu - le script souligne un rapport de pouvoir que traduit également la mise en scène ; mais il en indique également les limites. Quoique présentées à travers le montage fragmenté, comme 'interchangeables', les candidates résistent, par leur présence, la diversité des voix, des attitudes et des réactions, et par certaines réticences, à l'effet de *standardisation*.

> "Et pourquoi le Canada ?
> - C'est un pays qui m'intéresse énormément.
> - Et dites-moi encore pourquoi ?

- Parce que. Là, ça devient trop personnel."

Cet échange entre le recruteur et la dernière candidate s'enchaîne par un raccord direct à une image de bateau qui s'éloigne. Au cours de la première partie du film, la mer, évoquée par le bruit des vagues et le son des sirènes de bateaux joue donc son rôle classique : l'appel du large. Son et images de mer encadrent ainsi la série des entretiens, pour symboliser la liberté, le caractère insaisissable de l'esprit et des rêves, et souligner la futilité des questions indiscrètes du recruteur.

Le film ne s'attarde d'ailleurs jamais à 'situer' les scènes visuellement (*establishing* shot). Au début d'*En avoir (ou pas)* c'est le bruit de la mer et l'accent de la première candidate qui peuvent servir d'indices. Par contraste, lorsqu'il s'agit d'indiquer le changement de lieu, des légendes sont utilisées, faisant apparaître le nom des villes en couleur vives sur un écran noir. Si le ciel remplit parfois l'écran entier, de Boulogne ou de Lyon on ne voit par contre aucun plan d'ensemble (même lorsque Bruno est filmé travaillant sur le toit d'un immeuble), mais quelques vues d'une plage, des terrasses de café, une rue la nuit... En ne donnant pas aux images et aux paysages fonction de placer et de situer, le film devient le reflet d'un parcours mental autant que géographique, où le hors champ, cet ailleurs auquel aspirent les personnages, se voit accorder une importance cruciale.

Lorsqu'Alice et son amie discutent sur la plage, à l'aube, la présence de la mer est signalée par le bruit des vagues. Les deux jeune filles avaient rêvé de quitter Boulogne ensemble, mais lorsqu'Alice se déclare prête, l'amie fait marche arrière : on ne part à l'aventure que dans les romans. Tandis que son amie retourne sur ses pas, vers la ville, et s'éloigne de l'eau, Alice reste assise dans le sable, à contempler le hors-champ inaccessible, la mer invisible.

Les lieux de prédilection du film - un port, une baraque à frites, l'hôtel... - sont des lieux de passage, des espaces transitoires, filmés à la clarté des néons ou dans la lumière rasante du matin. Aussi peu descriptive, la scène de l'arrivée d'Alice à Lyon, lorsque la caméra la suit dans l'Escalator de la gare, donne une impression d'envol autant que de dépaysement.[224] Fidèle aux parenthèses de son titre, et en dépit d'un style qui s'apparente à celui du documentaire, le film est donc construit de fragments d'une réalité qui se dérobe et où les mouvements des personnages sont rarement prévisibles : en dépit de la présence symbolique de la mer, en dépit du son des sirènes et des images de bateaux, lorsqu'Alice décide de 'prendre le large', elle part en train et s'enfonce dans les terres.

### La 'stratégie du retrait'

La même sensation d'insaisissable caractérise le rapport des personnages principaux à l'objectif : ils éludent la caméra. Ainsi, en opposition avec la série des candidates du début du film, et dont l'objectif fixe les visages, les traits d'Alice ne nous sont révélés que longtemps après et comme à contrecoeur. Dans l'usine, la jeune femme est masquée, pendant son entrevue avec le patron de l'entreprise la caméra se contente de filmer sa nuque, et la scène de l'arrêt de bus est filmée en plan long. Tout au long du film, des visages se cachent derrière des chevelures, des personnages - les personnages féminins en particulier - sont filmés à contre-jour, de dos, ou se retournent comme pour échapper au regard de l'objectif, cependant qu'aux rares moments où les visages sont 'exposés', dans le cas de Bruno avec la prostituée par exemple, la sensation de voyeurisme est par contraste accentuée.

Dans le même esprit, le film inclut une variation ironique sur l'un des clichés cinématographiques les mieux établis : la scène de la douche. Ici, les nuages de vapeur ne sont pas le prétexte à des plans de nudité à moitié révélée ; la caméra s'en tient strictement à des plans rapprochés de la tête et des épaules de la jeune femme. Non seulement Alice se savonne vigoureusement, mais elle se renifle plusieurs fois la peau des bras : pour l'ouvrière de l'usine de poisson, la douche est une routine nécessaire.

L'approche adoptée dans *En avoir (ou pas)* peut être mise en parallèle avec un processus de changement de la représentation de la femme dans le cinéma d'auteur français,

224. Les images sont de Caroline Champetier.

une évolution dont les sources pourraient notamment se trouver, d'après Ginette Vincendeau, qui s'est penchée sur la question du statut des acteurs de cette époque, dans le cinéma de la Nouvelle Vague. Désireux de mettre en scène un système de valeur et un langage cinématographique nouveau, les réalisateurs de la Nouvelle Vague se sont détournés des acteurs et actrices déjà établis au profit de nouveaux venus. En tant que groupe, les actrices en particulier ont commencé de représenter un nouveau 'type de femme', moins physique, plus intellectuelle, ce que reflètent le jeu plus intériorisé et la mise en valeur des visages au détriment du reste du corps (les vêtements des actrices tendent d'ailleurs à cacher leurs formes) [225]. Si une partie du cinéma dit d'auteur est devenu par la suite le locus d'une sexualité exhibée, la tendance identifiée par Ginette Vincendeau n'en a pas moins laissé sa marque. Dans *Sauve qui peut, (la Vie)*, Godard et Miéville explorent plus avant ces questions de représentation et ne se contentent pas de la métaphore de la prostitution. Au début du film, la productrice (Nathalie Baye) quitte la ville et se rend dans le village où elle a l'intention de s'installer pour y rencontrer un employeur potentiel. Tandis qu'ils discutent de conditions d'emploi dans une rue du village, la caméra quitte les protagonistes principaux, que l'on continue cependant d'entendre, pour suivre une 'apparition' qui semble droit sortie d'un film de la période du cinéma dit classique : une femme inconnue, en hauts talons, habillée dans le style des années 1940, avec une étole de fourrure autour du cou ; dans le contexte - un petit village suisse sans caractère particulier, de nos jours -, cette vision paraît particulièrement absurde. Il ne s'agit pas simplement de souligner le parallèle entre travail et prostitution, ou encore de faire un clin d'oeil à une période classique du cinéma américain ou français ; la séquence peut se lire à la fois comme un commentaire humoristique sur le pouvoir de la caméra et le contrôle auquel elle soumet le (regard du) spectateur et comme un commentaire implicite sur

---

225. Ginette Vincendeau, étude en cours ; séminaire de recherche, SELC, Université d'Edimbourg, 28 novembre 1996.

la représentation de la femme au cinéma. Dans les plans qui précèdent et succèdent à cet épisode, Nathalie Baye occupe souvent le centre de l'image, avec de fréquents gros plans de son visage. S'imposant cependant comme un écran entre l'objectif et le visage de l'actrice, ses cheveux, agités par le vent, viennent constamment masquer ses traits, et lorsque le personnage masculin, saisissant une mèche, remarque qu'elle a de beaux cheveux, la jeune femme réagit avec irritation. Ces images sont évocatrices des territoires explorés en littérature et à l'écran par les protagonistes du nouveau roman et de l'écriture féminine. A propos de *Sans toit ni loi* (1986) - un film dédié à Nathalie Sarraute - Agnès Varda décrit Mona la vagabonde comme un personnage qui lui échappe sans cesse. Dans *Sauve qui peut (la vie)*, Godard rend directement hommage au travail de Duras, l'écrivain et la réalisatrice, dont les propos suivants, extraits de *Les Parleuses*, semblent ici pouvoir s'appliquer au langage cinématographique aussi bien qu'à l'écriture littéraire :

> X. Gauthier - "... Dans *L'Amour*, (...) un moment où vous dîtes : "Ne sait pas être regardée". Il n'y a même plus de pronom personnel - c'est 'elle'-, et puis, c'est négatif : 'Ne sait pas', et puis, être regardée, c'est passif. Je mc demandais s'il n'y avait pas une espèce de retrait, de reprise du sens grammatical habituel.
>
> M. Duras - Elle n'est pas consciente. C'est des blancs, si vous voulez, qui s'imposent. Ça se passe comme ça : je vous dis comment ça se passe, c'est des blancs qui apparaissent, peut-être sous le coup d'un rejet violent de la syntaxe, oui, je pense, je reconnais quelque chose là.
>
> X.G - Et quand vous dites 'blancs', c'est aussi creux, ou manques ?
>
> M.D - Quelqu'un a dit le mot : anesthésie, des suppressions." [226]

Duras adopte ce qu'on peut décrire comme une 'stratégie de retrait' lorsqu'elle filme autant que lorsqu'elle écrit, et dans le film de Godard, présente par la voix, elle refuse d'apparaître à l'image.

La pudeur et la retenue dans l'acte même de filmer les personnages s'imposent tout au long du film de Masson comme

226. Marguerite Duras, Xavière Gauthier, *Les Parleuses*, Paris : Editions de Minuit, 1974.

le moyen de créer ou de préserver ce qu'on pourrait justement appeler espace 'blanc' - un espace qui échappe aux a priori et aux stéréotypes cinématographiques, et où le personnage féminin en particulier peut évoluer sans être piégé dans une fonction d'icône ou de signe, (sujet du voyeurisme/objet du désir masculin, symbole de la 'Féminité', figure maternelle...), de la même manière que dans l'univers diégétique, le personnage principal prend la route pour échapper à une destinée toute tracée, à un futur préétabli et limité. Cette stratégie de la 'retenue' s'illustre particulièrement bien lorsqu'on compare la manière dont sont filmées les deux scènes de sexe : la séquence aux images fragmentées, nettes et crues, où le jeune homme est en compagnie de la prostituée, avec la scène d'amour entre Alice et Bruno à la fin du film. Les deux jeunes gens enlacés sont alors filmés de si près que c'est la texture, le grain de la peau et la courbe des corps qui composent les images ; des images que traverse parfois, comme par hasard, le sourire d'Alice, et qui, accompagnées par un bruit de vagues, semblent hésiter entre la composition abstraite et le paysage. La technique évoque les premières images *d'Hiroshima mon amour* (Alain Resnais, 1956, d'après un scénario de Duras), cependant que Sandy Flitterman-Lewis et Guy Austin font, à propos des films de Varda, *Jane b par Agnès v* (1987) et *Jacquot de Nantes* (1991), des remarques similaires :

> " Dans *Jane B par Agnès V,* Agnès Varda filme le corps nu de Jane Birkin en extrême gros plan, comme s'il s'agissait d'un paysage humain. (...) De la même manière, dans *Jacquot de Nantes*, un portrait de son mari, le réalisateur Jacques Demy, alors atteint de cancer, Varda filme les mains, le visage, les yeux et les cheveux de ce dernier, par de lents panoramiques en extrême gros plan, "Comme s'il était un énorme paysage et qu'on s'y promène." [227] "

---

227. Guy Austin, *Contemporary French Cinema*, Manchester : Manchester University Press, 1996, p. 49 et p. 87. Les italiques sont ajoutées. *Varda par Agnès*, Paris : *Cahiers du Cinéma*, 1994, p. 279. Sandy Flitterman-Lewis, 'Magic and Wisdom in Two Portrait by Agnès Varda', *Screen* 34/4, 1994.

A ces films, Austin compare la manière dont est filmée Myriam Roussel dans *Je vous salue Marie* (1997) ; le commentaire d'Austin souligne cependant l'existence d'un discours profondément différent sur la sexualité :

> " (...) Godard explore visuellement la contradiction qui marque la narration et s'incarne dans le corps à la fois virginal et sexualisé de Marie. Portées par le monologue de Marie qui déclare "il n'y aura plus de sexualité en moi", des images explicites de son corps nu sont éditées côte à côte avec des images du *soleil, de plantes, et d'animaux*. Le corps divin et pourtant humain de Marie n'appartient donc pas à la pornographie, mais à l'imagerie virginale de *l'histoire* naturelle. " [228]

Si les choix esthétiques qui caractérisent *En avoir (ou pas)* peuvent sembler, dans l'apparent naturalisme de la mise en scène, proches du style adopté par Godard et Miéville (plus que du cinéma classique ou que de l'expérimentation et de l'austérité qui caractérise Duras par exemple), la 'stratégie du retrait', le masquage, n'a pourtant pas dans *En avoir (ou pas)* les mêmes visées que dans les films de Godard, et ses implications apparaissent en fait radicalement différentes. Qu'il filme le corps humain mais 'divin' (donc inaccessible) de Marie, ou le visage élusif ou impénétrable de Denise, Godard oppose à un monde patriarcal en crise un univers mystérieux spécifiquement féminin, ou féminin par essence, duquel les hommes sont exclus, et qu'ils ne peuvent pas comprendre. Dans une entrevue avec les *Cahiers du Cinéma*, Godard remarque qu'au ralenti, les images d'une femme sont plus riches, plus intéressantes que celle d'un homme, et semble suggérer l'existence d'un univers fascinant et énigmatique *par essence.* [229] A propos de *Sauve qui peut (la vie),* Constance Penley conclut :

> " En se concentrant sur le pornographique comme l'aspect problématique de *Sauve qui peut (la vie),* on passe à côté d'une logique plus profonde et plus équivoque, et qui ne se situe pas dans des images individuelles (...) ou dans certains des dialogues (...), mais dans le discours sur la différence sexuelle que le film ne cesse

---

228. Les accentuations (italiques) ont été ajoutées. Guy Austin, p. 49.
229. *Cahiers du Cinéma* n°316, *'Propos rompus'*, octobre 1980.

de proposer. Quoique le film adresse, au niveau de la fiction, la question de la différence sexuelle d'un point de vue théorique (la possibilité d'une énonciation d'origine féminine), et comme l'une des complications de l'existence humaine (l'incapacité de Paul à ne pas se sentir exclu du monde des femmes et de la féminité), il construit cette différence comme essentielle, absolue, et irréconciliable jusqu'à la violence. En contraste avec le film classique, les femmes sont ici associées à l'activité et les hommes à la passivité ; dans ce renversement des rôles, la féminité devient la référence, et la masculinité devient son 'autre'. Les femmes acquièrent ainsi une certaine supériorité, mais au prix d'une différenciation définie comme essentielle (inhérente à leur nature), et dépendante de la destruction de son opposé. " [230]

Dans son argument en faveur d'une interaction entre féminisme et postmodernisme, Susan Heckman décrit comme régressifs les discours comme celui qu'a identifié Constance Penley dans le travail de Godard :

" Le premier problème réside dans le fait que nombre de féministes, quoiqu'elles se soient attaquées aux dualismes de l'esprit rationnel des lumières et le statut privilégié que l'homme dérive de ces dualismes, refusent cependant d'accepter l'argument postmoderne selon lequel ces dualismes doivent disparaître. Elles proposent au contraire que ces dualismes soient maintenus mais inversés, privilégiant ainsi le féminin par rapport au masculin. Pour les avocats du postmoderne, cette tentative d'inversion est vouée à l'échec puisqu'elle ne réussira qu'à perpétuer les dualismes. " [231]

Comme dans certains des films de Godard, *En avoir (ou pas)* valorise le statut du personnage féminin en mettant en question certains des stéréotypes et certaines des attentes du spectateur rompu aux structures de la narration classique. L'une des scènes les plus stéréotypées de l'hystérie au cinéma est celle de l'héroïne qui se mutile, en commençant par se couper les cheveux (de *37.2 le Matin* de Beineix, à *l'Eau froide,* de Olivier Assayas, 1994). Ici, c'est Bruno qui, après son 'accident' (dont les circonstances restent obscures), se coupe grossièrement les cheveux avant de quitter l'hôpital ; l'épisode

---

230. Constance Penley, *The Future of an Illusion*, p. 89.
231. Susan J. Hekman, *Gender and Knowledge. Elements of a Postmodernist Feminism*, Cambridge : Polity Press, 1990, p. 5.

est un peu plus tard involontairement tourné au ridicule par Alice :

> "Alors vous allez chez le coiffeur, il faudrait vous tomber dans les bras, non mais..."

Comme dans *Sauve qui peut (la vie),* ce sont les personnages féminins qui sont ici plus actifs : la soeur de Joseph qui "cherche", plutôt que de se laisser couler comme Bruno ; Alice qui décide de quitter Boulogne et se met en quête de travail à Lyon. Mais les personnages féminins des films de Godard évoqués plus haut n'expriment que très rarement leurs désirs lorsqu'ils concernent l'autre sexe. Tandis que Joseph la désire, Marie se refuse et se place au-delà du sexe. Isabelle est une prostituée, qui se plie donc aux fantasmes de ses clients contre de l'argent, et tout en continuant un dialogue secret avec elle-même. Les raisons précises de la rupture entre Denise et Paul ne sont pas discutées. Par contre, ce dernier a des pensées incestueuses lorsqu'il regarde sa fille au début du film ; il désire encore Denise, et fait des avances à sa première femme. Comme les personnages masculins, les personnages féminins d'*En avoir (ou pas)* sont, par contre, des êtres désirants : c'est Alice qui, la première, remarque Bruno et le contemple, à son insu, alors qu'il est plongé dans le sommeil. Au comptoir du bar où les deux personnages s'adressent pour la première fois la parole, c'est encore elle qui regarde Bruno (et lui reproche ses "regards en coin"). Alice se trouve en retrait, et le jeune homme de profil est donc exposé à un double regard - celui de la jeune femme et celui de la caméra. [232] Joseph décrit plus tard à son ami comment il s'est fait séduire par une femme à laquelle il plaisait visiblement autant qu'elle lui plaisait. Dans *En avoir (ou pas)*, la 'stratégie du retrait' reflète donc bien une résistance à l'*objectification,* sans pour autant idéaliser les personnages féminins en les plaçant *au-delà* du désir.

---

232. A comparer par exemple avec la scène de *37°2 le Matin* où Zorg en retrait contemple Betty endormie en premier plan, face à la caméra.

## Essence et différence

*Sauve qui peut (la vie)* est une remarquable variation sur le thème de l'incommunicabilité entre hommes et femmes. Le personnage masculin, Paul Godard, se heurte tout au long du film à cette impossibilité, et ses rapports avec les femmes sont marqués par l'aliénation, l'exclusion et l'agressivité. Bande son, composition de l'image et mouvement (le ralenti) sont marqués de motifs qui reviennent pour illustrer ce thème. Lorsque Paul essaie de parler à Denise, le dialogue est fragmenté ou carrément inaudible ; les dialogues téléphoniques restent également inaccessibles au spectateur/auditeur ; lorsque le couple se rencontre sur le quai d'une gare, l'échange se perd dans le bruit d'un train qui passe, et dans la scène du bar, Paul constate la vanité et l'inutilité du langage : les gens parlent pour ne rien dire, ils ont "un trou à la place de la bouche" (une image qui sera reprise dans la conclusion de *Je vous salue Marie*). Les moments de contact, lorsqu'il ne s'agit pas de purs fantasmes (l'embrassade entre Paul et Denise à la porte du studio) sont entachés d'une agressivité rentrée que le ralenti révèle (Paul se jetant sur/dans les bras de Denise dans la cuisine. Paul embrassant sa fille Cécile). Les femmes sont les gardiennes d'un univers caché, qui s'exprime à travers les voix off (la voix de Duras, celle d'Isabelle ou de Denise se parlant à elles-mêmes), mais qui peut également se 'partager' entre femmes : dès leur première rencontre, Denise et Isabelle semblent sympathiser, mais le principal échange a lieu dans un endroit fermé et privé : lorsqu'elles parlent du projet de Denise - un roman peut-être -, de Paul, et échangent une cigarette, elles sont filmées dialoguant à l'intérieur d'une voiture. De manière similaire, lorsque Cécile et sa mère rencontrent Paul, elles semblent proches et sont filmées ensemble, comme si elles faisaient 'bloc' contre lui.

Dans *En avoir (ou pas)*, la difficulté et la peur de communiquer sont également des thèmes récurrents, mais ces difficultés ne sont pas associées à une incompatibilité par essence, et sont traitées avec sérieux, mais aussi avec humour, comme en témoigne la scène du café par exemple. Le recruteur, après avoir invité Alice à boire un verre, est rappelé à l'ordre par son téléphone portable. Il est obligé de mentir à son interlocuteur - sa femme probablement - en la présence d'Alice, et le coup de fil terminé, cette dernière lui propose de porter un toast “à la communication moderne”.

Le film ne cherche pas à atténuer les différences et les excentricités des personnages ; ce sont au contraire des personnages complexes, et le film semble suggérer que les plus sincères sont souvent ceux qui ont le plus de difficultés à s'exprimer. Avec la retenue qui caractérise le film dans son ensemble, la réalisatrice a laissé planer autour de ses personnages une part d'inconnu, mais non sans suggérer en même temps que les raisons de leur mal-être sont à chercher en relation avec leur statut social et leur milieu et s'expliquent aussi par leur histoire personnelle.

En traçant un parallèle entre deux personnages principaux de sexe différent, *En avoir (ou pas)* associe cette part de mystère non pas à une différence de nature entre hommes et femmes, mais à la complexité insondable et à l'unicité de chaque individu, aussi ordinaire soit-il/elle qui s'exprime dans le film par la part du non dit. La première période du film se termine sur un plan éloigné d'Alice allongée sur la plage à Boulogne, le visage tourné vers le ciel. A cette image succède un plan du ciel, avec le bruit des vagues qui chevauche le raccord. Le plan suivant (le visage de footballeurs qui se penchent, en contre-plongée, vers l'objectif - c'est-à-dire vers Bruno qui vient d'être fauché et qui gît sur le sol, sonné), est notre première introduction dans l'univers du jeune homme, à Lyon. Ce raccord graphique, volontairement déroutant, crée d'emblée un lien entre les deux personnages encore séparés géographiquement.

Les épisodes suivants sont structurés de manière à renforcer ce lien, et mettent Bruno en scène dans des situations qui sont évocatrices de celles vécues par Alice. Initialement, l'un et l'autre sont filmés dans le cadre de leur travail - l'usine pour Alice et le chantier pour le jeune homme. En outre, les trajectoires des deux personnages se croiseront à la gare de Perrache, un lieu de départ où semblent se cristalliser leurs aspirations ; Alice arrive à Lyon et s'élève sur les Escalators de la gare, accompagnée par la musique de Marianne Faithfull (une chanson qu'elle a essayé plus tôt de chanter, et qui parle des aspirations et des désirs inexprimés d'une femme) ; lorsque Bruno vient promener sa déprime dans la salle d'attente ou sur les quais, la musique de Cheb Mami est comme une invitation au voyage. La scène est suivie directement par un plan du jeune homme (en profil perdu) regardant, fasciné, un match de football à la télé. Tandis que les images télévisées emplissent tout le cadre, la beauté des mouvements est dramatisée par le ralenti, et la séquence se termine avec l'envolée d'un joueur qui vient de marquer un but, et qui s'élance vers le public.

Quoique très différent, l'épisode de la prostituée reflète celui de la rencontre entre Alice et le recruteur en ce que les deux scènes sont l'expression d'un désir sans sentiments, et que l'argent joue dans les deux cas un rôle. Alice quitte un petit ami que l'on ne verra jamais à la caméra, cependant que Bruno vient de rompre avec une compagne qui n'apparaît que brièvement (et principalement de dos), l'espace d'une conversation téléphonique. Similaire aussi, le fait que ces personnages peuvent s'appuyer sur leur entourage, - sa vraie famille pour Alice, l'hôtel et la famille 'd'adoption' (Joseph et sa soeur, avec la présence maternelle de la femme de ménage) en ce qui concerne Bruno -, un cocon familial réconfortant mais qui ne suffit pas à les guérir de leur mal être. Comme Alice, Bruno a un ami proche, Joseph (Roshdy Zem), avec qui il peut parler de ses incertitudes, et en compagnie duquel il peut aussi se réfugier lorsqu'il n'a pas le courage de rentrer chez lui. Ni Alice ni Bruno ne sont matérialistes : la jeune femme fait remarquer à sa mère qu'il est plus important d'y croire que d'avoir de l'argent ou des moyens, cependant que Bruno, lorsque Joseph se plaint de n'avoir ni voiture, ni maison, répond que "C'est des rêves à la con ça". Alice voudrait être chanteuse, et Bruno footballeur, deux aspirations apparemment sans relation mais qui peuvent être partagées : Alice propose à Bruno de chanter en duo, et lorsque Bruno emmène la jeune femme voir un match de foot, malgré sa réticence initiale, cette dernière se laisse vite gagner par l'enthousiasme ambiant.

En mettant en scène une trame de relations humaines qui n'est pas prédéterminée par la sexualité ou la race, le film recentre les rapports entre ses personnages, et, tout en prenant en compte le contexte socio-économique, les présente comme relations entre personnes incluant des conflits de personnalités.

*En avoir (ou pas)* n'est pas pour autant une lamentation apitoyée sur les angoisses de la solitude humaine : lorsque Bruno, qui essaie de décrire son sentiment de solitude et d'exclusion à Joseph, son ami arabe, lui confie que ce sentiment lui donne l'impression d'être 'Noir', Joseph se moque de lui et le déclare chanceux - Bruno doit être le seul Noir en France qui ne se fait jamais arrêter pour vérification d'identité... De manière cruciale, le film n'est pas non plus une célébration de l'individualisme irréductible et triomphant ; si la reconnaissance de la singularité et de la différence est un thème fondamental du film, elle apparaît ici comme le fondement du partage, plutôt que comme l'expression de l'incommunicabilité humaine. La fin du film est une représentation de ce couple indissociable - similarité et dissemblance -, qui s'oppose à travers les personnages de manière à la fois humoristique (la remarque d'Alice à propos de la nouvelle coupe de cheveux de Bruno) et passionnée. Pour traduire l'intensité du conflit - entre le semblable et le différent, entre l'attraction et la peur -, Masson filme la majorité des dernières séquences du film en plan rapproché, cadrant sans relâche l'un ou l'autre ou ses deux personnages. La présence du contexte environnant (le café, la rue, les HLM) est cependant respectée par la profondeur de champ, ou assurée par la bande son, où un mixage soigné superpose aux bruits ambiants les dialogues échangés par les protagonistes.

En résistant à la première avance que lui fait Bruno, Alice exprime une appréhension habituellement exclue des situations de romance classiques : le jeune homme l'attire, mais il ne représente pas un 'idéal', et il n'apporte pas de solution immédiate aux problèmes matériels et surtout aux doutes existentiels de la jeune femme :

> "Vous êtes trop compliqué pour moi. Trop pauvre. Ouvrier. Regardez vous : vous êtes miteux. Sans avenir. On dirait moi !"

La séquence se termine avec la scène d'amour où, comme on l'a remarqué plus haut, les deux corps filmés en extrême gros plan, se mêlent et deviennent indissociables. Pourtant, dans les plans suivants, les personnages sont à nouveaux séparés : Alice au premier plan, dans le lit, et Bruno au second plan, endormi sur le sol près de la fenêtre. Alice passe ensuite sur le balcon et contemple le jeune homme encore endormi à ses pieds, tout proche, mais de l'autre côté de la vitre. Le film enchaîne directement sur une courte scène qui illustre cependant parfaitement le propos du film. Les personnages (elle grande, blonde et l'air taquin, lui petit, brun, l'air têtu) sont cadrés ensemble dans un plan rapproché, debout l'un contre l'autre, et se regardant :

"On s'ressemble pas beaucoup hein ?
- Non".

Le plan suivant, qui conclut le film, les montre marchant ensemble dans la rue, main dans la main.

## Conclusion

*Sauve qui peut (la vie)* utilise une multiplicité d'approches et de techniques filmiques pour créer une métaphore, la représentation symbolique d'un système de relations de pouvoir et d'exploitation qui imprègne tous les aspects de la vie - à tel point que, malgré les touches d'humour, cette représentation prend des aspects mythologiques. Il n'est pas certain que même Denise, qui cherche à 'échapper au système', y parviendra, quoique les femmes semblent mieux 'résister', qu'elles parviennent mieux à préserver leur intégrité. En opposant au système patriarcal un 'univers féminin', mystérieux et exclusif, le film suggère en outre que les sources de cette résistance sont à chercher dans l'essence même de la féminité :

> " (...) En termes narratifs, la répartition des rôles se démarque nettement de la convention cinématographique. Mais le film ne questionne pas ce qui est présenté comme une fascination naturelle suscitée par les femmes, de sorte qu'ultimement, les contradictions sont résolues selon les termes d'une logique masculine et

masochiste, résultat de l'agressivité stérile qui s'exprime à l'encontre de femmes idéalisées. "[233]

Bien qu'il mette en question le système de représentation, et en particulier les stratégies de représentation cinématographiques, et qu'il dénonce certains des discours traditionnels sur la sexualité, le film de Godard et Miéville ne s'attaque donc pas à l'élément de ces discours qui est le fondement même de la critique contemporaine féministe et postmoderne : l'argument essentialiste.

En essayant de préserver les 'bons' aspects de la modernité, ou même de privilégier le féminin par rapport au masculin, on ne peut échapper au sexisme inhérent à l'épistémologie héritée du rationalisme des lumières.[234]

D'une certaine manière *Sauve qui peut (la vie)* pourrait donc servir d'illustration à la mise en garde de Claire Johnston, lorsqu'elle remarque que, derrière les discours véhiculés par le cinéma d'art ou le cinéma d'avant-garde les arguments et les stéréotypes habituels se cachent souvent de façon particulièrement efficace[235] - une mise en garde qui n'est pas pertinente cependant dans le cas d'un film comme *En avoir (ou pas)*.

En s'appuyant sur certaines traditions du cinéma d'auteur, Laetitia Masson développe pour *En avoir (ou pas)* une approche filmique qui lui permet d'explorer les mêmes thèmes en évitant de tomber dans le déterminisme social, la consécration de l'individualisme, ou dans l'essentialisme ; les démarches qui servent le voyeurisme sont délaissées au profit d'une stratégie *du retrait*, une *mise entre parenthèses*, qui rompt avec les pratiques filmiques classiques, et qui lui permet de ne pas s'enfermer dans un discours stéréotypé sur la sexualité.

Lorsqu'Alice et son amie discutent de leurs relations avec des hommes, elles ne partagent visiblement pas les mêmes attentes. Pareillement, quand Joseph et Bruno parlent de leurs

---

233. Constance Penley, p. 89.

234. Susan J. Hekman, p. 8.

235. Claire Johnston, *Notes on Women's cinema*, introduction.

relations avec des femmes, il ne s'agit pas d'un dialogue au travers duquel une mythologie commune serait renforcée, mais de deux monologues qui se surimposent sans se correspondre. Dans le titre comme dans les images, la *mise entre parenthèses* se fait ici dans la lignée d'une approche postmoderne : sans minimiser l'importance de la diversité, la reconnaissance de 'l'autre' comme similaire et différent, le film met entre parenthèses un discours sur la sexualité qui se fonde sur des oppositions dualistes, afin de privilégier le concept de la personne.

C'est l'acceptation de la contradiction propre à l'altérité humaine qui rend en fait la communication possible ; et Alice de lancer à Bruno :

> "Mais regardez-vous !... On dirait moi...."

Pour constater quelques instants plus tard :

> "On se ressemble pas beaucoup, hein ?"

# 7 - Film noir, mort blanche : *J'ai pas sommeil*, Claire Denis, 1995

Suivant la tradition coloniale et postcoloniale des cinémas occidentaux, le cinéma français ne s'est que rarement écarté de la norme raciale dominante, et place généralement au centre de sa structure narrative l'occidental blanc. L'immigrant, le natif des 'territoires d'outre-mer' ou le Français d'origine ethnique minoritaire reste un personnage inhabituel, et se voit le plus souvent accorder une présence marginale, le phénomène étant encore plus net dans le cas des personnages de sexe féminin. Durant ces dix dernières années cependant, la présence et la visibilité des minorités ethniques dans le cinéma français se sont affirmées, dans un contexte politique et socio-économique en crise où les problèmes d'intégration, largement couverts par les médias, se sont trouvés projetés au premier plan. Genre bien établi, quoiqu'en constante mutation et actuellement en perte de vitesse, le 'polar' français aborde ces sujets avec un pessimisme patent : *L 627* (Bertrand Tavernier, 1992) par exemple, emprunte au style documentaire pour tenter de donner de la police et de l'univers de la drogue une image réaliste en évitant les effets de sensationnel. L'absence d'alternative, que ce soit sous la forme de situations ou de personnages - les personnages noirs ou arabes restent à la périphérie de la narration et de l'image : principalement, des *dealers* arabes ou sénégalais ; les policiers et les drogués par contre, tendent à être des Français 'de souche' ; les gros trafiquants ou criminels d'envergure demeurent invisibles - donne au film un ton particulièrement désespérant. De manière plus positive, la présence des ethnies minoritaires s'est affirmée grâce à l'émergence et parfois à la confirmation (même après un premier film réussi, la 'barrière' du second film reste un obstacle difficile à franchir) de nouveaux talents dans la production et la réalisation : Rachid Bouchareb (*Cheb*, 1991), Malik Chibane (*Hexagone*, 1994), Abdelkrim Bahloul (*Un Thé à la menthe*, 1984, *Les Soeurs Hamlet,* 1998), Mahmoud Zemmouri (*100% Arabica*, 1998) en sont des exemples frappants.

De la comédie romantique au 'polar', au drame réaliste et aux sagas du 'cinéma de qualité', les films des années 80/90 qui mettent en scène des personnages centraux représentants d'autres cultures ou d'autres ethnies que celle dominante du 'Français de souche' blanc, reflètent des approches et attitudes restant souvent proches du stéréotype - de l'idéalisme forcené (*Romuald et Juliette*, Coline Serreau, 1989), au paternalisme nostalgique [on devrait presque, dans le cas d'*Indochine* (Régis Warnier, 1991), parler de 'maternalisme'], et au pessimisme profond *Police,* (Maurice Pialat, 1985, *L 627*, (Tavernier, 1992), *La Haine*, (Mathieu Kassowitz, 1994). Le travail de Claire Denis peut être considéré comme occupant une place à part, la réalisatrice ayant consacré non pas un, mais une série de longs métrages au thème des relations inter-raciales, avec des situations mises en scène et abordées dans leur complexité afin d'éviter autant que possible les écueils traditionnels du libéralisme égalitaire et réducteur et de la démagogie victimisante.

L'histoire personnelle de la réalisatrice a pu jouer un rôle dans l'approche qu'elle adopte et dans le choix de ses thèmes de prédilection : Claire Denis est née et a passé une partie de son enfance au Sénégal (l'élément autobiographique apparaît le plus nettement dans *Chocolat,* 1988, qui retrace un moment de la vie d'un serviteur noir et d'une famille de colons blancs, décrit principalement du point de vue d'une jeune enfant, fille de colons). Bien que les réalisatrices françaises refusent généralement que leur travail soit défini en relation avec leur sexe, le fait que l'auteur de *S'en fout la mort* (1990), et de *J'ai pas sommeil* (1994), soit une réalisatrice peut sembler significatif, tant dans le contexte du cinéma français que dans le contexte plus général des débats sur les questions de race, sexualité et cinéma. Les analyses critiques des représentations raciales et sexuelles ont longtemps souffert, comme le constatent Richard Dyer et Lola Young, d'un même problème d'homogénéisation réductrice. Dans *Fear of the Dark*, [236] Lola Young souligne la résistance du féminisme à s'engager dans la voix de la distinction raciale, tout en insistant sur la pertinence, pour l'analyse des questions de représentations raciales au cinéma, des méthodes critiques développées dans les approches féministes. L'argument souvent avancé est qu'en opérant une homogénéisation de son sujet d'analyse (féminité et féminisme versus masculinité et patriarchie), la critique féministe a longtemps semblé ignorer les distinctions de classe, de race, et de nationalité. Pourtant, et sans renier leurs spécificités, ou la complexité des intersections entre ces deux questions, il existe des concordances dans l'approche critique des représentations sexuelles et raciales, ne serait-ce que dans la déconstruction de la célèbre expression de Freud qui désigne la sexualité féminine et son 'mystère' comme un "continent noir". [237] L'expression est particulièrement parlante, opérant l'amalgame de deux 'altérités', deux marginalités sociales et culturelles, la féminité et la négritude, par contraste avec la norme ou le pôle positif que représentent la masculinité et la race blanche.

Il est ainsi possible, dans le contexte actuel et en considérant l'histoire des représentations, d'opérer des rapprochements pertinents dans l'analyse de phénomènes qui ont informé les processus de représentation de 'l'autre' au cinéma : de la femme, de l'étranger, de l'individu de couleur, de l'homosexuel(le). Du point de vue de la pratique, et quoique pour la plupart elles se défendent de présenter une vision particulièrement 'féminine', ces parallèles pourraient expliquer l'intérêt qu'ont porté nombre de réalisatrices françaises au thème des relations entre différentes cultures, et à la colonisation en particulier *(India Song*, Marguerite Duras, 1975, *Le Bal du gouverneur,* Marie-France Pisier, 1990,

---

236. Lola Young, Fear of the Dark : *Race, Gender, Sexuality in British Cinema*, London : Routledge, 1996,
237. Voir l'analyse de Mary-Ann Doane sur cette métaphore du 'continent noir', *Femmes Fatales,* NY and London : Routledge, 1991.

*Outremer,* Brigitte Rouan, 1990...).[238] A propos du travail des réalisatrices françaises, Guy Austin précise cependant :

> " Ce qui semble caractériser les représentations du colonialisme, dans le cas des réalisatrices, c'est une perspective critique qui s'exprime à l'échelle du personnel et du domestique plutôt que sous la forme de la saga historique et du récit épique. "[239]

Le choix d'un cadre recentré, apparemment plus personnel ou domestique, ne reflète pas nécessairement un lien d'essence entre féminité et domesticité, mais traduit, plus crucialement, la volonté d'échapper aux 'métanarrations' traditionnelles (ou narrations à prétentions universalisantes qui sous-tendent généralement les sagas militaires et drames historiques de type 'cinéma de qualité' à gros budget), pour pouvoir dire l'Histoire autrement. Ce recadrage peut en effet permettre de mettre en scène la problématique de la colonisation, du racisme et de l'exclusion dans toute son intensité, et de manière incontournable, et de questionner les stratégies de représentation conventionnelles - une tactique qui se retrouve, poussée jusqu'à l'extrême, dans le film claustrophobique de Claire Devers, *Noir et Blanc* (1986).

Après *Chocolat*, les deux longs métrages de Claire Denis sont, comme le film de Devers, situés en France. De manière cruciale, la part d'évasion et l'aspect exotique qu'offre en théorie le film situé sur un autre continent disparaissent, et les

---

238. Il est intéressant de noter que l'on retrouve les mêmes concordances chez nombre de réalisateurs et réalisatrices africains. A propos des réalisateurs Ousmane Sembène et Djibril Diop Mambéty, Mamadou Diouf remarque :

"(...) leurs thématiques puisent dans les marges sociologiques et idéologiques des sociétés Sénégalaises pour produire des discours de rupture et/ou de déséquilibre, les femmes pour l'un, et les marginaux et/ou associaux pour l'autre."

Mamadou Diouf, « Histoires et actualités dans 'Ceddo', d'Ousmane Sembène et 'Hyènes' de Djibril Mambéty », dans : *Littérature et cinéma en Afrique francophone*, sous la direction de Sada Niang, Paris et Montréal : L'Harmattan, 1996, p. 19.

239. Guy Austin, *Contemporary French Cinema*, Manchester and New York : Manchester University Press, 1996, p. 94.

possibilités 'd'esquive' que permet le caractère 'd'initiation' (voyage et déstabilisation, période initiatique, introspection et connaissance de soi) d'un héros ou d'un groupe central de personnages blancs, s'étiolent. Comme le remarque Lola Young, il s'agit désormais d'essayer de comprendre "ce qui se passe lorsque *là-bas* devient *ici*" ("when *out there* becomes *over here*"). [240] Tourner la caméra sur la 'métropole', signifie confronter le présent : les séquelles du colonialisme, l'immigration, les problèmes de reconnaissance et d'intégration ; les effets d'un durcissement d'une partie de l'opinion publique et de la politique officielle depuis la fin des années 80 ; le fait d'avoir la nationalité française, ou, comme pour la 'seconde génération', d'être né en France, ne représentent pas une protection suffisante contre un racisme qui même lorsqu'il reste latent, fait partie de l'imaginaire, du langage, de la trame sociale et des habitudes quotidiennes, révélant ainsi la profondeur de ses racines et sa persistance. Dans le cas de *J'ai pas sommeil*, il s'agit également de se placer au coeur même du problème : celui d'une société et d'une culture occidentale et postcoloniale dont la domination (culturelle, économique, sociale, militaire) et dont l'identité (appartenance à l'Europe, à la race blanche, à une société de type patriarcal) perdent leur caractère de certitude.

Avec *J'ai pas sommeil*, Denis choisit aussi de mettre en scène une situation (inspirée d'un fait divers des années 80) ouverte à la controverse au point que, présentée de façon simpliste, elle pourrait même apparaître comme un pied de nez aux pratiques du politiquement correct : ce qui ponctue le déroulement d'une narration complexe, ce sont les crimes de Camille, noir d'origine martiniquaise, homosexuel, séropositif, et assassin de vieilles dames.

L'expression 'Politiquement correct' ou 'politiquement incorrect' étaient constamment présentes dans l'idée de ce film. Je sentais qu'il était impossible qu'on aille vers cette notion, dont la question se posait évidemment avec ce personnage qui tue plus de vingt vieilles dames, les êtres les plus fragiles de la

---

240. Lola Young, p. 21.

société après les enfants, qui est Noir, homosexuel et vaguement drogué. L'inverse absolu de ce que doivent être les personnages noirs au cinéma selon les schémas du politiquement correct. [241]

Le film se déroule principalement dans le dix-huitième arrondissement de Paris, pendant l'été. Camille et son amant Raphaël défrayent la chronique par une série de forfaits au cours desquels ils assassinent et volent des femmes âgées et seules. Incapable de se faire à la vie dans la capitale, Théo, le frère de Camille, a décidé, malgré la résistance de sa compagne, Mona, de quitter Paris et de s'installer à la Martinique. Au même moment, Daïga, une jeune Lithuanienne, débarque à Paris où elle veut tenter sa chance ; elle trouve, avec l'aide de sa tante Ira, un logement et un travail de femme de ménage dans un petit hôtel, dirigé par Ninon et sa mère, et où résident notamment Camille et Raphaël. Les personnages se croisent, se rencontrent ou se manquent au fil des séquences, et jusqu'à la fin du film, lorsque Camille se fait finalement arrêter par la police. Daïga s'empare du butin que les assassins ont laissé derrière eux et reprend la route.

### Film noir

Dans le choix même du titre, le film se place, plus encore que dans la filiation du 'polar' classique, dans la filiation du film noir : *J'ai pas sommeil* est un périple au coeur d'un monde interlope et opaque, où, comme le jour et la nuit qui s'interpénètrent et se confondent, morale conventionnelle et transgression perdent de leur contraste et de leur netteté. Dans cet univers cinématographique équivoque, il devient apparemment possible, sans avoir à porter un jugement moral simpliste, de mettre en scène certaines formes d'angoisses collectives, évoquer un malaise social contemporain, et de "cerner les zones d'ombre du social, cette part maudite habitée par les réprouvés, ceux qui hantent les coins et les recoins de la

---

241. Claire Denis, entretien avec les *Cahiers du Cinéma*, n°479, Avril 94, p. 27.

cité". [242] Le ton est donné dès les premières images, prises d'un hélicoptère de la police qui survole la capitale, et piloté par deux hommes en uniforme. Ces deux (anges) gardiens de la paix n'ont rien en commun avec, par exemple, l'angélisme des apparitions poétiques du Berlin de Wim Wenders dans *les Ailes du désir* : tandis que la cité s'étend à leurs pieds, les deux hommes, filmés en plan rapproché, de dos ou en contre-plongée, remplissent l'espace exigu de la cabine de leurs corps et de leurs rires mêlés aux bribes d'une blague grossière. Le pilote - et soudain, le geste de la main autour du levier de commande prend un aspect masturbatoire - a décoré la console d'une photo porno. La caméra quitte ensuite le ciel et le point de vue faussement omniscient (*the 'God's eye' shot*) pour traquer les voitures qui foncent le long du périphérique au petit matin.

Sous une apparente désinvolture, où la banalité confère parfois au film une teinte documentaire, mais que démentent le lyrisme de certaines images et le soigné de la photographie, *J'ai pas sommeil* n'est pas seulement une incursion d'observateur dans les 'zones d'ombre' de la cité, mais aussi une sorte de célébration d'un quartier de Paris et de certains aspects de l'existence urbaine. Ainsi, lorsque Théo (Alex Descas), le frère de Camille, emmène son enfant sur le toit d'un immeuble, le regard peut se perdre sur l'étendue illuminée d'un Paris nocturne, séquence qui est aussi le prélude - car ils sont rejoints par la compagne de Théo (Béatrice Dalle) - à l'un des rares moments d'apparente sérénité, et de communion du couple autour de l'enfant.

Du périphérique tentaculaire aux rues tortueuses de Montmartre, le film plonge aussi dans un univers dense, où le sentiment d'une claustrophobie grandissante semble favorisé par la chaleur qui enveloppe la ville, par l'exiguïté des appartements et la proximité des corps soulignées par des séries de gros plans et de plans rapprochés, et par l'intrusion des sons qui circulent à travers des cloisons trop fines. Paradoxalement,

---

242. Thierry Jousse, '*Les Insomniaques*', *Cahiers du Cinéma* n°479, avril 94, p. 22.

malgré la proximité, la séparation des corps et l'isolement des personnes est aussi de règle : malgré les bruits de coups et les cris, Théo demeure à la porte de l'appartement dont le voisin lui barre l'entrée. La disparition de certaines des victimes de Camille passe inaperçue, et au début du film la caméra pénètre dans un appartement obscur où le corps d'une vieille dame gît dans une demie obscurité bourdonnante de mouches.

Le film suit les pérégrinations incessantes, souvent sans but, de personnages qui se croisent - sans se rencontrer - dans les lieux de transit : un hôtel, des cafés et des boîtes de nuit, les rues éclairées au néon, une salle de cinéma... Daïga (Katherine Golubeva), arrive à Paris au petit matin, l'heure à laquelle Camille (Richard Courcet) part se coucher : émergeant dans les rues de Montmartre après une nuit 'blanche', il croise les ramasseurs de poubelles (noirs) qui commencent leur travail. Tout au long du film, ce sont ces moments indécis - le chien-loup, l'aube - qui servent de toile de fond aux déambulations des personnages.

Autour de Daïga, la ville prend l'aspect d'un labyrinthe, un entrelacs de boulevards, de rues sans fin et de voies sans issues, à la fois aliénant et séduisant, et où elle finit par se perdre. Ainsi, après avoir finalement trouvé, à l'hôtel de Ninon (Line Renaud), un lieu où dormir et où déposer ses bagages, la jeune femme se lance à la découverte du quartier en se mêlant à la foule du soir, le long des boulevards avoisinants. La caméra la quitte dans la petite rue calme de l'hôtel, et la retrouve marchant le long d'un boulevard passant, à la nuit tombante. La rue est cadrée en plan long, pour capturer le fourmillement des piétons et le caractère anonyme de la foule. De derrière la silhouette floue d'un serveur de terrasse de café au premier plan, Daïga émerge, comme par hasard, mêlée à la foule et pourtant s'en détachant pour occuper le centre de l'image. La palette des couleurs est restreinte - des beiges, des tons de noirs et de blancs, avec cependant - coïncidence ou effet voulu -, luisant au loin et au-dessus de l'épaule du personnage, un cercle de lumière (feu de circulation ? lampadaire ou enseigne ?) d'un rouge intense. La caméra s'arrête un instant sur un autre personnage (joué par Béatrice Dalle), qui fume derrière la vitre d'une brasserie, avant de retrouver Daïga qui, enveloppée par la lumière blafarde d'un panneau lumineux, étudie un plan de Paris. Le scintillement artificiel des néons n'empêche pas le sordide de faire surface : poursuivie par un dragueur inquiétant et persistant, la jeune femme se perd dans un dédale de rues parallèles avant de trouver refuge dans l'obscurité faussement réconfortante et exclusivement masculine d'un cinéma porno.

La première séquence qui met en présence Camille et son amant donne lieu à une violente altercation ; leur seconde apparition commune à l'image est une scène d'apparente réconciliation. Dans l'un comme dans l'autre cas, le motif du différend qui oppose les deux partenaires n'est pas clairement établi, de même que les raisons de la présence malfaisante du 'docteur' (un titre qui prend ici une résonance inquiétante) et de l'argent qui, discrètement, change de main, demeurent obscures (Camille sert-il de 'souteneur' à son partenaire ?). Le lieu de la seconde rencontre, un bar de nuit à l'heure de l'ouverture, évoque en outre l'atmosphère classique du film noir et semble refléter les relations équivoques des personnages qui s'y rejoignent. Dans la lumière rasante de la fin d'après-midi, le barman - que l'on ne verra que de dos, mais qui accueille les arrivants avec la familiarité réservée aux habitués de longue date -, lève les grilles qui barrent l'entrée d'un café exigu, où dominent le noir et le blanc. Les personnages entrent dans un espace composé de formes angulaires et d'arêtes qui sectionnent l'intérieur du cadre par de multiples diagonales, des lignes de fuite : rien n'est parallèle au cadre, *droit*. De manière similaire, rien n'est avoué, et pourtant chacun des protagonistes observe et semble 'savoir', tandis que les corps, filmés en plans moyens ou en plans rapprochés, et principalement de dos, font obstruction au regard. Dans cet univers équivoque, les gestes d'affection (la couturière qui embrasse Camille sur la joue, Camille et son amant s'embrassant tendrement sur les lèvres) semblent incongrus, inséparables des transactions d'argent qui se poursuivent en parallèle, et pourtant empreints d'une apparente sincérité.

La lumière, comme la mise en scène et l'organisation de l'espace, contribue à traduire l'ambiguïté enveloppant les personnages et leurs actions. Ainsi, lorsque Camille et son amant - un couple sans ancrage qui vit entre le jour et la nuit et habite une chambre d'hôtel -, apparaissent à l'écran, lumière artificielle et lumière naturelle semblent se disputer l'ascendant. La première fois que Daïga les croise, ils entrent dans le hall de l'hôtel, éclairés à contre-jour depuis la rue, mais pénétrant dans un espace intérieur dominé par la lumière électrique.

La bande son, avec son jazz-mambo, [243] évoque le film noir, tout en créant, au fil des images, un sentiment de nostalgie, ou un désir d'évasion et d'ailleurs. Le musicien Théo puise son inspiration dans ses origines antillaises lorsqu'il joue du violon, dans la chaleur étouffante d'un club, et même Camille se laisse séduire par ces rythmes à la fête familiale où les deux frères dansent tour à tour avec leur mère. A travers la musique, la réalisatrice exprime également un sens aigu de la dérision : au début du film, dans sa voiture, Daïga écoute un programme de radio dont le présentateur, évoquant la présence du tueur de vieilles dames, met en garde ses auditrices ; l'annonce est immédiatement suivie par les accents allègres du swing *Relax*.

L'importance de la bande-son est d'autant plus cruciale, qu'elle reflète le caractère cosmopolite, foisonnant, mais aussi hétérogène et aliénant du Paris de *J'ai pas sommeil :* pour Daïga notamment, et pour ses interlocuteurs francophones, le contenu des échanges verbaux n'est pas plus précis qu'un air de musique ; tout au plus peut-on supposer que Daïga perçoit dans la voix de Ninon (Line Renaud) les accents chaleureux qui sont la marque d'un intérêt et d'une certaine sympathie.

Pendant un court moment, le temps d'une scène sans véritable dialogues, les différents thèmes que l'on vient d'évoquer - proximité et cloisonnement, le désir d'évasion, le sensuel et le sordide... -, entrent en conjonction, s'exprimant à la fois à travers le travail de la caméra, et grâce à la manière

243. *Canción*, interprété par Charlie Parker et l'orchestre de Machito, arrangements de Chico O'Farrill.

dont se combinent la mise en scène, la lumière et la bande-son : lorsque Daïga arrive à l'hôtel, Ninon lui conseille d'aller se rafraîchir à la douche commune, sur le palier. Devant l'incompréhension de la jeune femme, elle répète - la même chose, mais plus fort. Dans le plan suivant, saisie en plan rapproché, Daïga sort de la douche, les cheveux mouillés et enveloppée d'un peignoir. Derrière elle, sur la porte, s'affiche la pancarte 'douche', signe apparemment redondant, mais banal symbole de l'isolement linguistique de la jeune femme. Elle s'approche ensuite d'une fenêtre ouverte donnant sur la cour intérieure de l'hôtel, et par laquelle entre une lumière de fin d'après-midi qui semble venir lui caresser le visage, tandis que de la cour, hors-champ, montent des voix de femmes qui s'interpellent en portugais. Le plan suivant, qui vient prolonger ce bref mais intense moment de dépaysement, est filmé du point de vue de la jeune Lithuanienne, et révèle, dans un plan long que souligne l'encadrement des fenêtres, les corps enlacés de Camille et de son amant, debout dans la chambre d'en face où, malgré la lumière extérieure, le plafonnier est déjà allumé. Comme dans la scène du bar, l'image est ambiguë. Ambiguë parce qu'elle combine la sensualité avec un sentiment d'harmonie et de fusion que la violence des autres scènes, entre les deux hommes ou contre leurs victimes, dément sans apporter d'explication.

## Narration : sous le signe de la fragmentation

Dans la structure narrative souvent complexe du film noir classique, l'exploration des relations incertaines entre les personnages tend à prendre le pas sur la résolution de l'intrigue criminelle. Avec *J'ai pas sommeil*, cette approche est poussée à l'extrême : le fait divers sert de prémisse à la mise en scène d'une série de personnages qui restent plus ou moins inaccessibles. Suivant une tactique comparable à celle qu'adopte Robert Altman pour *Short Cuts,* 1993 (les deux films commencent d'ailleurs avec un survol en hélicoptère), la structure narrative de *J'ai pas sommeil* prend l'aspect d'une série de pistes qui s'entrelacent apparemment de manière fortuite. Les personnages circulent souvent sans but connu, entre des lieux que marque le transitoire. Ils se croisent, se frôlent, échangent des regards ou s'évitent comme par inadvertance, apparaissant le plus souvent complètement oublieux, parfois obscurément conscients d'une présence particulière. Ainsi, la rencontre entre les deux personnages centraux, Daïga et Camille, ne dure qu'un éphémère instant : le temps d'un expresso bu debout au comptoir, d'un échange de regards et d'un frôlement de mains.

Tandis que le montage permet de créer entre les scènes et les différentes atmosphères les antagonismes souvent grinçants qui produisent la dynamique narrative du film, à travers la bande son et la composition des images se tisse un réseau de liens qui lui donnent sa cohérence. [244] L'hétérogénéité dans la superposition des scènes permet à la réalisatrice d'associer les contraires, de mettre en scène l'impensable et le contradictoire : l'un des rares moments d'harmonie rassemble Théo, Mona et Harry sur le toit de leur immeuble, où ils passent la nuit, enlacés ; à cette scène familiale, qui se termine sur un plan rapproché de Mona (Béatrice Dalle), la tête sur les genoux de Théo, serrant Harry dans ses bras tandis que Théo lui caresse tendrement les cheveux, succède, en raccord direct, des images du night-club où travaille Camille, et montrant le 'docteur' occupé à séduire ou à s'assurer les services d'un très jeune homme. Vers la fin du film, l'une des victimes à laquelle Camille et Raphaël se sont attaqués survit, et à la scène d'hôpital, au cours de laquelle cette vieille dame, très affaiblie, est interrogée par la police au sujet de ses agresseurs, succède l'atmosphère de liesse et d'affection de la fête organisée pour célébrer l'anniversaire de la mère de Camille et de Théo. Le montage sert ainsi à souligner les contradictions et le cloisonnement des existences ; un cloisonnement qui s'exprime en outre à l'intérieur même de certaines séquences, comme dans le cas du long plan sur la façade d'un immeuble, où la caméra passe d'une fenêtre à l'autre - autant d'univers refermés

---

244. Les images sont de Agnès Godard, le son et le mixage de J.L. Ughetto et V. Arnardy. Comme dans le cas des *Amants*, le montage est de Nelly Quettier

sur eux–mêmes -, tandis que la bande son reproduit une discussion radiophonique sur le sujet de la sécurité.

L'apparente impossibilité à communiquer est au coeur même de la thématique du film : les personnages parlent peu ou ne parlent pas la même langue, les vrais dialogues sont rares, le téléphone ne répond pas... Une trame ténue mais complexe d'affinités et de trajectoires relie pourtant les personnages. Elle se construit au fil des images et à travers la bande-son, le montage parallèle créant des rapprochements que la musique, débordant les images, vient souligner. Ainsi l'arrivée de Daïga est-elle marquée par une succession de plans de la jeune femme conduisant sur l'autoroute, entrecoupés par des images du corps d'une des victimes de Camille et de son acolyte, cependant qu'aux mises en garde proférées par la radio sur fond de musique sirupeuse, succède le bruit des mouches bourdonnant autour du cadavre.

Au fil des déambulations de Daïga et de Camille dans les rues de Paris, à travers les scènes de café, grâce aux correspondances entre les gestes (Camille qui entre dans la douche chez Théo, et, un peu plus loin, Daïga qui en sort et l'observe par la fenêtre de l'hôtel) des analogies se créent entre les personnages. D'une fenêtre à l'autre, d'un visage et d'un regard à l'autre, ce sont aussi les raccords graphiques qui tissent les liens équivoques sur lesquels s'appuie la trame narrative. Ainsi, lorsque Daïga et Mona se croisent, du montage et de la composition des images naît l'intensité d'une rencontre qui n'en est pas une : les deux femmes ne se connaissent pas et n'entreront jamais en contact. D'un plan moyen de Daïga dans la foule nocturne du boulevard, on passe directement à un gros plan sur un amoncellement de sacs de voyage. La caméra remonte lentement vers la gauche pour révéler, assise à une table de café, Mona, de profil, qui fume, seule et pensive. Le personnage apparaît pour la première fois à l'écran ; son rôle, sa place, sont encore inconnus ; mais les traits familiers de l'actrice, la solitude du personnage, et les bagages sous la table sont autant de références et de suggestions qui créent une expectative. Au long plan fixe sur le profil de Mona, à la lueur des lampes électriques et des néons, succède un plan moyen de

Daïga, de profil également, étudiant un plan de la ville sur une pancarte lumineuse, avant de reprendre sa promenade. En suscitant ces attentes, le plus souvent sans suite, le montage et la structure narrative se font reflets d'une existence urbaine contradictoire, où l'isolement de l'individu dans la foule vient démentir l'apparente démultiplication des possibles.

*J'ai pas sommeil* superpose les microcosmes et entrecroise des trajectoires multiples avec une précision qui donne à l'ensemble, par-delà et en dépit de son aspect fragmenté, un parfum de fatalisme que renforce la géographie de l'espace, concentrique, comme un jeu de l'oie. Lorsqu'au début du film, la caméra explore le lieu d'un des meurtres, de la porte d'entrée close à la découverte du corps à moitié dissimulé dans la pénombre, la progression désincarnée de l'objectif semble inéluctable, comme guidée par un pressentiment et une fascination irrépressibles. Entre hasard et fatalité, le film se construit ainsi suivant une structure narrative qui s'associe au jeu, [245] et où les protagonistes, s'ils ne connaissent pas les détails du dénouement, semblent éminemment conscients de l'inévitabilité de la fin - de leur propre mortalité - ; non seulement Camille est séropositif, mais comme Paulin, le meurtrier dont s'inspire initialement le film, il ne cherche pas à se cacher de la police.

Le regard de la caméra se pose de façon passagère sur chaque microcosme, sans privilégier le point de vue de tel ou tel personnage, mais ne suggérant pas pour autant au spectateur une position de 'savoir'. Par le biais de l'objectif, le spectateur se verrait plutôt assigner une position distanciée qui reflète d'une certaine manière celle du personnage de Daïga, souvent laissée à l'écart, en attente, observant mais ne comprenant pas tout le contenu des dialogues et des actes. La caméra ne traque pas les personnages, le plus souvent, elle semble les rencontrer un peu au hasard, et les suit en restant en retrait, suggérant au spectateur la position incertaine de l'observateur dans la foule, plutôt que de lui offrir le point de vue privilégié et incontesté du regard omniscient.

---

245. Entretien avec les *Cahiers du Cinéma*, p. 26

En évitant soigneusement d'inscrire son univers diégétique dans un point de vue subjectif, le film ne se contente pas de contrarier les tendances à l'identification (ce qui permet notamment, on y reviendra, de filmer les scènes de meurtre sans risquer d'encourager un voyeurisme morbide et une sublimation de la violence), il se place également dans la mouvance de la narration postmoderne, caractérisée par la fragmentation, la démultiplication - amplifiée par la présence des miroirs -, des points de vue et des lectures possibles. Dans les vingt premières minutes du film, comme l'indique le tableau suivant, plus de dix personnages nous sont présentés, qui réapparaîtront avec plus ou moins de régularité dans le reste du film.

| longueur des séquences | scènes | personnages et lieux |
|---|---|---|
| de 00.00 à 01.00 | 1 | Deux policiers survolent Paris en Hélicoptère. |
| (01.46) 02.04 | 2 | Le périphérique.<br>(Long travelling vers la voiture)<br>Daïga au volant de sa voiture. |
| 2.11 | 3 | Une voiture roule parallèlement à la voiture de Daïga. Les 3 occupants (deux hommes et un chien) la regardent. |
| 02.20 | 4 | Le périphérique. |
| 03.00 | 5 | Daïga dans sa voiture. Un présentateur de radio parle de l'assassin de vieilles dames. |
| 03.30 | 6, 7, 8 | Passage du périphérique aux rues de Paris. |
| 03.50 | 9, 10, 11 | L'appartement d'une victime. Un long panoramique circulaire inclut la silhouette de la victime, à contre-jour, couverte de mouches, et la porte d'entrée derrière laquelle s'active une femme de ménage. |
| 04.00 | 12 | La femme de ménage devant la porte de l'appartement de la vieille dame. |

| | | |
|---|---|---|
| 04.16 | 13 | Daïga dans sa voiture arrive dans le 18ème. |
| 4.46 | 14, 15 | Le 'Docteur' et l'amant de Camille descendant des escaliers de Montmartre, suivis de Camille. |
| 04.53 | 16 | Des ramasseurs de poubelles. |
| 05.25 | 17 | Le Docteur et son compagnon montent en voiture. Camille entre dans le cadre : confrontation. |
| 05.50 | 18 | Daïga dans un café. |
| (05.57)<br>06.08 | 19, 20 | Des escaliers dans Montmartre.<br>Camille, seul. |
| 07.06 | 21, 22 | Daïga dans le café, au téléphone. En arrière plan : le patron et deux policiers en civil. Daïga règle ses consommations. |
| 07.35 | 23 | Daïga dans la rue, assise dans sa voiture. Les deux policiers sortent du café. |
| 08.07 | 24 | Camille, endormi, dans l'appartement de son frère Théo. |
| 08.23 | 25 | Camille et Harry, le fils de son frère. |
| (08.27)<br>08.50 | 26 | Théo dans sa chambre, Camille et Harry dans la pièce d'à côté (travelling latéral, à travers la cloison).<br>Théo, rejoint par le petit garçon. |
| 10.03 | 27, 28, 29, 30 | Daïga et sa tante (Ira) se rencontrent devant l'appartement de cette dernière. |
| (10.23)<br>11.03 | 31 | Le frère de Camille et son fils dans la salle de bain.<br>Camille les rejoint, sort à nouveau de la salle de bain. |
| 11.37 | 32 | Camille dans la douche. |
| (13.24)<br>13.30 | 33, 34, 35 | Daïga et Ira montant des escaliers.<br>Travelling latéral à travers les escaliers : la porte de l'appartement de la vieille dame assassinée. La femme de ménage et un policier.<br>Un second policier entre dans le champ.<br>Daïga et sa tante entrent dans le champ. |

| | | |
|---|---|---|
| 13.34 | 36 | Daïga, sa tante, et l'ami d'Ira, devant la porte d'appartement de ce dernier. |
| 13.50 | 37,38, 39, 40 | Dans l'appartement de l'ami d'Ira, les mêmes, avec 5 personnes (des occupants de l'appartement/immigrants illégaux ? |
| (15.10) (15.47) 16.10 | 41, 42, 43 | Daïga sort de l'appartement, passe un groupe de curieux, la femme de ménage, et des policiers devant l'appartement de la vieille dame assassinée, descend les escaliers et sort de l'immeuble à la suite des policiers qui évacuent le corps de la victime. Daïga fume devant l'immeuble. Sortent les deux policiers en civil (les mêmes qu'aux scènes 22/23). Court échange ; ils montent en voiture. Ira sort de l'immeuble et monte en voiture avec Daïga. |
| 16.23 | 44 | Théo et Harry en voiture. |
| 16.35 | 45 | Camille qui marche dans la rue. |
| 16.55 | 46, 47, 48, 49, 50 | Le frère de Camille accompagné du petit Harry installe des étagères dans un appartement bourgeois. Dialogue avec la propriétaire de l'appartement. |
| 19.28 | 51, 52, 53, 54 | Le cours d'autodéfense : La propriétaire de l'hôtel et un groupe de vieilles dames. |
| 21.28 | 56, 57, 58 | Daïga et sa tante regardent le cours d'autodéfense. |

## Le monstrueux postmoderne : absence et artifice

A la fragmentation du point de vue correspond le caractère élusif, accentué par la structure narrative et le travail de la caméra, de personnages qui semblent se soustraire aux catégorisations et aux prédictions. Les contradictions dont sont truffées les images et les dialogues sont non seulement source d'ambiguïté, mais aussi source d'ironie. Avec son apparent bon sens et son 'humanité', le personnage de Ninon est probablement le plus 'entier' du film ; or, de manière intéressante, c'est aussi le personnage qui se 'trompe' le plus profondément, qui reste le plus étranger à la 'réalité' des faits : la même Ninon qui met Daïga en garde contre les dangers du Paris nocturne, déclare avec indulgence à propos du couple d'assassins qui habitent son hôtel :

> " Ils sont tellement gentils. Mais gentils... "

Comme le remarque Docherty :

> " La métaphore spatiale de la surface et de la profondeur est remplacée, sous l'influence du cinéma, par la séquence temporelle et le développement : d'une scène ou d'un plan à l'autre, un personnage peut être complètement transfiguré, dénonçant le principe d'existence d'un 'soi' transcendant, qui existerait sous la surface, au-delà des 'apparitions' et 'disparitions'. " [246]

Ainsi par exemple, l'imperturbable Daïga explose-t-elle d'une colère incandescente contre l'impresario qui lui a fait de fausses promesses, cependant que, malgré la douceur et l'affection qu'il témoigne à son enfant, Théo apparaît comme un personnage pétri de fierté, de frustration et de violence rentrée. Incarnation de l'innocence et de la grâce enfantine, isolé dans un univers d'adultes, l'enfant de Théo - fille ou garçon ? - est aussi d'une précocité singulière. Lorsque Théo part travailler *au noir*, il emmène Harry avec lui, et sur le ton de l'humour, le réprimande pour le fait qu'il se soit installé sur le siège du passager et non sur la banquette arrière - une entorse au règlement, explique-t-il, qui peut les mener tous deux en prison. Habillé du costume noir de Batman, imperturbable, le petit garçon répond simplement "je sais", tandis que sur le pare-brise où se réfléchit le ciel, défilent des nuages.

De manière significative, cette scène est encadrée par deux séquences directement liées aux assassinats : la séquence d'évacuation du corps d'une victime la précède, et un long plan de Camille qui marche nonchalamment dans la rue, lui succède.

Quant aux vieilles dames de *J'ai pas sommeil,* leur présence n'est pas réduite à l'incarnation symbolique d'une société vieillissante, et elles ne représentent pas simplement des

---

246. Thomas Docherty, *Alterities,* Oxford : Clarendon Press, 1996, p. 55.

victimes potentielles : leur cri de guerre - “Il va nous prendre not’ fric !” ne manque pas de cynisme, certes, mais c’est aussi avec humour et plaisir que le groupe de charmantes sexagénaires apprennent l’autodéfense sous la direction inflexible de Ninon. Sous les traits de la minuscule dame russe au nom évocateur, émerge aussi l’égoïsme et l’instinct de préservation de l’individualisme endurci : Ira est prête à confier sa nièce à un personnage jovial mais douteux et qui semble se spécialiser dans l’insertion (ou l’exploitation ?) d’immigrants illégaux.

Mais c’est sur le personnage de Camille que se concentre le plus un jeu d’apparences et de contradictions qui, au bout du compte, semble ne masquer qu’un vide existentiel. [247]

De manière significative, lorsque Camille rend visite à Théo après avoir découvert, semble-t-il, qu’il est séropositif, Théo se trompe sur les intentions de son jeune frère et lui offre de l’argent. Ainsi, le seul moment où une communication aurait pu, peut-être, s’engager, est une occasion manquée, et Théo admet à la fin du film : “Mon frère, je sais rien de lui”. Les deux frères n’entrent en présence directe que trois fois dans le film, et la première de ces rencontres illustre bien le caractère insaisissable, ‘opaque’, et équivoque de Camille. En prélude à un court dialogue, Camille est filmé endormi, tout habillé, dans l’appartement de Théo. Dans un long panoramique, en gros plan, la caméra remonte lentement le long de ses jambes cachées sous la toile claire d’un pantalon d’homme, avant de passer sur une main ornée de longs ongles noirs. Se sentant observé, Camille repousse le coussin qui lui servait d’écran contre la lumière du jour ; il expose alors, à l’envers sur l’écran, un visage maquillé aux lèvres noires, et se trouve face à face avec la frimousse curieuse et innocente du petit garçon de Théo. Ironie et ambiguïté suprêmes, la première phrase de dialogue de l’assassin de *J’ai pas sommeil* est une question

---

247. “Dans les faits divers”, remarque Denis, “même quand on lit les comptes-rendus de procès, l’opacité reste (...), et c’est à travers ceux qui l’entourent qu’on parle le plus souvent du criminel, les témoins, les policiers, et surtout les membres de sa famille.” Entretien avec les *Cahiers du Cinéma*, p. 27.

familière posée à un enfant angélique : “Elle est là, Maman ?...”. Dans un travelling latéral, la caméra traverse ensuite la cloison pour révéler Théo, assis dans son lit ; l’espace d’un instant, les deux frères se partagent l’écran, mais demeurent séparés par un mur. Dans le plan suivant, les trois personnages se retrouvent un court moment dans l’espace exigu d’une salle de bain minuscule. Les dialogues sont elliptiques, simples allusions au comportement imprévisible de Camille (“Tu préviens jamais”) et au départ de Mona (“Elle les [*ses produits de beauté*] a laissés”..). Tout au plus le regard de Théo peut-il suggérer une réprobation voilée lorsque Camille, utilisant les cosmétiques de Mona, se démaquille ; le jeune homme va ensuite prendre une douche. Tout au long de la séquence, et comme dans la séquence de la fête d’anniversaire, où les deux frères se disputent l’honneur de danser avec leur mère, la caméra reste proche des corps, et en particulier semble scruter celui de Camille. Malgré les gestes d’affection, dans les moments passagers où ces personnages se rencontrent, alors que leurs existences restent aussi cloisonnées qu’entre des étrangers, c’est la proximité physique qui crée une illusion d’intimité. Le visage du jeune homme demeure impénétrable, et son corps demeure ‘opaque’, fait ‘écran’.

A cette ‘opacité’ qui le caractérise, se superpose le sens de l’artifice dont s’enveloppe le personnage, pour qui l’importance du costume et de l’apparence est cruciale.

Thierry Jousse décrit comme un “homme très féminin (...), d’une sensualité immédiate et troublante”, ce personnage qui porte un prénom androgyne. Dans l’une des scènes de night-club, Camille fait un numéro de travesti, où, vêtu d’une robe fuseau, maquillé et coiffé d’un turban, il chante en play-back sur une chanson de Jean-Louis Murat. Comme le remarque Annette Kuhn dans un article consacré au travestisme ou *cross-dressing* :

> “ La signification du travestisme dérive de la rencontre de deux discours. Le principe est en effet à la fois centré sur le rôle et la signification de la représentation (spectacle, *performance*), et dérive d’autre part des concepts identitaires basés sur la

différenciation sexuelle. [248] (...) Le travestisme peut être compris comme un type de représentation au cours de laquelle - à travers la disjonction entre vêtements et corps - c'est le construit social sur lequel est basée la différenciation sexuelle qui est mis au premier plan, voire commenté : ce qui apparaît naturel se révèle comme artifice. » [249]

Dans le cas de *J'ai pas sommeil* cependant, c'est l'aspect performance qui prévaut et non l'élément déstabilisateur ou subversif dans le sens d'une mise en doute des conventions et de l'identité sexuelle. Si la représentation au night-club s'accompagne d'un sentiment de danger ou de vulnérabilité, Camille joue, à d'autres moments et notamment lorsqu'il est avec son partenaire, de sa force et de sa domination physique. Ainsi, dans une scène claustrophobique filmée dans une des chambres d'hôtel, lorsque Raphaël exprime le souhait de partir, de quitter Camille, celui-ci, de dos, emplit l'écran, enlace son compagnon et se couche sur lui, le recouvrant presqu'entièrement.

Même dans la scène de travesti décrite ci-dessous, il est impossible de se méprendre sur le sexe de Camille : ici, le costume 'féminin' est réduit à sa fonction de mise en scène du désir. La description de Thierry Jousse prend ainsi une autre dimension : ce qui suggère au critique des *Cahiers* le qualificatif de 'féminin' a probablement peu à voir avec l'acteur et son jeu ou avec l'apparence physique et le nom du personnage. Cette 'féminité' présumée résulte plutôt de la mise en scène et du travail de la caméra : si on se réfère aux conventions filmiques, le corps de Camille est filmé comme l'est traditionnellement le corps féminin. Le relativisme des qualificatifs (masculin/féminin), et le thème de l'artifice se trouvent ainsi mis en abîme, présents à la fois dans le spectacle et dans l'approche formelle.

C'est une scène où un homme s'offre aux regards, il faut que ce geste soit senti. Je pensais qu'il fallait aussi qu'il y ait

---

248. Annette Kuhn, *The Power of the image*, London and New-York : Routledge, 1985, reprinted in 1992, p. 53.
249. Annette Kuhn, p. 49.

un peu de danger, qu'on sente que dans l'offrande du corps, il y a la possibilité des coups. [250]

Les premières images de la séquence du night-club donnent une idée générale d'un lieu interlope, où le personnage ambigu du docteur, un homme blond, apparaît mêlé aux clients autour du bar, dans une scène que semblent commenter les paroles de la chanson de Murat qui accompagnent le déroulement du reste de la séquence. Le chanteur y évoque les thèmes sempiternels et imbriqués de l'amour et du crime, de l'angélique et du diabolique, de l'éternité et de la mort, des relations qui lient les êtres avant de se défaire. [251] Le premier plan de Camille est un plan moyen, en contre-plongée, où le jeune homme, vêtu d'une robe de velours noir, de gants et d'un turban, apparaît sur fond bleu nuit.

Le plan suivant le montre de face, cadré de plus loin, s'avançant entre deux rangées de spectateurs, debout de part et d'autre de l'étroit couloir - une sorte de tunnel - où il évolue. Parmi les spectateurs se trouve Raphaël, auquel Camille fait face un instant, tournant le dos et présentant à la caméra, en plan rapproché, une épaule dénudée. Tandis que Camille reprend son lent défilé, paraphrasant la voix du chanteur, les yeux dirigés vers le bas, la caméra capture, dans le haut du cadre, les regards des hommes qui fixent l'acteur.

---

250. Claire Denis, entretien avec les *Cahiers,* p. 28.

251. "Comme l'ange blond, noyé dans la Durance - Comme un démon - Tu déferas le tiens. Comme l'oiseau borgne, comme Jeanne de France, dans ta démence...".

*J'ai pas sommeil*, la performance de Camille au club© Claire Denis/F.P.I.

C'est la proximité des spectateurs debout, et la multiplicité des regards qui créent une vague sensation de menace que soulignent deux brefs inserts filmés en contre plongée - un groupe d'hommes assis à la mezzanine et contemplant le spectacle d'en haut, et un balcon grillagé où les corps d'hommes accroupis se pressent contre la grille -, cependant que Camille est filmé en plan rapproché, l'objectif descendant lentement le long de son corps, le long de ses hanches moulées par le fuseau, et jusqu'à ses pieds nus.

L'empressement avec lequel il change de costume, le raffinement et le soin porté au choix d'effets qui lui coûtent une fortune, son besoin de se contempler dans les miroirs, sont symptomatiques de l'extrême narcissisme du personnage, mais surtout, derrière ce narcissisme, d'un vide, d'une aliénation, d'une perte d'identité qui confèrent au personnage son caractère élusif et son détachement. *J'ai pas sommeil*, n'est pas prétexte à conduire une enquête et ne dresse pas un portrait, mais ne se contente pas non plus de mettre en scène *un serial killer*[252] à l'oeuvre. Le film présente un personnage particulièrement cinématique en ce qu'il est un être de 'surface', qui existe par le factice : de la coiffure aux vêtements et aux bijoux, le personnage semble consciemment, et par les artifices les plus ordinaires - ceux de la mode et du costume -, chercher à se créer une aura de démoniaque. Une courte scène, filmée dans les escaliers de l'hôtel, illustre parfaitement ces thèmes du narcissisme et de l'artifice qui se combinent. Filmée en continu, la scène est en fait une réflexion, mais la présence du miroir, qui se superpose à l'écran, et le dédoublement des images, ne sont révélés qu'à la fin : les yeux baissés, Camille descend les escaliers, suivi de Raphaël. Les deux silhouettes se découpent sur les ramages baroques d'une tapisserie de couleur sombre. Camille porte une chemise de soie noire avec, autour du cou, une croix d'argent, et ses cheveux sont hérissés en courtes nattes. Il lève la tête et regarde fixement vers la gauche de la caméra ; derrière lui, Raphaël suit le mouvement et fixe le même point. Les deux personnages s'arrêtent un instant, et Raphaël tourne son regard sur Camille, devant lui. La descente reprend, et tandis que Camille sort du cadre à gauche, sa tête s'interpose entre reflet et objectif, révélant que l'image saisie auparavant par la caméra n'était que sa réflexion dans un

---

252. En l'absence d'une expression équivalente en français, dans son entretien, Claire Denis elle-même utilise ce terme.

miroir, reflet que les deux hommes se sont arrêtés pour contempler. Les allusions au thème du démoniaque, souvent teintées d'ironie, abondent, des paroles de la chanson de Murat au nom porté par le partenaire de Camille, du caméo joué par Solveig Dommartin, l'ange-trapéziste des *Ailes du désir,* au long travelling transversal qui suit Camille alors qu'il passe, nonchalant, devant les portails grands ouverts d'une caserne de pompiers.

Dans *Now you see it : Studies on Lesbian and Gay Film*, Richard Dyer fait à propos de l'oeuvre de Genet une remarque qui, en ajoutant le racisme à l'homophobie, pourrait aussi s'appliquer à *J'ai pas sommeil* :

> " Aisément détournée et présentée comme preuve du degré de névrose, de perversion et de dégradation des homosexuels, son oeuvre a souvent semblé être un cadeau fait aux homophobes. " [253]

Le personnage central de *J'ai pas sommeil* est noir, homosexuel, drogué, séropositif et tueur de vieilles dames, et Claire Denis souligne, on l'a vu, le manque de pertinence de la notion de 'politiquement correct' dans le cas de ce film. D'une certaine manière, il semble que son personnage pourrait prendre sa place dans une longue tradition de héros créés par des 'écrivains maudits' - Villon, Sade, Baudelaire, Lautréamont, Genet... - que fascinaient la face reniée de l'humanité, l'abjection, le mal, et ses manifestations. L'analyse que Dyer consacre à Genet et à son film *Chant d'amour* révèle des points communs, mais met aussi en lumière un trait fondamental qui ne peut s'appliquer au film *J'ai pas sommeil* et à son personnage principal. Certes, comme le héros de Genet et de Fassbinder, Querelle, [254] Camille semble jouer jusqu'au bout le jeu de la prophétie ou du fatalisme, adoptant comme sien le destin auquel le système social dans lequel il doit essayer de prendre place en tant qu'homosexuel, noir, séropositif et pauvre, le prédestine. Genet, remarque Dyer :

---

253. Richard Dyer, *Now you see it : Studies on Lesbian and Gay Film*, London and New-York : Routledge, 1990, p. 75.
254. Jean Genet, *Querelle de Brest,* 1953, R. Werner Fassbinder, *Querelle,* 1982.

" (...) adopte tout ce par quoi la société le décrit, et avec défiance, s'engage à mettre en action cette désignation (...) Puisque vous me désignez comme tel, je serai cet individu, et le serai sans retenue. " [255]

Le mal, ajoute cependant Dyer :

" (...) ne garde son attrait pervers que pour ceux qui croient vraiment dans la métaphysique du bien et du mal. (...) C'est l'acceptance, par Genet, de la vérité de la morale chrétienne qui donne à son oeuvre une intensité particulière. " [256]

Or, de manière significative, alors que Jean Genet "emprunte aux conventions du beau et du sacré pour rendre beau et sacré le criminel et le mal" [257], Denis refuse l'esthétisme :

" Il y avait pas mal de moments où il était très tentant de faire des choses très belles, comme dans la scène du play-back. Ma réaction n'était pas de faire des choses laides, mais de ne pas me laisser aspirer par ça, de rester simple. " [258]

Un même souci de sobriété caractérise les scènes de meurtre, filmées sans effets de caméra, en plan continu, et en évitant toute dramatisation :

" Comme on ne peut pas échapper à ces scènes de meurtre, on ne peut pas non plus masquer les meurtres derrière une porte, sous une table, dans un coin, il faut qu'ils soient filmés en plein champ. En même temps, ces scènes interdisent le montage, il faut les filmer en un seul plan. Sinon, ou c'est dégueulasse, ou ce n'est pas très moral, on embellit le crime. " [259]

Le crime n'est ici ni transcendance, ni défi à un ordre moral établi ; la monstruosité, dans *J'ai pas sommeil*, apparaît dans tout ce qu'elle a de plus banal ; l'horreur est une horreur à la fois sordide et ordinaire et devient donc plus proche, plus familière.

Autrement dit, ces crimes, et le tueur dont la caméra filme le corps en gros plan (le *corps du délit),* sont 'abjects' dans le sens

---

255. Dyer, p. 83.
256. Dyer, p. 61-62.
257. Dyer, p. 57.
258. Denis, entretien avec les *Cahiers du Cinéma,* p. 28.
259. Denis, p. 26.

où l'entend Kristeva : ils font partie même du corps de la société qui les rejette et dont ils révèlent la fragilité.[260]

Lorsque Camille se rend chez la couturière pour y essayer une tenue de style sado-masochiste, il se plaint de n'avoir pas l'argent suffisant pour se faire tailler ses effets dans du cuir 'véritable' : à travers le personnage du tueur de vieilles dames, ce n'est pas une forme de transcendance paradoxale, une attitude de défi ou de refus qui s'expriment, mais une forme d'hyperconformisme. Le 'véritable', l'authentique, s'appliquent ici au costume, à la surface qui confèrent à l'être son statut, son importance. En effet, dans l'univers contemporain et réaliste de *J'ai pas sommeil*, les églises sont essentiellement des lieux de tourisme, les assassins portent des noms d'anges sans le savoir, on trafique à coup de billets et non avec les âmes, et le mal se porte comme une chemise de soie, comme un smoking taillé sur mesure ou un vêtement de marque.

Dans son article sur le travesti, Annette Kuhn souligne la confluence du travestissement et de la représentation :

> " Dans son sens familier, la représentation (*performance*) est associée avec le jeu (d'acteur), c'est-à-dire avec une activité qui implique le paraître, la dissimulation, se présenter comme quelqu'un ou quelque chose que l'on est pas en réalité. L'acteur est supposé jouer un rôle comme on porte un masque, qui dissimulerait sa 'véritable identité'. (...) En fait, le processus de représentation met en question l'existence de la 'véritable identité', suggérant au contraire la possibilité de l'identité changeante, d'une fluidité de la subjectivité. "[261]

*J'ai pas sommeil* campe un personnage qui *s'identifie* à un masque : lorsqu'après son arrestation, la mère de Camille le confronte (dans un dialecte d'origine qui fait référence à une existence passée brutalement 'effacée'), horrifiée et ne comprenant pas comment la chair de sa chair, celui qui fut un enfant si sage, est aussi l'auteur de crimes monstrueux, Camille demande simplement qu'elle lui apporte ses effets...

---

260. Julia Kristeva, *Les Pouvoirs de l'horreur,* chapitre.1, Paris : Editions du Seuil, 1980.
261. Annette Kuhn, p. 52.

" Les personnages postmodernes tombent généralement dans l'incohérence : les traits de caractère ne sont pas répétés ; les personnages n'ont pas de nom, ou alors en changent constamment, les signes indiquant un sexe spécifique sont ambigus (...) Les personnages postmodernes sont une mise en scène de 'l'absence d'eux-mêmes' (*absence from themselves*). " [262]

Derrière le masque dont le personnage se pare, *J'ai pas sommeil* ne révèle rien. L'obsession narcissique et le conformisme consommateur d'un personnage impassible qui, tel le caméléon, glisse aisément d'une scène d'affection au sein de sa famille, à une scène de meurtre, suggérerait plutôt l'existence d'un vide interne.

A l'hôtel où résident le couple des assassins, et où Daïga fait le ménage, cette dernière découvre la chambre des deux hommes jonchée de photographies noir et blanc. Au sein de cette multitude de portraits récents, la présence d'une unique photographie ancienne, peut-être une photo de famille provenant de la même série que celle qui orne l'appartement de la mère, semble incongrue. Tous les autres clichés sont des portraits de studio, pour lesquels Camille a posé nu ou paré de ses accessoires de prédilection (voilette, gants, le bonnet à la Batman...). Apparaissant devant la caméra de cinéma comme le symbole de la fixité, la photographie est signe de mort, donnant ici une forme tangible à la sensation de fatalité qui enveloppe le personnage et imprègne le film. Mais dans le prolongement de la séquence du travesti, cette scène apparaît également comme la manifestation supplémentaire d'une angoisse narcissique : non seulement Camille semble avoir besoin du regard des autres, et notamment du regard de Raphaël, pour exister, mais comme pour s'assurer lui-même de sa réalité, il s'entoure de ses propres reflets.

La mise en scène d'un tel personnage renvoie inéluctablement à l'analyse de Frantz Fanon, lorsqu'il décrit la force irrépressible qui pousse l'homme Noir à accepter un système dominant, alors même que dans ce système, parce que le Blanc y est la norme, il devient signe de 'différence'. Mary-Ann Doane souligne ainsi que :

---

262. Thomas Docherty, p. 61 & 62.

" D'après Fanon, le Noir ne peut être potentiellement psychanalysé qu'à partir du moment où il/elle entre en contact avec le Blanc, le colon. C'est la conjonction des deux qui génère les effets névrotiques et la vision déconcertante d'un double narcissisme. " [263]

Au centre de la thématique du film se trouve l'observation d'un 'manque', d'une absence : absence d'explication, absence de réaction chez le criminel, absence de communication, 'manque' de sens... Cependant, autour de cette absence, une série d'indices s'accumulent - commentaires sur l'environnement idéologique, psychologique et physique des personnages -, pour former une part essentielle de la trame narrative. A l'aura d'incertitude qui enveloppe le personnage de l'assassin, correspondent des processus d'aliénation et de marginalisation plus ou moins latents, que le film documente à travers les détails visuels et linguistiques, et dont les expériences de deux autres personnages en particulier, Daïga et Théo, se font directement l'écho.

## Historicisation du mal : aliénation, crime, hyperconformisme

Dans son analyse critique du tropisme du 'continent noir', Doane s'appuie sur les écrits de Fanon, mais souligne certaines inconsistances dans l'approche du psychanalyste : Fanon fonde son étude sur la mise en question de la notion même de catégorisation raciale, ce qui lui permet de déconstruire les *a priori* biologiques et essentialistes, et de prendre en compte les réalités matérielles et sociales :

" Dans la mesure où le racisme a des effets matériels et économiques, la race existe comme catégorie à la fois politique et psychique. Mais sa signification dépendra du social plutôt que du biologique. Fanon lui-même reconnaît que le facteur économique

---

263. Mary-Ann Doane, *Femmes Fatales,* New York and London : Routledge, 1991, p. 217. Frantz Fanon, *Peau noire, masques blancs,* Paris : Présence africaine, 1967, traduit par C. L. Markmann, *Black skin, white masks,* New York : Grove, 1970.

domine la question du 'complexe d'infériorité' attribué au noir. "[264]

Cependant, l'acceptation d'un dualisme freudien entre le 'civilisé' et le 'primitif' entraîne Fanon à prendre comme base normative la culture de type occidental :

> " Le fait que Fanon adopte le système 'homostatique' que propose Freud est symptomatique d'une attitude conservatrice, d'une vénération de la culture européenne au point où, dans *Masques*, cette culture devient synonyme d'un standard normatif. "[265]

Cette présomption se retrouve dans le film, mais présentée de manière critique et ironique, comme on va le voir, à travers les propos de Camille et de la mère de Mona sur la Martinique. A travers la chronique d'un été de crimes, la réalisatrice esquisse le diagnostic d'un malaise social, et la société occidentale symbolisée par le microcosme parisien de *J'ai pas sommeil* n'a rien d'admirable : c'est une société fatiguée, qui révèle ses manquements et ses failles.

Malgré la présence du *serial killer*, cette figure criminelle qui fascine, *J'ai pas sommeil* n'est donc pas construit comme une étude de cas. Dans l'approche filmique même - fragmentation, multiplication des points de vue et absence de subjectivité, refus de l'esthétisme -, on se détourne de la tentante mais vaine exploration de la nature d'un mal qui habiterait un individu spécifique. Au contraire, en adoptant une approche qui s'apparente aux tactiques de la narration postmoderne, en reléguant les processus d'identification et de caractérisation au second rang, le film réoriente l'attention vers cette dimension contextuelle et historique qui tient, selon Docherty, une place cruciale dans la fiction contemporaine :

> " En résumé, la construction du personnage postmoderne tend à révéler la dimension historique que les modes de personnification antérieurs, avec leur conception théorique du personnage comme 'identité' (...), plaçant les changements qui surviennent dans le

264. Mary-Ann Doane, p. 218.
265. Doane, p. 218.

cours d'un roman au niveau de l'individuel plutôt que dans un contexte socio-politique plus large, avaient ignorée. »[266]

Ainsi, la 'monstruosité' de Camille (comme celle du Querelle de Fassbinder) se comprend-elle en rapport avec les racines étymologiques du mot : le personnage n'a d'extraordinaire que sa capacité à incarner la logique de discours préexistants, à signaler, à *montrer* des aspects à la fois générés et reniés par la société où il évolue.

## Noirs et blancs

*J'ai pas sommeil* s'inspire d'un réel fait divers, 'l'affaire Paulin', qui, en 1986, défraya la chronique et provoqua - les deux criminels n'étant pas de race blanche -, les réactions racistes auxquelles on pouvait malheureusement s'attendre. Le film prend nettement ses distances vis-à-vis du fait divers afin de mettre l'accent sur des attitudes latentes, des concepts beaucoup plus difficiles à cerner, et pour évoquer un malaise profond mais qui s'exprime subtilement. Dans le couple des assassins, Camille et son amant blanc, s'incarne un malaise dont la complexité ne peut cependant être vraiment suggérée qu'à travers la multiplication de personnages dont les expériences à la fois comparables et différentes sont présentées dans leur contexte économique et social.

L'une des scènes du début n'est pas sans évoquer l'analyse bien connue d'une couverture de Paris Match par Roland Barthes.[267] Filmé au petit matin, Camille croise un camion de vidange que suivent des ramasseurs de poubelles ; les travailleurs sont noirs, et au second plan flotte le drapeau tricolore de la mairie de quartier. La correspondance est sonore autant que visuelle : c'est le vacarme des détritus et du verre broyés qui servent de fond sonore à la violente altercation durant laquelle Camille roue de coups son partenaire Raphaël.

266. Thomas Docherty, p. 59.

267. Roland Barthes, *Mythologies,* Paris : Editions du Seuil, 1957. Il s'agit d'une image de propagande montrant un soldat noir saluant fièrement le drapeau tricolore.

Tandis que Camille vit, avec un certain luxe, de ses crimes, Daïga la Lithuanienne fait les ménages à l'hôtel en échange de son logement, cependant que Théo le musicien, qui doit compromettre sa fierté pour vivre, livre et monte illégalement du mobilier : du 'travail au noir' comme le remarque aigrement une cliente, après avoir essayé de marchander le prix prévu. Le racisme évoqué par ce film noir, n'est pas celui des actes de violence ponctuels, mais celui, institutionnel, invisible, qui imprègne le langage et les structures sociales.

Au coeur de l'argument couramment développé dans les théories critiques des représentations raciales, est l'illusion de la 'déracialisation' [268] : la race blanche ne se conçoit pas comme race, elle se conçoit et se définit comme norme. La suprématie de cette norme, établie dans les société judéo-chrétiennes où elle domine, et renforcée par l'histoire coloniale des sociétés occidentales, est telle qu'elle recouvre l'un des processus les plus efficaces de naturalisation, un processus d'établissement de mythes comparable à celui qui caractérise sexualité et différence entre les sexes. 'L'autre' c'est donc celui qui n'est pas blanc (encore que le terme, ainsi que le souligne Richard Dyer ne peut, pas plus que le noir, prétendre à définir la couleur de la peau humaine), c'est celui qui appartient à une culture différente et qui est 'racialisé'. De manière similaire au processus de différentiation qui opère dans le cas de la masculinité/féminité, c'est cet autre dont l'existence soulève des questions et qui devient sujet d'étude.

L'affirmation de l'homosexualité a favorisé la mise en question et la déconstruction de la notion conventionnelle de masculinité. De la même manière, Lola Young soutient l'idée que c'est à partir d'un processus de reconnaissance et d'étude des divisions inhérentes aux catégories raciales telles qu'elles sont définies de nos jours, qu'il devient possible de proposer des alternatives aux représentations raciales conventionnelles. [269]

---

268. Notamment : Richard Dyer, *White,* London and New-York : Routledge, 1997.

269. Lola Young, *Fear of the Dark : race, gender, sexuality in British cinema,* London : Routledge, 1996.

Dans *Chocolat,* les trajectoires de deux personnages en quête de racines africaines se croisent : un Américain noir et une Française dont l'enfance s'est déroulée au Sénégal. Pour la jeune femme [270] comme pour l'Américain, la quête est vaine : ni l'enfance dans les colonies, ni les lointains ancêtres et la couleur de la peau ne peuvent permettre à ces deux êtres de s'identifier à, ou de se faire accepter par une société africaine contemporaine (tout au plus y seront-ils tolérés, ce qui n'est pas nécessairement le cas en Occident). A travers ce type de personnages, leurs rencontres et leurs expériences, comme dans le cas de Daïga, Camille et Théo, et en accord avec l'argument de Lola Young ("Il est important d'aborder la question dans sa complexité afin d'éviter la simplification réductrice"), [271] *J'ai pas sommeil* s'écarte des amalgames et des simplifications.

Par-delà les manifestations ostensibles de racisme, le film s'attache à problématiser et à déconstruire le discours même de la 'race', sans manquer d'ironie : lorsque Daïga et Ninon passent une soirée ensemble et se saoulent, mais restent incapables de franchir le barrage linguistique, elles finissent par danser un slow sur une chanson de Procol Harum, *A whiter shade of pale.*

La première scène où les deux frères apparaissent ensemble est également à la fois une scène d'intimité et, dans le jeu des éclairages, la mise en scène d'une différenciation : au début de la séquence, la caméra filme Camille en gros plan et s'attarde sur sa main, dont les ongles noirs contrastent avec la peau mate et pale. En comparaison, Théo, assis contre le mur ensoleillé de sa chambre apparaît à la fois sombre et lumineux. Né de la même mère, ce dernier se présente comme un être radicalement différent dans sa manière de vivre et de répondre aux problèmes que lui pose un environnement qu'il trouve aliénant. Quoique vivant en couple avec Mona, une Française 'de souche' dont il a un enfant, Théo a décidé de partir pour la Martinique. Son refus d'une société où, en tant que Français

---

270. Evénement symbolique, dans son enfance, la jeune-femme, prénommée France, s'est brûlée, effaçant ainsi toutes les lignes de la paume de sa main.
271. Lola Young, p. 9.

d'origine antillaise, en tant que musicien et en tant que père, il ne peut trouver ses marques, se reflète directement dans la présence menaçante du voisin de palier, et dans les cris de la femme de ce dernier : derrière les portes fermées des appartements, sous le vernis de moralité et de respectabilité qui permet de rejeter le tueur de vieilles dames dans le monde de l'animalité (pour citer l'un des policiers), l'univers où évoluent les personnages de *J'ai pas sommeil* est un univers tissé d'ignominies quotidiennes et banales.

Comme Camille au début du film ("Tu pars toujours à la Martinique ? Y'a rien là bas."), la mère de Mona ne comprend pas le désir qu'a Théo de s'exiler : "Vous allez vivre de quoi ?" Théo répond avec un sarcasme irrité à ces remarques convaincues et naïves, qui suggèrent l'incapacité à se mettre en question d'une société vieillissante et sans idéal, mais enracinée dans la certitude de sa supériorité et de sa valeur de modèle. Et si l'application du modèle se révèle un échec, Ira, l'immigrante de longue date, refuse cyniquement de faire le rapprochement, comme elle refuse de loger la nièce tombée du ciel : "Avec votre perestroïka, demande-t-elle à Daïga, vous êtes arrivés à quoi ?... à rien". L'arrivée de la jeune femme, leurrée par les fausses promesses d'un impresario et par les invitations imprudentes d'Ira, agit comme l'ultime révélateur. Par sa présence silencieuse et son isolement, elle dénonce le mythe d'une société blanche 'déracialisée', homogène, évoqué plus haut : avec la fin de la guerre froide, l'immigration a changé de teinte. Au volant de leurs curieuses voitures démodées, les nouveaux arrivants qui viennent désormais de l'est se heurtent à la même méfiance dédaigneuse que les immigrants qui les ont précédés : dans le premier café de Montmartre où elle s'arrête, Daïga est confrontée à la grossièreté et à l'impatience d'un patron de bistrot xénophobe : - C'est pas vrai ça. A chaque fois c'est pareil. Déjà à St Germain c'était pareil.", et aux tracasseries mesquines de deux inspecteurs de police, plus occupés de faire respecter les interdictions de stationner à la nouvelle arrivante que de poursuivre l'auteur des meurtres de vieilles dames :

> "Lithuanien ou pas Lithuanien, en France : règlement !... Faut pas rester là. Interdit".

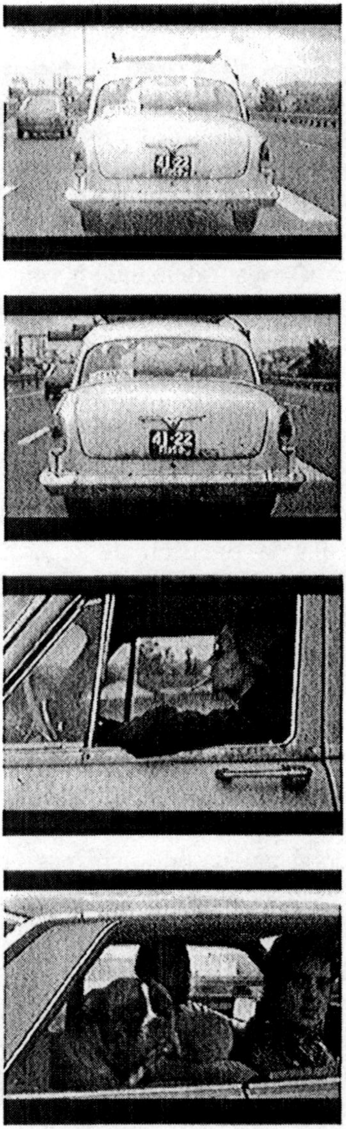

*J'ai pas sommeil*, arrivée de Daïga à Paris

Dans son introduction à *Discourse of the Other* : Postcoloniality, Positionality and Subjectivity, Hamid Naficy rappelle qu'à la base de l'inégalité sociale et de l'inégalité des sexes, se situent à la fois un discours de différence et de rejet, et un désir de s'approprier, de consommer l'autre. [272] C'est cette même pression contradictoire imprégnant tout le film qui s'exerce sur Camille et Daïga, et semble les rapprocher. A la remarque cavalière qu'une jeune femme de ses connaissances (Solveig Dommartin), ayant demandé à voir des photographies de Camille pour des raisons professionnelles, dit au jeune homme : - Toi, de toutes manières, y'a qu'à poil qu'on peut te caser", et à l'obsession narcissique du jeune homme, correspondent les commentaires d'Ira à Daïga : - La beauté ça sert, quand on ne sait rien faire", et les observations admiratives de Ninon, qui force la jeune femme à se regarder dans la glace. Dès les premières séquences, la jeune étrangère se trouve exposée à la pression de regards mâles à la fois libidineux, hostiles et pathétiques.

Lorsqu'au tout début du film (photos page suivante), Daïga apparaît dans sa voiture immatriculée en Lituanie, un véhicule roulant dans la voie parallèle entre dans le champ et s'attarde à sa hauteur avant de doubler et de sortir du cadre, le conducteur et son passager la regardent fixement, l'oeil glauque et le regard aussi lourd que le chien Boxer qui salive sur la banquette arrière de leur voiture. De manière similaire, les regards inquisiteurs des deux policiers, assis au second plan, ne la quittent pas lorsqu'au bar où elle fait sa première halte, la jeune femme tente de passer un coup de fil.

Lorsqu'un peu plus tard elle échappe au dragueur qui, l'ayant remarquée dans la rue, la poursuit sans relâche, elle trouve refuge dans un cinéma, et se retrouve dans une salle bondée d'hommes. Toisée par les regards insistants des

---

272. Hamid Naficy, '*Consuming the Other*', introduction to *'Discourse of the Other, Postcoloniality, Positionality and Subjectivity', Quarterly Review of Film and Video*, sous la direction de H. Naficy and T. H. Gabriel, volume 13, Harwood Academic Publisher, 1991.

spectateurs, la jeune femme finit par trouver un siège avant d'éclater d'un fou rire irrépressible : comble de l'ironie et du sordide, sur l'écran se déroulent les images d'un film porno.

Mais tandis que Camille s'offre aux regards, se laisse absorber à la fois par sa propre apparence et par son goût grandissant du luxe et de l'artifice, Daïga résiste, démolit, dans un accès de fureur, l'arrière de la voiture de l'impresario ou metteur en scène qui l'a dupée, éclate de rire dans le cinéma porno, et finit par reprendre la route, aidée, ironiquement, par le butin des crimes de Camille.

A la fierté taciturne de Théo correspond le silence forcé et l'apparente indifférence hautaine de Daïga. L'impossibilité de communiquer en français isole la jeune fille d'un mur transparent mais infranchissable : dans les scènes de groupe, elle demeure le plus souvent à l'écart, au second plan ou à la bordure du cadre, incapable de comprendre tandis que les autres protagonistes discutent de sa situation. Mais les attitudes diffèrent selon les types d'étrangers : lorsque Daïga arrive à l'hôtel, Ninon l'envoie péremptoirement s'asseoir à l'écart afin de pouvoir s'occuper d'un groupe de touristes. Alors que sa mère s'excuse à la réception - I am sorry, my English is not good", Ninon se précipite et s'empresse : l'anglais n'est pas seulement une langue répandue, c'est aussi la langue du tourisme et de l'argent. La patronne de l'hôtel est pourtant un personnage à la présence rassurante et bienveillante qui s'évertue à communiquer avec la jeune femme ; le décalage, qui se manifeste dans des monologues à sens unique, et des échanges qui n'en sont pas, n'en apparaît que plus absurde ou plus embarrassant :

> Ninon (à Daïga qui est au téléphone) : " Ça répond pas ?
> Daïga : Il ne répond pas.
> Ninon : Tu connais du monde à Paris toi ?
> Daïga : Pour travail.
> Ninon : Ah. D'accord."

Dans son incompréhension, la jeune femme se conduit parfois de manière abrupte, comme lorsque, devant la porte de l'hôtel, Ninon lui propose de venir dîner :

> Ninon : "Tu veux venir manger un petit morceau avec nous ? Ma mère dîne tôt... (lentement, pour expliquer) Ma maman..."

Daïga : Au revoir. (Elle s'éloigne).
Ninon : Bonsoir."

Ce silencieux personnage n'est cependant ni transformé en un simple pion par la narration, ou en un passif objet d'étude et de contemplation par la caméra. Le personnage alterne sans cesse entre l'immobilité observatrice et le mouvement : ce sont ses déplacements - son arrivée et son départ - qui forment l'introduction et la conclusion du film, et si les brusques ruptures de son impassibilité, son accès d'hilarité comme son accès de colère, sont imprévisibles, elles n'en sont pas moins justifiées, la distance que pourrait créer le silence forcé étant ainsi palliée par les possibilités d'identification qui sont offertes au spectateur. De manière similaire, dans les premières scènes sur l'autoroute, la manière dont les hommes au chien nous sont présentés, encadrés par les fenêtres de leur voiture, fait clairement appel à notre sens de la dérision, de même que le sous-titrage français des réparties de la jeune Lithuanienne est une invitation à la complicité (aux deux policiers qui la harcèlent : "Arrête de geindre, bite de phoque").

Aucun des personnages principaux n'est simplifié, immédiatement accessible, ou dénué d'ambiguïté. Ayant perdu ses racines, mais parfaitement intégré, grâce au butin de ses crimes, au milieu interlope à la fois sordide et séduisant où il circule, Camille représente pourtant la figure extrême et d'une certaine manière, logique, de l'aliénation : son existence est le produit même d'une culture postcoloniale, le produit du système où il a grandi, et qui va le condamner. Ses actes ne signalent pas une attitude de défi, mais une attitude de renonciation, de défaite. Au policier abasourdi qui lui énonce la liste de ses crimes, Camille déclare simplement : "Je suis un type facile. Personne a envie d'aller mal. C'est les choses qui déconnent".

*J'ai pas sommeil*, Théo et Camille : l'arrestation de Camille© Claire Denis/F.P.I.

Ainsi, autour du personnage du criminel se concentrent les angoisses les plus profondes d'une société sur la défensive et où le matérialisme a remplacé les idéaux : la peur du vide, du déclin, de la mort.

## La mort blanche

La définition, par Kristeva, de la mort comme ultime manifestation de l'abject, trouve un écho dans l'analyse du phénomène de la 'mort blanche' (white death) que propose Dyer lorsqu'il examine les correspondances contradictoires qui se sont créées entre les deux termes. Associée à l'idée de blancheur, la mort peut devenir une image de beauté :

> " Dans l'art occidental, le cadavre blanc est souvent l'objet d'une vénération, un objet de beauté. Christ sur la croix est certes une représentation de l'agonie, mais il est aussi une représentation de la beauté. A l'époque Victorienne, la mort - et particulièrement lorsqu'il s'agissait d'enfants, de filles surtout - était considérée, en peinture et en photographie, comme un sujet lié à l'idée de beauté, plus qu'à la tragédie. "[273]

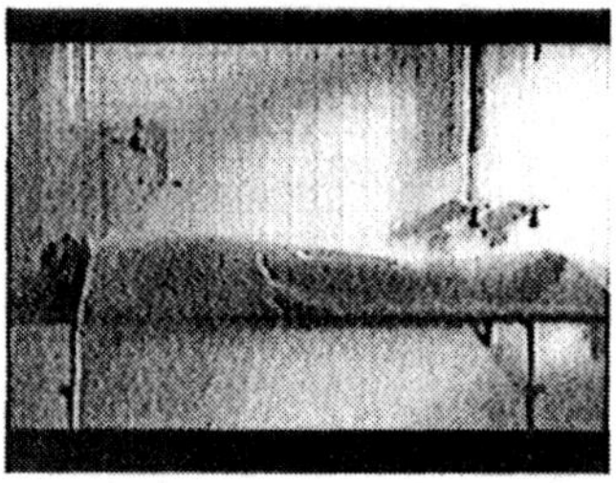

*J'ai pas sommeil*, la morgue © Claire Denis/F.P.I.

Cette idéalisation esthétique de la mort n'est cependant possible que grâce à la croyance en une transcendance (*All depend on a deep conviction of the reality of transcendence, heaven or grâce*) qui a disparu de l'univers contemporain de *J'ai pas sommeil*.

La mort apparaît ici à la fois ignoble, banale et absurde : c'est la dégradation du corps environné de mouches qui permet, dans le film, la découverte de la première victime, cependant que la litanie des noms et adresses récités par le policier après l'arrestation révèle à la fois l'horreur et la banalité anonyme des faits. Lorsque le corps d'une des victimes nous est

---

273. Richard Dyer, *White*, p. 208.

présenté brièvement, couvert d'un drap blanc, le plan, statique et dépouillé de tout effet, a la froideur d'un préambule à une leçon d'anatomie. Le visage qui émerge du drap est celui d'une vieille femme : une image de la mort comme néant, dans la blancheur anesthésiée d'une salle d'hôpital. Ainsi l'hypothèse avancée par Dyer trouve-t-elle une résonance dans *J'ai pas sommeil* lorsqu'il suggère :

> " (...) dominante culturelle de l'identité blanche de notre époque, la suspicion de son propre effacement et de l'existence du néant, est symptomatique d'une culture qui se sent obsolète. " [274]

*J'ai pas sommeil* offre un double niveau de lecture. Sous la complexité narrative et la multiplicité des points de vue, un discours critique émerge distinctement : autour des personnages déracinés et marginalisés de *J'ai pas sommeil*, la société française est représentée principalement par une police cynique, inefficace et antipathique, par des individus aux regards et à l'attitude libidineux, et des vieilles femmes solitaires. De ce point de vue, les crimes de Camille et son emprise sur son compagnon blanc prennent une valeur symbolique : lorsque Raphaël veut partir, Camille l'étreint et le recouvre en lui rappelant : - J'ai toujours été là pour toi (...) Tu peux pas te débarrasser de moi. Tu le sais ça, tu peux pas". Le premier niveau de récit cependant, réaliste mais fragmenté, peuplé de personnages ordinaires mais imprévisibles, résiste au 'réductionnisme' que pourrait engendrer une lecture symbolique. Le personnage typique de la vieille dame Parisienne par exemple n'est pas réduit au statut de signes, de simple victime ou de personnification d'une société en déclin ; certaines apparaissent vulnérables, mais aussi, comme Ira, résistantes et pleines de ressources.

Tandis que la relation qui lie Camille et Raphaël oscille entre la tendresse, la dépendance et l'oppression, les couples hétérosexuels du film apparaissent fragiles et leurs relations également tissées de violence et d'incompatibilités. L'homosexualité de Camille ou la couleur de sa peau ne sont présentées comme problématiques ni dans sa famille, ni dans le

---

274. Dyer, p. 217.

monde nocturne où il circule et se produit. Typiquement cependant, il s'agit de deux milieux qui sont en marge de la norme sociale française et surtout, dans le cas de l'univers interlope auquel le personnage s'est fondu, il s'agit d'un monde en marge mais qui reste soumis aux impératifs matérialistes de la norme. Tandis que Daïga et Théo choisissent la fuite, Camille, comme les jeunes héros du film de Tavernier, *L'Appât* (1994), pousse la logique du matérialisme jusqu'à l'extrême ; non pas immoraux, mais amoraux, ces personnages ont recours au crime pour pouvoir participer pleinement à une société où l'accumulation et l'abondance de biens sont devenus des buts existentiels. Ainsi le 'vide' évoqué par Dyer, l'angoisse du néant qui mine les sociétés occidentales, se reflètent-ils en eux comme dans un miroir.

## Conclusion

Au bout du compte, *J'ai pas sommeil* dénie les certitudes et les explications et renvoie le spectateur (le spectateur occidental du moins) à ses propres questions ; une approche que Docherty décrit, dans *Alterities*, comme l'une des caractéristiques du film noir. Dans le film noir, remarque-t-il, le corps s'interpose devant la source de lumière et les ombres renforcent un sentiment de dédoublement et de duplicité, contredisent le discours. Ainsi :

> " Le film noir offre la possibilité d'une résistance au pouvoir homogénéisant et omnivore d'un certain discours. (...) Dans le cinéma, le processus critique devient possible lorsque le figuratif, dans toute sa spécificité banale, refuse de se laisser réduire par le processus discursif d'homogénéisation et d'explication. " [275]

Tandis que la présence de Camille s'interpose sans cesse devant la caméra, opaque et inaccessible, Raphaël semble contempler dans le miroir, comme s'il s'agissait de la sienne propre, la réflexion de son complice. Double discret mais constant, Raphaël apparaît inéluctablement silencieux, aux côtés ou en retrait de Camille, telle l'ombre blanche.

---

275. Thomas Docherty, p. 168-169.

## Conclusion - Filmer la diversité

En dépit d'évidentes oppositions, les deux tendances qui, s'ajoutant aux genres traditionnels comme la comédie, le polar ou le drame psychologique, caractérisent le cinéma des années 80 - le cinéma dit de 'qualité', avec ses productions prestigieuses, et le cinéma des 'néobaroques' avec son exploration futuristique d'une culture 'jeune' - ont en commun le fait qu'elles participent pleinement au culte du récit et de l'image spectacle. Ici, la création cinématographique se détache des réalités complexes du contexte historique, social ou économique, pour se soumettre à la tyrannie de l'apparence, de l'image policée comme donnée visuelle. Le film de fiction reste ainsi le véhicule de discours 'mythologisants' et unificateurs, qui excluent la diversité au profit d'un ordre des choses dominant, préexistant et présenté comme 'naturel'.

Le spectacle se présente à la fois comme la société même, comme une partie de la société, et comme *instrument d'unification*. En tant que partie de la société, il est expressément le secteur qui concentre tout regard et toute conscience. Du fait même que ce secteur est *séparé*, il est le lieu du regard abusé et de la fausse conscience, et l'unification qu'il accomplit n'est rien d'autre qu'un langage officiel de la séparation généralisée. (...) Le spectacle est la réalisation technique de l'exil des pouvoirs humains dans un au-delà ; (...) la spécialisation du pouvoir est à la racine du spectacle. Le spectacle est ainsi une activité spécialisée qui parle pour les autres. C'est la représentation diplomatique de la société hiérarchique devant elle-même, où toute autre parole est bannie.[276]

Dans le type de stratégies de représentation qui sont ici en cause, celui qui est exclu de la norme et de la hiérarchie sociale dominante est, au mieux, réduit à un rôle d'absent-présent, et devient, telle la foule indigène des films coloniaux, élément du décor ou élément de contraste : une apparence vidée de sens propre.

Dans *37°2 le matin*, la féminité sert à la représentation de l'altérité comme manque, et le personnage histrionique de Betty habite moins son corps qu'il ne s'y 'dissout'. Ainsi, tandis que la folie s'installe et que le processus 'd'aliénation' s'opère, Betty devient un 'personnage-signe', qui dénote moins la rébellion et le mal-être, que le manque-à-être. Indépendamment du contexte social, économique, géographique et temporel, mais en harmonie avec un univers diégétique qui 's'offre' au regard, Betty offre son manque-à-être en spectacle jusqu'à la fin du film lorsque, littéralement, son corps devient une enveloppe vide, un signe dénué de sens. Face à un personnage féminin, et, *a fortiori*, celui de l'*aliénée*, de la femme folle, malade, ou de la femme enfant, qui n'est pas pleinement conscient, c'est au personnage masculin, garant de la norme et du sens, contrôlant la voix off et le regard, qu'il convient d'investir cet 'autre-signe' d'une signification : au bout du compte, la confrontation lui permet de créer ou de produire. Ainsi, la représentation d'une féminité hystérique est-elle en rapport direct avec la présence symbolique ou effective du père comme ultime créateur du sens et de la signification. Elle tend aussi à être associée à une esthétique de la 'belle image' dans son sens traditionnel, à une représentation de la réalité qui, dans la mesure où elle est présentée comme une *donnée* visuelle, est conventionnelle, et peut-être d'autant plus lorsque, comme dans le cas de *37°2 le matin*, elle s'inspire de la publicité.

*Merci la vie* et *les Amants du Pont-Neuf* contiennent au contraire une mise en cause, thématique et formelle, du pouvoir

---

276. Guy Debord, *la Société du spectacle*, Paris : Champ Libre, 1971, réédité par Gallimard, Paris, 1992, p. 16 et 25.

de l'image et de l'exploitation/consommation visuelle. Dans l'univers picaresque de *Merci la vie*, la maladie, la prostitution et le spectacle (le cinéma), sont autant de métaphores des stratégies d'exploitation du monde adulte auquel il confronte les deux adolescentes qui sont les héroïnes de son film. A travers les personnages du docteur, de l'officier allemand, du réalisateur et du père, le film dépeint la norme dominante, la masculinité et le système patriarcal, dans leur pourrissement, leur impuissance et leur échec. Pourtant, et malgré la technique du zapping qui rend instable l'univers diégétique et les systèmes de représentation, de même que la figure du père, quoique vulnérable, reste au coeur du récit, à travers le personnage de Joëlle, le film dénonce, mais exploite par là même, la problématique de 'l'objectification'.

En revanche, et en dépit du lyrisme visuel qui le caractérise, *Les Amants du Pont-Neuf* semble éviter cet écueil. Le film explore, à travers l'utilisation de l'espace, la problématique créée par la mise en scène à l'écran d'un couple qui existe 'en marge'. Risquant de perdre jusqu'à leur nom, dépourvus d'un statut social proprement dit, ses personnages apparaissent également dépossédés dans leur accès à l'espace tridimensionnel dont le cinéma a le pouvoir de créer l'illusion. Tandis que Michelle perd la vue, Alex craint et résiste aux images qui représentent la tentation d'un monde, d'une "société du spectacle" dont il est exclu. Au bout du compte, avec la convalescence de Michelle, c'est la possibilité d'accéder ou non au visuel, à la représentation et à la consommation, symbole de la différence de classe, qui risque de séparer les deux jeunes gens. La virtuosité ou le lyrisme des *Amants* ne sont donc pas réductibles à de simples effets de style : en attirant l'attention sur l'aspect instable et illusoire du visuel, le film évoque la marginalité sans tomber dans le voyeurisme ou la compassion facile, et dépeint l'existence d'un couple sans avoir recours à des arguments 'essentialistes'.

En contraste avec la tendance dominante du cinéma français des années 80, et avec le cinéma commercial de type Hollywood, et dans un style plus sobre que celui des Amants, l'attrait visuel de films comme *En avoir (ou pas)* ou *J'ai pas sommeil* repose autant sur la richesse de la composition que sur une pratique de la suggestion, sur une esthétique de la pudeur et de la distance que vient renforcer l'humour. Ainsi, les questions de marginalité et de sexualité sont-elles représentées dans le contexte d'un rejet des certitudes et des catégorisations conventionnelles du point de vue thématique comme du point de vue du langage cinématographique. L'existence d'un hors champ, visuel et social, est sans cesse suggérée, et l'évocation de ce qui échappe ou résiste à la norme devient l'occasion d'une exploration des failles qui s'ouvrent entre réalité, vision et vérité : il s'agit d'accepter la part de l'insaisissable ou encore, d'une certaine manière, de *montrer moins pour dire plus.*

Ces deux films, tout en empruntant ou en expérimentant avec certains genres (film noir, cinéma de 'l'ordinaire', *road movie*, documentaire), correspondent à l'approche qui caractérise cette tendance du cinéma français des années 90 (tendance qui se retrouve dans le cinéma belge) et qui est à la croisée du poétique et du socio-politique. Ici, le refus de présenter l'illusion, chère à la pratique dominante, d'une réalité visuellement, socialement et moralement cohérente et directement compréhensible, est caractérisé par un recadrage thématique, et par l'approche décrite plus haut comme 'la stratégie du retrait'. Si le regard de la caméra se fait pudique, dans leur description de microcosmes sociaux et de personnages en marge, ces réalisatrices ont porté une attention au détail qui leur permet de ne pas réduire leurs personnages au statut d'énigme, de personnage-signe, tout en passant outre au voyeurisme complaisant.

Cette pratique, que l'on a identifiée dans *J'ai pas sommeil* et dans *En avoir (ou pas),* se retrouve par exemple dans *La Vie rêvée des anges* (Erick Zonca, 1998) et *Y aura-t-il de la neige à Noël ?* (Sandrine Veysset, 1997), notamment dans le traitement des personnages et des relations de pouvoir qui les lient. Dans les deux cas, un personnage masculin est le détenteur d'un pouvoir émotionnel qui est indissociable d'un pouvoir économique et d'un statut social.

*Y aura-t-il de la neige à Noël?* “T’es belle maman!”
© S. Veysset/F.P.I.

Marie, la jeune ouvrière de *La Vie rêvée des anges*, tombe amoureuse d'un fils de famille, patron de boîte de nuit, cependant que *Y aura-t-il de la neige à Noël ?* décrit l'existence d'une famille 'illégitime', que le père, homme marié et propriétaire foncier, maintient dans une dépendance jalouse.

Dans l'un comme dans l'autre film, les personnages échappent aux stéréotypes biologiques ou 'essentialistes', et sont également trop complexes pour être de simples fonctions de leur environnement social, culturel ou économique, même s'ils en sont les produits et en deviennent victimes. L'impact de ces films réside dans l'aptitude des cinéastes à créer un univers propre à des personnages qui sont socialement et économiquement marginalisés - l'univers de l'enfance et de la famille nombreuse dans le cas de Y aura-t-il de la neige, celui du mal de vivre post-adolescent dans La Vie rêvée - en invitant le spectateur à prêter attention au détail (les esquifs improvisés que les enfants font circuler sur les canaux d'irrigation dans *Y aura-t-il de la neige*, le sourire gauche de Marie, et le vernis écaillé sur les ongles d'Isabelle dans *La Vie rêvée des anges*). Dans les deux cas, tandis que les personnages masculins, incarnations d'un certain pouvoir et d'un ordre patriarcal, apparaissent incapables de pénétrer, de contrôler ou de s'intégrer à ces univers sans les détruire, une certaine 'résistance' à l'image (au regard de la caméra et du spectateur) est respectée (Marie tournant le dos à l'objectif ; les enfants qui s'échappent dans un dédale de ballots de paille...).

La constitution d'un espace cinématique à la fois complexe et pertinent est une préoccupation commune au type d'approche qui caractérise ces films. L'univers diégétique tend ici à devenir un espace limité et fracturé ou fragmenté, que ce soit du point de vue narratif ou visuel : dans *J'ai pas sommeil et En avoir (ou pas)*, les individus déplacés circulent dans des lieux transitoires, des rues, des gares, des hôtels. *Western* (Manuel Poirier, 1997), suit les pérégrinations de deux personnages d'origines géographiques opposées (un Russe et un Catalan), sur les routes désertées de la Bretagne à la morte saison, cependant que le héros de *Gadjo Dilo* (Tony Gatlif, 1997) a quitté sa Belgique natale pour explorer la Roumanie, où il se fait adopter par une communauté gitane. Dans *De l'autre côté de la mer* (Dominique Cabrera, 1998), c'est un industriel pied-noir qui, pendant un séjour à Paris, se lie d'amitié avec un jeune ophtalmologue français d'origine algérienne. *Chacun cherche son chat* (Cedric Klapish, 1995) et *Marius et Jeannette* (Robert Guédiguian, 1997), rythmés par les démolitions, se déroulent avec, en arrière plan, un paysage urbain qui se désagrège.

Malgré ce recadrage, sur fond d'instabilité, et autour de micro-narrations, parce que leurs protagonistes sont *replacés* dans le contexte culturel, social, géographique, ces films témoignent des dysfonctionnements entre l'individu et le social au sens large ; il ne s'agit plus d'encourager le voyeurisme sexuel et social, et d'exploiter des différences - raciales, sexuelles, de classe - à travers des discours teintés 'd'essentialisme', mais de porter l'accent sur le questionnement de l'ordre établi et de ses systèmes de représentation. Poussant jusqu'à l'extrême la logique de ce questionnement, le court métrage *Carne* et le long métrage *Seul contre tous,* (deux films de Gaspar Noé, 1993 et 1997) présentent d'intéressantes analogies avec *J'ai pas sommeil*. Au sein d'un univers gris, à la fois banal et menaçant, Noé exploite l'effet déstabilisant des extrêmes gros plans pour révéler les aspects les plus *abjects* d'une réalité où le sordide naît du familier. Récit et point de vue s'articulent uniquement à travers un personnage obsessif, violent, sexiste, incestueux et homophobe. Or, les intertitres, comme la voix off, révèlent un univers mental qui est effrayant parce que façonné par les stéréotypes, il reflète précisément un discours (notamment médiatique) qui est terriblement familier. En mettant en cause la complicité spectatorielle - la confortable distance qui tend à marquer les représentations de l'abject, du criminel -, ces films controversés se présentent comme une virulente attaque contre l'hypocrisie de systèmes de représentation dont le cinéma *mainstream* se fait généralement le relais. [277] *A priori*, les deux personnages sont antithétiques,

---

277. Voir l'éditorial de *Sight and Sound*, janvier 1999. Voir aussi le film *C'est arrivé près de chez vous*, Rémi Belvaux, 1992.

pourtant, comme le personnage de *J'ai pas sommeil*, le boucher de *Carne* et de *Seul contre tous* incarne l'aboutissement d'une 'logique' sociale, une forme 'd'hyperconformisme'.

Dans un article sur les récentes tendances du cinéma français, intitulé l'Horreur sociologique, Vincent Dieutre met en garde contre un enthousiasme prématuré, mais conclut sur une note positive :

> " (...) ce recadrage salutaire, qui questionne de plein fouet le sociovérisme "asociologique" même le plus talentueux quant à sa crédibilité, a montré combien il trouvait d'écho chez les spectateurs, et il serait vain de l'ignorer (...). " [278]

L'étude des représentations n'est pas limitée au rôle de baromètre social ; néanmoins, dans la mesure où elle met en question la norme ou le point de vue dominant, elle peut aider à identifier et à analyser les discours et les tensions qui marquent une société à une période donnée. De façon similaire, et comme le souligne Jean-Michel Frodon, "le cinéma ne « reflète » pas la société en pleine évolution, il en fait partie" [279], il est à la fois produit et interprétation, une 're-présentation'. La question, sinon d'un engagement, du moins de l'ouverture et de la réflexion sur les phénomènes de société et les interrogations contemporaines est donc vitale dans l'évaluation d'un cinéma national qui se renouvelle.

Dans le cas de certaines catégories d'individus et de certaines situations, l'absence même de représentations dignes de ce nom devient, par défaut, significative. De multiples formes d'invisibilité et de simplification, de misrepresentation, marquent le cinéma français. Pour le cinéma contemporain, confronter ces questions en évitant l'écueil de l'exploitation visuelle est un défi d'autant plus significatif que, comme l'illustre le film de Carax, le degré d'accès à l'image (en tant que consommateur ou utilisateur) est justement l'un des critères d'exclusion et de marginalisation d'une "société du spectacle". Cependant, si la tendance identifiée dans les paragraphes

---

278. Vincent Dieutre, *'L'Horreur sociologique'*, dans L*ettre du Cinéma*, n°5, printemps 1998, p. 48.

279. *L'Age moderne du cinéma français*, Paris : Flammarion, 1995, p. 13.

précédents se confirme et se développe, les films que l'on a cités en exemple cesseront de faire simple figure d'exception ; en élargissant son paysage humain et en étendant son aptitude à filmer la différence, le cinéma français redevient capable de représenter une société française contemporaine caractérisée par sa diversité.

# FILMS

*37°2 LE MATIN* (1986)
Réalisation : Jean-Jacques Beineix
Scénario et dialogues : Jean-Jacques Beineix, d'après un roman de Philippe Djian.
Image : Jean-François Robin
Décors : Carlo Conti
Montage : Monique Prim
Musique : Gabriel Yared
Interprétation : Béatrice Dalle, Jean-Hughes Anglade
114mn.

*MERCI LA VIE* (1991)
Réalisation : Bertrand Blier
Scénario et dialogues : Bertrand Blier
Image : Philippe Rousselot
Son : Pierre Gamet
Musique : Arno
Montage : Claudine Merlin
Interprétation : Charlotte Gainsbourg, Anouk Grinberg, Gérard Depardieu, Michel Blanc, Jean Carmet, Annie Girardot.
130mn.

*LES AMANTS DU PONT-NEUF* (1990)
Réalisation : Léos Carax
Scénario et dialogues : Léo Carax
Image : Jean-Yves Escoffier
Sonate pour Violoncelle : Kodaly
Décors : Michel Vandestien
Montage : Nelly Quettier

Interprétation : Denis Lavant, Juliette Binoche, Klaus Michael Grüber
120mn.

*EN AVOIR (OU PAS)* (1995)
Réalisation : Laetitia Masson
Scénario : Laetitia Masson
Images : Caroline Champetier
Musique : M.Faithful, P. J. Harvey, Cheb Mami
Montage : Yann Dédet
Interprétation : Sandrine Kiberlain, Arnaud Giovanetti, Roschdy Zem
90mn.

*J'AI PAS SOMMEIL* (1994)
Réalisation : Claire Denis
Scénario : Claire Denis et Jean-Pol Fargeau
Image : Agnès Godard
Son : Jean-Louis Ughetto
Décors : Thierry Flamand
Montage : Nelly Quettier
Interprétation : Katherine Golubeva, Richard Courcet, Line Renaud, Alex Descas, Béatrice Dalle
110mn.

# BIBLIOGRAPHIE

Alcoff Linda, " Cultural Feminism Versus Post-Structuralism :The Identity Crisis " in *Feminist Theory, Signs* 13 : 1988, p. 405-436.

Aumont Jacques, Bergala Alain, Marie Michel, Vernet Marc, *Esthétique du film*, Paris : Nathan, 1994.

Agel Henri, *L'Espace cinématographique*, Paris : Editions Universitaires, 1978.

Austin Guy, *Contemporary French Cinema : an introduction*, Manchester & New York, Manchester University Press, 1996.

Bächler Odile, 'En montant l'escalier', dans *Architecture et Cinéma, IRIS* n°12.

Baert Renée, " Desiring Daughters ", *Screen* vol. 34, n°2, p. 109-123.

Beineix Jean-Jacques, 'Jean-Jacques Beineix : le virage', *Starfix*, 30/1985, p.58-59

Entretien, *Revue du cinéma*, n°448/1989, p. 50.

Editorial, *Lettre d'Europe* n°15, 1995, p. 4-5

Banks Ian, *The Bridge,* London : Macmillan, 1986

Barthes Roland, *Mythologies*, Paris : Seuil, 1957, (*Mythologies* London : Vintage, 1993).

Bassan Raphael, 'Trois néo-baroques français : Beineix, Besson, Carax', *La Revue du cinéma*, n°449, 1989

Beauvoir Simone de, *Le deuxième Sexe,* Paris : Gallimard, 1949

Bergala Alain, " le Vrai, le faux, le factice ", *Cahiers du Cinéma* 351/1983, p. 4-9.

Bordwell David, *Narration in the Fiction Film*, London : Methuen, 1985.

Beylie Claude et Pinturault Jacques, *Les Films phares du cinéma contemporain*, Paris : Nathan, 1995

Botting Fred and Wilson Scott, *Bataille, a critical reader,* London : Blackwell, 1997.

Burch Noël & Geneviève Sellier, *La drôle de guerre des sexes du cinéma français, 1930-1956*, Paris : Nathan, 1996.

Burgin Victor, *In/different Spaces : Place and Memory in Visual Culture,* Berkeley, California : The University of California Press, 1996.

Craig Cairns, 'Going down to Hell is Easy', dans *The Arts of Alasdair Gray*, Edinburgh : Cannongate, 1991

Cameron Ian, ed., *The Movie Book of Film Noir,* London : Studio Vista, 1992.

Carax Leos, Entretien avec David Thomson, *Sight and Sound* n°5/1992 et *Cahiers du Cinéma*, Numéro Spécial 'Les Amants du Pont-Neuf', supplément au n°448, sept. 1991.

Chevrie Marc, " La Valeur image ", *Cahiers du Cinéma* n°395/1987, p. 27-30.

Cohan Steven & Hark Ins Rae, *Screening the male : Exploring Masculinities in Hollywood Cinema*, London : Routledge, 1993.

Cixous Helene, 'The laugh of the Medusa', *Signs* vol.1, n°4, pp 875-893, 1976.

Cook Pam, 'Exploitation Films and Feminism', *Screen* vol. 17, n°2, p. 122-127.

Cook Pam & Dodd Philip, eds., *Women and Film*, BFI, 1994.

Creed Barbara, *The Monstrous-Feminine : Film, Feminism, Psychoanalysis*, London : Routledge,1993.

Curry Ramona, 'The Female Image as Critique, in the Films of Valie Export' in *Gender and German cinema*, Frieden, Mc Cormick, Petersen, Vogelseng, eds, Oxford : Berg, 1993.

Dayan Daniel, " The Tutor-code of Classical Cinema ", *Film Quaterly*, Vol. 28, number1, Fall 1974.

Debord Guy, *La Société du Spectacle,* Paris : Champ Libre, 1971.

Deleuzes Gilles, Cinema.1 : « l'Image-mouvement et l'Image-temps », Paris : éditions de Minuit, 1983.

*Dictionnaire Médical,* Paris : Larousse, 1924.

Dieutre Vincent, 'L'Horreur sociologique', dans *Lettre du Cinéma*, n°5, printemps 1998

Doane Mary Ann, " Film and the Masquerade : Theorising the Female Spectator ", in *Issues in Feminist criticism*, P. Erens, ed., Bloomington : Indiana Press, 1990, republié dans *Film Theory and Criticism*, Baudry, Mast & Cohen eds.

Doane Mary Ann, " Masquerade Reconsidered : Further Thoughts on the Female Spectator ", *Discourse* vol.11, n°1, p.42-54.

Doane Mary Ann, 'Enunciation and sexual difference', *Camera Obscura* n°3/4, p. 33-65.

Doane Mary Ann, *Femmes Fatales : Feminism, Film theory, psychoanalysis*, London & New York : Routledge, 1991.

Docherty Thomas, *Alterities : Criticism, History, Representation*, Oxford : Clarendon Press, 1996.

Duras Margueritte and Gauthier Xavière, *Les Parleuses*, Paris : Editions de Minuit, 1974.

Dyer Richard, *Now you see it : Studies on Lesbian and Gay Film*, London & N.Y. : Routledge, 1990.

Dyer Richard, 'Homosexuality in Film Noir', *Jump Cut* 16, Nov-Dec 1977.

Easthope Antony, ed., *Contemporary Film Theory*, London & NY : Longman, 1993.

Erens Patricia, ed., *Sexual Stratagems : The world of Women in Film*, NY : Horizon, 1979.

Erens Patricia, ed., *Issues in Feminist Criticism*, Bloomington : Indiana University Press, 1990.

Fanon Frantz, *Peau noire, masques blancs*, Paris : Présence africaine, 1967 (*Black Skin, White Masks*, New-York : Grove, 1967).

Firestone Shulamith, *The Dialectic of Sex, A case for Feminist Revolution*, London : The Women's Press, 1972.

Fischer Lucy, *Shot/Countershot : Film tradition and Women's cinema*, BFI/MacMillan, 1989.

Flitterman-Lewis Sandy, *To desire differently : Feminism and the French Cinema*, Urbana : University of Illinois Press, 1990.

Flitterman-Lewis Sandy, 'Magic and Wisdom in Two Portraits by Agnes Varda : "Kung-Fu Master" and "Jane b by Agnes V"', *Screen* 34 n°4, Winter 1993, p.302-320.

Forbes Jill, *The Cinema in France after the New-Wave*, London : BFI, 1992.

Foucault Michel, *L'Archéologie du savoir,* Paris : Gallimard, 1969.

Foucault Michel, *Histoire de la sexualité*, Vol. 1, Paris 1977.

Freud Sigmund, *Fetishism*, 1927, reprinted in A. Easthorpe, ed., Contemporary Film Theory.

Freud Sigmund *Introduction à la psychanalyse, 1915-1917*, Paris : Payot, édition 1988.

Gillain Anne, *Les 400 coups*, Paris : Nathan, 1991.

Harris Sue & King Russell, " Bertrand Blier and Mysoginy ", *Stirling French Publication*, n°4, University of Stirling,1996.

Ihab Hassan, 'Making sense, the trials of post-modernism', *New Literary History*, n°18, 1987

Haskell Molly, *From Reverence to Rape : the Treatment of Women in the Movies*, Baltimore : University of Chicago Press, 1974.

Hayward Susan, *French National Cinema*, London : Routledge, 1993.

Hayward Susan & Vincendeau Ginette, eds., *French Film, Texts and Contexts*, London : Routledge, 1990.

Hekman Susan, *Gender and Knowledge : Elements of a postmodern feminism*, Cambridge : Polity Press, 1990.

Higson Andrew : 'Re-presenting the National Past : Nostalgia and Pastiche in the Heritage Film', in Friedman, ed., *Fires were*

*Started : British Cinema and Thatcherism, Minneapolis:* University of Minnesota Press, *1993.*
Humm Maggie, *Feminism and Film*, Edinburgh and Bloomington : Edinburgh University Press & Indiana University Press, 1997.
Irigaray Luce, " Women's exile ", *Ideology and consciousness*, n°1, p. 62-76, 1977.
Jacobus Mary, Foxkeller Evelyn, Shuttleworth Sally, eds, *Body Politics : Women and the discourse of Science,* New-York : Routledge, 1990.
Jameson Fredric, 'Postmodernism and Consumer Society', in *Postmodern Culture*, ed. H.Foster, London : Pluto, 1985.
'Diva and French Socialism', in *Signatures of the Visible,* New-York : Routledge, 1990.
Jayamanne Laleen, *Kiss me Deadly : Feminism and Film for the Moment*, Sydney : Power Publications, 1995.
Johnston Claire, " The subject of feminist film theory/practice ", *Screen* vol.21, n°2, p. 27-34.
Johnston Claire, ed., *Notes on women's cinema*, London, SEFT, Society for education in film and television, 1973.
Jousse Thierry, " Les Insomniaques ", et entrevue avec Claire Denis, *Cahiers du Cinéma* 479, avril 1994.
Kaplan E. Ann, ed., *Women in Film Noir*, London : BFI, 1978.
Kaplan E Ann, 'Feminist Film Criticism : current issues and problems', *Studies in the Literary Imagination*, vol.19, n°1, p.7-20, 1986.
Kaplan E. Ann, *Women and Film : both Sides of the Camera*, NY and London : Methuen, 1983.
King Russell S., 'Bertrand Blier's Men Behaving Badly : The Question of Misogyny', dans : *Bertrand Blier and Misogyny,* Stirling French Publication, Stirling, 1996, p. 3.
Kirkham Pat & Thumin Janet, eds., *You Tarzan : Masculinity, Movies and Men*, London : Lawrence and Wishart, 1993.
Kirkham Pat & Thumin Janet, eds., *Me Jane, Masculinity, Movies and Women*, London : Lawrence & Wishart, 1995.
Kristeva Julia, *Les nouvelles maladies de l'âme*, Paris : Fayard, 1992.
*Les Pouvoirs de l'horreur*, Paris : Edition du Seuil, 1980
Kuhn Annette, *The Power of the Image,* London : Routledge, 1992.
Kuhn Annette, *Women's Pictures : Feminism and Cinema*, Routledge & Kegan Paul, 1982 & 1994.
Kuhn Annette, 'Women's cinema and Feminist Film criticism', *Screen* vol. 16, n°3, p. 107-112.

Lapsley Rob et Westlake Michael, 'From Casablanca to Pretty Woman', in *Contemporary Film Theory*, Easthorpe ed., London & NY : Longman, 1993.

Lauretis Theresa De, " Aesthetics and Feminist Theory : Rethinking Women's Cinema ", *New German Critique*, n°34, p. 154-175.

Lauretis Theresa De, *Alice Doesn't : Feminism, Semiotics, Cinema*, Bloomington : Indiana University Press, 1984.

Lauretis Theresa De *Technologies of Gender*, London : Macmillan Press, 1987.

Lebeau Vicky, *Lost Angels : Psychoanalysis and cinema*, London : Routledge, 1995.

Mac Bean James Roy, *Film and Revolution,* Bloomington and London : Indiana University Press, 1975

Mc Hale Brian, 'Change of Dominant to Modernist to postmodernist Writing', dans *: Postmodernist Fiction*, Fokkema & Bertens, eds., London 1987.

Martin Marcel, *Le Langage cinématographique*, Paris : Editions du Cerf, 1985.

Mast Gerald, Cohen Marshall, Braudy Leo, editeurs, *Film Theory and Criticism*, NY & Oxford : Oxford University Press, 1992.

Mayne Judith, *The Woman at the Keyhole : Feminism and Women's Cinema*, Indiana University Press, 1990.

Mellen Joan, *Women and their sexuality in the New Film*, NY : Dell, 1973.

Mellen Joan, *Big Bad Wolves : Masculinity in American Film*, London : Elm Tree Books, 1978.

Mellencamp Patricia, *Indiscretions : Avant-garde film, video and feminism*, Bloomington and Indianapolis : Indiana University Press, 1990.

Metz Christian, *Film Language : A Semiotics of the Cinema*, Oxford : Oxford University Press, 1974.

Metz Christian, *Langage et cinéma,* Paris : Larousse, 1971 *(Language and Cinema,* The Hague : Mouton, 1974).

Metz Christian, " The imaginary signifier ", *Screen* vol.16, n°2, p. 14-76.

Mitchell Juliet, *Women : The longest revolution,* London : Virago Press, 1984.

Mitchell Juliet and Rose Jacqueline, *Feminine Sexuality-Jacques Lacan and the Ecole Freudienne,* London and New-york, 1982 & 1983.

Mulvey Laura, 'Visual Pleasure and Narrative Cinema', *Screen* Vol.16, n°3, Autumn 1975.

Mulvey Laura, " Afterthoughts on Visual Pleasure and Narrative cinema ", *Framework* 15/16/17, Summer 1981.
Mulvey Laura, 'Feminism and the Avant-garde', *Framework* n°10, p. 3-10, 1979.
Naficy Hamid & Teshome Gabriel, 'Postcolioniality, Discourse of the Other : Positionality and Subjectivity', *Quaterly Review of Film and Video*, Harwood Publisher, Vol. 13, 1991.
Niang Sada, *Littérature et cinéma en Afrique Francophone*, sous la direction de S. Niang, Paris et Montréal : l'Harmattan, 1996.
Paccaud-Huguet Josiane, 'Breaking through Cracked Mirrors : The Short Stories of Janice Galloway', *Etudes Ecossaises* n°2, Grenoble : Université Stendahl, 1993.
Pajaczkowska Claire, 'Liberté, Egalité, Paternité : Jean-Luc Godard and Anne-Marie Miéville's "Sauve qui peut, (la vie)"', in Haywarth and Vincendeau, eds., *French Cinema, Texts, contexts*, Chap 18, p. 241.
Penley Constance, *The Future of an Illusion : Film, Feminism and Psychoanalysis*, London : BFI/Routledge, 1988.
Petty Sheila, 'Miseria : Towards an African Framework of Analysis', *IRIS*, n°18, spring 1995.
Petrie Duncan, ed., *Screening Europe : Image and Identity in Contemporary European Cinema*, London, BFI, 1992.
Powrie Phil, *French Cinema in the 1980's : Nostalgia and the Crisis of Masculinity*, Oxford : Oxford University Press, 1997.
Revie Ian, 'Paris Remythologised in Diva and Subway : Nanas Néopolarisées and Orphées aux Enfers', *Stirling French Publications*, n°2, Stirling University : 1994.
Rich Ruby,'He says, she says : The power of the Narrator in Modernist Film Politics', *Discourse* n°6, Fall 1983, p. 31-46.
Rivière Joan, 'Womanliness as a Masquerade', in *Formations of Fantasy*, London : Burgin, 1986. p. 35.
Rose Jacqueline, 'Feminity and its Discontents', *Feminist Review* n° 14, Summer 1983.
Kristin Ross, 'Streetwise : the French Invention of Everyday Life', *Parallax*, n°2/Février 96, pp 67-77.
Scott Joan, "Deconstructing Equality versus Difference, or the Uses of Postructuralist Theory for Feminism", *Feminist Studies* 14, n°1, Spring 1988 p. 35.
Sherzer Dina, 'Postmodernism and Feminism', in *Postmodernism and Contemporary Fiction*, Edmund Smyth ed., London : Bratsford 1991.

Smyth Edmund, *Postmodernism and Contemporary Fiction*, London : Batsford, 1991.

Sorlin Pierre, *European Cinema/European Societies*, London : Routledge, 1991.

Studlar Gaylin, 'Masochism and the Perverse Pleasures of Cinema', in Bill Nichols, *Movies and Methods*, University of California Press : 1985, reprinted in Braudy, Mast and Cohen, *Film Theory and Criticism*.

Suleiman Susan Robin, *Subversive Intent,* Cambridge and London : Harvard University Press, 1990.

Tarr Carrie, 'Questions of Identity in Beur Cinema : from Tea in the Harem to Cheb', *Screen* n°34 : 4, Winter 1993, p. 321-342.

Toubiana Serge, 'Une Histoire d'oeil', et entretien avec B. Blier, *Cahiers du Cinéma* n°441, mars 1991

Varda Agnès, *Varda par Agnès*, Paris : Cahiers du Cinéma, 1994.

Vincendeau Ginette, 'Daddy's Girl : Oedipal Narratives in 1930's French Films', *IRIS* n°8/2, 1988.

Vincendeau Ginette, 'The Fathers and Daughters of French Cinema', *Sight and Sound* n°7, July 1995, p. 14-17.

Walker Michael, ed., *Film Noir*, London : Studio Vista, 1992.

Williams Linda, *When the woman looks*, in Doane, Mellencamp, Williams, eds., *Re-vision : Essays in Feminist Film Criticism*, University Publications of America, 1984.

Williams Linda, *Figures of Desire, A Theory and Analysis of Surrealist Film,* Chicago and London : University of Illinois Press, 1981.

Wilton Tamsin, ed., *Immortal Invisibles,* New York & London : Routledge, 1994 & 1995.

Winnicott D. W., *Jeu et réalité : l'espace potentiel*, Paris : Gallimard, 1975.

Wollen Peter, *Signs and Meaning in the Cinema,* Indiana : Indiana University Press et Secker & Warburg, 1974.

Wood Bret, 'Lolita Syndrome', *Sight and Sound* n°6, June 1994, p. 32-34.

Woolf Virginia, *A room of one's own*, StAlbans, first published in 1929.

Young Lola, *Race, Gender and Sexuality in the Cinema*, London & NY : Routledge, 1996.

# INDEX DES FILMS CITÉS

# Table des matières

Achevé d'imprimer par Corlet Numérique - 14110 Condé-sur-Noireau
N° d'Imprimeur : 4010 - Dépôt légal : décembre 2000 - Imprimé sur DemandStream
*Imprimé en UE*